中国科学院2002年“西部之光”项目
甘肃省自然科学基金暨中青年科技基金项目
中国科学院兰州分院院地科技合作项目

资源型城市科学发展实证研究

高 峰 刘全根 张 健 著

黄河水利出版社
·郑州·

内 容 提 要

本书是中国科学院2002年“西部之光”项目、甘肃省自然科学基金暨中青年科技基金项目“甘肃省资源型城市经济转型与可持续发展策略研究”的成果。本书以资源型城市经济转型为主题，结合近几年作者开展的多项资源型城市专项研究课题，从资源型城市科学发展的角度出发，研究探讨资源型城市实现科学发展的路径和模式。首先分析了国内外资源型城市经济转型的实践发展和研究概况，对资源型城市转型发展的模式和路径进行了探讨；然后重点针对甘肃省的白银市、金昌市和内蒙古自治区的乌海市乌达区开展实证分析，研究探讨不同的资源型城市或发展的不同阶段应选取的发展战略和模式；最后分别对资源型城市的科学技术发展问题和循环经济发展问题开展了专题研究。

本书可供城市发展研究和管理者以及大专院校相关专业师生阅读参考。

图书在版编目(CIP)数据

资源型城市科学发展实证研究/高峰，刘全根，张健著.
郑州：黄河水利出版社，2009.7
ISBN 978-7-80734-665-4

Ⅰ.资… Ⅱ.①高… ②刘… ③张… Ⅲ.城市经济-经济发展-研究-甘肃省 Ⅳ.F299.274.2

中国版本图书馆CIP数据核字(2009)第103692号

出 版 社：黄河水利出版社

地址：河南省郑州市顺河路黄委会综合楼14层　　邮政编码：450003

发行单位：黄河水利出版社

发行部电话：0371-66026940、66020550、66028024、66022620(传真)

E-mail：hhslcbs@126.com

承印单位：黄河水利委员会印刷厂

开本：787 mm×1 092 mm　1/16

印张：11.75

字数：205千字　　印数：1—1 000

版次：2009年7月第1版　　印次：2009年7月第1次印刷

定价：29.00元

序

从西方产业革命以后，人类从大自然中采掘矿物原料（包括油、气、固体矿产和主要用于建筑业的石料）发展工业，极大地推动了工业化的发展，并随矿物原料的开发利用而发展形成了众多的资源型城市。但由于矿物资源的有限性和不可再生性，资源产业与资源型城市必然要经历开创—发展—繁荣—转型振兴或衰退消亡的过程。这是为世界各国资源型城市的发展所证明的一条普遍规律。我国从20世纪50年代开始逐步发展起来的400多座资源型城市（镇）同样摆脱不了这条规律。随着资源开发的深入，20世纪80年代以来，我国一批资源型城市（镇）因资源枯竭而发展艰难，各种社会矛盾和问题呈现出来，城市的持续发展面临严峻形势和挑战。目前，不论是国外还是国内，资源型城市的经济转型与可持续发展都是一个尚未破解的难题。

本书作者发挥自身资源环境科学与软科学领域的研究功底，充分利用我院"院地合作"的优势，在中国科学院2002年"西部之光"项目资助与甘肃省白银市、金昌市、嘉峪关市和内蒙古乌海市乌达区政府的支持下，对资源型城市经济转型与可持续发展的有关问题，应用实证方法进行了深入探索与研究。在这些研究和探索的基础上形成的《资源型城市科学发展实证研究》一书，将对我国资源型城市实现经济转型与科学发展提供有益启示。

本书的特点可概括为以下几个方面。

第一，充分吸收和总结了国内外资源型城市经济转型与可持续发展的经验教训。这在第一章对资源型城市三种发展路径和类型的归纳及资源型城市七条基本经验的总结中有明显反映。同时，在以后各章的研究中对这些经验教训都有较好吸收。这表明本书研究起点比较高，内涵较深。

第二，以科学发展观为主线，指导资源型城市经济转型与可持续发展的整个研究过程。在本书内容中，不论是资源型城市发展阶段和产业结构分析、制约因素和有利条件论证，还是经济结构调整、接续产业选择和战略方针及政策措施布局等，都贯穿全面、协调和可持续发展的科学发展观思想，并有具体可操作内容。因此，本书也可以说是资源型城市学习实践科学发展观的一部力作。

第三，理论与实践结合较好，内容充实。本书研究中，对各个有关城市的实际情况有广泛深入的调研，应用的资料、数据丰富。把这些实际情况与各种理论研究成果结合起来说明问题，有较强说服力。因而，既避免了理论性的泛泛议论，又不是琐碎数据、资料的简单罗列，可读性和可操作性较强。

第四，对各个资源型城市经济转型的关键问题抓得较为准确。白银市正处在主导资源衰退阶段，选择创新发展作为主轴；金昌市正处在成熟发展阶段，选择和谐发展作为经济转型的主旋律；乌达区基本是一个工业城区，把工业发展问题作为可持续发展的战略选择等，这都有较强的针对性、准确性。同时，把资源型城市经济转型与可持续发展中的两个关键因素——科技发展和循环经济发展突出出来，对甘肃省资源型城市的科技问题及循环经济发展战略进行了研究，也具有重要的特殊意义。

当前，在全球经济一体化和科学技术迅猛发展的推动下，包括资源型城市在内的产业结构调整和经济转型已成为世界经济全球化发展中的一项总趋势。如何以更广阔的视野，在更深层次上研究我国资源型城市的经济转型与可持续发展成为摆在我们面前的一项重要任务。期望"资源型城市经济转型与可持续发展"这朵奇葩能在祖国的大花园里绽放出更加灿烂的光辉，为中国特色社会主义现代化建设作出更大贡献。

中国科学院院士
中国科学院兰州分院院长

2009年2月18日

目　录

第一章 绪 论

资源型城市是随着工业化发展大量开发矿产资源而兴起的一批具有独特特性的城市,在世界范围内广泛存在。由于矿产资源的有限性和不可再生性及矿产资源开发造成的对生态环境的破坏,使依托资源开发的资源型城市资源产业衰退、社会矛盾加剧,城市发展面临诸多问题和困难。从20世纪四五十年代开始,资源型城市的经济转型与可持续发展成为世界性的难题,是一个困扰各国政府和学界的重大课题。随着信息技术带动的科学技术的发展和进步,工业化也在不断向高端发展,知识和技术在区域和城市的发展中越来越占据主导地位。这就为资源型城市经济转型和可持续发展创造了极为有利的条件。国内外学者和政府管理者围绕资源型城市经济转型也开展了大量的研究探索和实践,而一门独立的"资源型城市转型学"正在酝酿发展中[1],以试图从理论上指导资源型城市的产业结构调整和经济转型实践。

2002年,以胡锦涛为总书记的中央领导集体,创造性地提出了全面、协调和可持续发展的科学发展观,这是我国各项事业发展的指导思想,也是资源型城市科学发展的指南。实践证明,贯彻落实科学发展观是资源型城市实现经济转型、城市持续发展、科学发展的唯一战略选择。在经济转型中,必须理论联系实际,选择适宜的转型模式和产业发展方向,充分借鉴国内外资源型城市或地区的转型经验,密切结合城市自身发展的实际和优劣势,以科学发展观指导城市的经济转型,实现城市的持续发展和科学发展。在经济转型中要坚持以人为本,把人的生存和发展放在转型中的首要位置,充分考虑人民群众的利益和需要,发挥人民群众在经济转型中的创造性。通过充分利用现代科学技术逐步减少以至摆脱经济发展对矿产资源的依赖,实现经济转型,达到城乡的协调发展、经济和社会的协调发展、经济和环境的协调发展,最终朝着建设和谐城市的方向迈进。

本章主要阐述了当前资源型城市的经济转型已成为我国普遍关注的热点问题及资源型城市发展的三种路径,结合国内外资源型城市经济转型实践案例,分析总结了资源型城市经济转型的基本经验,最后交代了本书形成的背景和框架。

第一节　我国资源型城市经济转型成为一个持续引起关注的热点问题

从20世纪50年代初开始，为适应大规模经济建设的需要，在矿业开发的基础上，我国陆续建立和发展出为数不少、种类繁多的资源型城市。按照胡魁的界定标准[2]，目前我国有资源型城市（镇）426个，人口3亿多人，其矿业产值占全国矿业产值的80%以上，在我国经济社会发展中发挥着举足轻重的作用。按照王青云的界定标准[3]，我国现有资源型城市118个（不包括镇），其中典型资源型城市60个，如表1-1所示。

表1-1　我国资源型城市分布

省（区）	城市数量（个）	城市名	省（区）	城市数量（个）	城市名
河北	5	唐山，邯郸，邢台，武安，迁安	湖北	2	潜江，大冶
山西	11	大同，阳泉，晋城，朔州，古交，霍州，孝义，介休，高平，原平，长治	湖南	6	冷水江，耒阳，郴州，资兴，涟源，临湘
内蒙古	9	乌海，满洲里，牙克石，锡林浩特，霍林郭勒，根河，阿尔山，赤峰，东胜	广东	3	韶关，云浮，乐昌
辽宁	7	抚顺，本溪，阜新，盘锦，葫芦岛，铁法，北票	广西	2	凭祥，合山
吉林	10	辽源，敦化，珲春，松原，临江，和龙，白山，蛟河，桦甸，舒兰	四川	5	攀枝花，广元，华蓥，达州，绵竹
黑龙江	13	鸡西，鹤岗，双鸭山，七台河，大庆，伊春，铁力，五大连池，尚志，海林，穆棱，宁安，虎林	贵州	2	六盘水，福泉
安徽	4	淮南，淮北，铜陵，马鞍山	云南	4	东川，个旧，开远，宣威
福建	2	永安，漳平	陕西	2	铜川，韩城

续表 1-1

省(区)	城市数量(个)	城市名	省(区)	城市数量(个)	城市名
江西	5	萍乡,德兴,丰城,乐平,高安	甘肃	3	白银,金昌,玉门
山东	9	东营,新泰,邹城,龙口,莱州,滕州,肥城,枣庄,招远	宁夏	1	*石嘴山*
河南	8	平顶山,鹤壁,濮阳,义马,焦作,汝州,灵宝,登封	新疆	5	克拉玛依,库尔勒,哈密,阿勒泰,阜康

注:其中斜体的为60个典型资源型城市。

不论是从426个城市(镇)来看,还是从表1-1中118个资源型城市来看,其分布相当广泛,几乎遍布全国各地,尤其在东北、中西部地区较为集中。这些资源型城市在我国经济社会发展中曾经并将继续作出巨大贡献,发挥重要作用。但随着资源型城市赖以生存发展的自然资源的减少乃至枯竭,我国资源型城市目前正面临严峻形势和挑战。据调查,我国近8 000座国有矿山中,目前大部分运行困难,发展后劲不足,尤其是固体矿产类表现突出。20世纪50年代开发的矿山有2/3进入中晚期,440座矿山面临闭坑威胁。47个资源枯竭城市经济发展缓慢甚至停滞,各种社会矛盾迸发,严重影响了这些城市的持续发展和人民的安居乐业。因此,自20世纪80年代以来,陆续有资源型城市加入艰难的资源枯竭后经济转型和城市转型的行列,进入了寻求持续发展、科学发展的经济转型发展期,资源型城市的可持续发展成为持续引起各方关注的热点问题。

我国资源型城市面临的矛盾和问题主要表现为:城市赖以生存的资源赋存量锐减与产业发展需求的矛盾,以国家投资为主的旧体制机制与社会主义市场经济因素的矛盾,产业结构单一和多元化经济发展的矛盾,资源开发的粗放经营与资源节约、集约化综合利用的矛盾,提高产品加工深度和附加值与科技基础差、创新发展能力弱的矛盾,城市生态环境恶化与经济发展和优化人居环境的矛盾,职工下岗、就业困难与社会稳定和谐发展的矛盾等。如果这些问题和矛盾得不到有效解决,大部分资源型城市不能及时转型为综合性区域经济中心,城市便会随资源枯竭而衰落,并将严重影响我国全面建设小康社会的建设进程。

国家对资源型城市经济转型给予了高度重视,从资金和政策上给予了大力支持。2001 年,煤炭城市阜新由于资源枯竭发展艰难而被国家列为唯一一个经济转型试点城市;党的十六大明确提出了"支持以资源开采为主的城市和地区发展接续产业";2007 年,国务院下发《国务院关于促进资源型城市可持续发展的若干意见》(国发〔2007〕38 号);2008 年 3 月,国家发改委、国土资源部、国务院振兴东北办联合下发了《关于印发首批资源枯竭城市名单的通知》,确定阜新、伊春、辽源、白山、盘锦为资源型经济转型试点城市,认定石嘴山、白银、个旧为西部地区典型枯竭城市,焦作、萍乡、大冶为中部地区典型资源枯竭城市,大兴安岭为典型资源枯竭地区。因而,资源型城市经济转型再次进入一个新的高潮。如何采取有效转型模式和发展路径,顺利实现经济转型和城市转型,实现资源型城市的科学发展,对各个资源型城市来说都将依然是新的课题和新的任务。

第二节　国内外资源型城市发展路径比较

对于大多数资源型城市,从其产业结构来说,资源产业是城市的主导产业或支柱产业,随着资源产业的发展变化,资源型城市也表现出不同的发展态势。有的因资源枯竭而衰退甚至消亡;有的则因接续产业的发展或资源产业的纵深发展而不断发展、壮大,最后步入可持续发展的良性轨道。

从国内外资源型城市发展的实际来看,至目前为止,资源型城市的发展共有三种发展路径,如图 1-1 所示。从图中可以看出,由于不可再生资源的刚性约束,其开发具有一定的周期性,因而表现在资源产业的发展上也具有一定的周期性。一般来讲,资源型城市的资源开发产业主要出现创业期、发展期、成熟期、衰退期这样四个时期(如图 1-1 中实线所示),一般经历 30 ~ 50 年的发展历程,有些可长达百年。但资源型城市随着资源开发产业的发展变化却表现出三种不同路径(如图 1-1 中虚线所示),这三种路径的发展与城市采取的发展战略和措施具有重大关系。

一、第一种路径:随资源枯竭资源产业衰退而衰退的城市(矿竭城衰型)

这一类的资源型城市,其产业结构相当单一,资源产业一枝独秀,在资源型城市的经济社会发展中占据绝对地位。一旦资源枯竭或者资源产业衰退,城市随即衰退甚至消亡(如图 1-1 中虚线 I 所示)。前苏联的石油城巴库、我国云南省的东川等即属于此列。

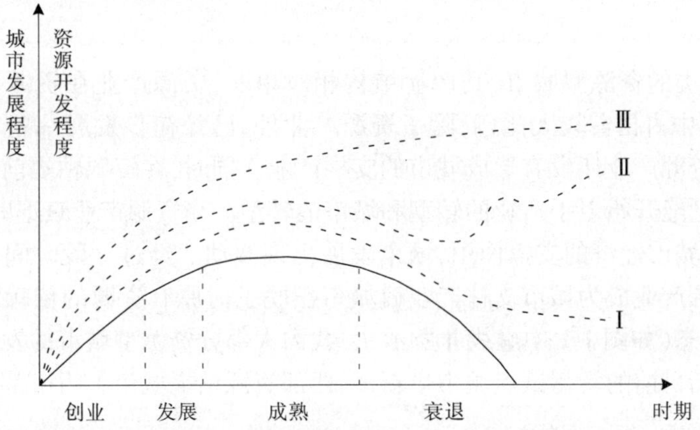

图 1-1 资源型城市发展的三种路径

注:实线为资源开发周期变化线,虚线为城市发展变化线。

前苏联巴库是随着石油的开采而迅速发展起来的资源型城市,巴库油田开发始于 19 世纪下半叶,其累计探明储量 15 亿 t。20 世纪初,巴库成为高加索最为重要的经济中心,在其石油生产顶峰时,产量占全苏联石油产量的 71.5%。20 世纪 50 年代以后,随着石油资源的枯竭,产量迅速下降,依赖石油的加工业也开始萎缩,城市发展随即衰退。

建于 1958 年的云南省东川市,曾经是云南省仅次于省会城市昆明的一个重要的地级市。但到了 2001 年,累计生产精铜 48 万 t 的东川矿务局因铜矿资源枯竭发展艰难而宣告破产。东川随后撤市建区,成为昆明的一个远郊区。1999 年,东川矿务局的产值占东川市第二产业的比重达 42%,但由于东川的工业都是按照"为矿井服务、为矿务局服务"的宗旨布局的,所以矿务局的兴衰对东川的实际影响要远高于 42% 的比例,如东川矿务局破产后,全区 57 家国有企业有一半瘫痪,另一半勉强维持。因此,作为依托当地铜矿资源开采而发展的东川矿务局的破产直接导致了城市的衰退。

一个资源型城市的衰退有多种原因,资源枯竭资源产业衰退只是一个主要的原因,其他还有自然环境和社会环境的原因等也不可忽视,有些矿业城市因为地处偏僻之地,自然环境恶劣、交通不便等也会造成资源型城市的衰退甚至消失。

二、第二种路径:随资源产业发展变化而波动发展的城市(波动发展型)

这一类的资源型城市,其产业结构相对单一,资源产业在资源型城市的GDP份额中占据着较大比例,除了资源产业外,已经初步发展一些非资源产业,但非资源产业还没有形成城市的支柱产业。同时,在资源枯竭前或者即将枯竭时,已经开始着手产业的转型和城市的转型。当资源产业衰退时,由于资源产业对城市经济的支撑作用,城市发展出现波动。经过一段时间的发展调整,非资源产业成为城市支柱产业后城市摆脱了对原有资源的依赖而步入稳步发展状态(如图1-1中虚线Ⅱ所示)。我国大部分资源型城市的发展均属于此列,包括目前的转型试点城市阜新市、西部资源枯竭城市玉门市都是这种发展路径。

阜新地处辽宁省的西北部,因煤而立,因煤而兴,具有百年的开发历史,是20世纪五六十年代国家投资建设的全国煤炭能源工业基地。20世纪80年代以来,随着本区煤炭资源储量的逐渐枯竭,开采成本不断上升,阜新市进入城市发展的衰退期。由此,阜新也进入艰难的转型探索期,为了发展接续主导产业,阜新在20世纪80年代先后有三次大的举措,第一次是1982年规划"建材城",第二次是1987年筹建"化工城",第三次是建设棉纺工业,发展服装业,最后都以失败告终[4]。1995年,阜新市政府又提出建立"农业强市"的目标,开始走现代农业转型之路。经过10多年的发展探索,在城市转型方面取得阶段性成果,初步取得成功[5]。

三、第三种路径:在资源开发利用的同时实现持续发展的城市(持续发展型)

这一类的资源型城市,在其赖以产生和发展的自然资源开发之始,或尚在开发鼎盛时期就开始着手发展非资源产业,产业的多元化发展逐步使资源产业在城市经济中所占比例减小,或者在资源枯竭时其影响已经无足轻重,特别是在发展多种产业时,在知识经济和商贸流通等第三产业领域形成了较大规模。所以,尽管赖以发展的资源枯竭或者资源产业衰退,但对城市的持续发展并无影响,城市保持了持续发展(如图1-1中虚线Ⅲ所示)。许多进行成功转型的资源型城市都属于此列,例如美国成功转型的休斯顿市以及我国成功转型的焦作市和铜陵市。

休斯顿位于美国南部的得克萨斯州,是一个以石油开发而带动整个城市经济社会全面发展的城市。20 世纪 60 年代,石油开采业整体效益下滑,休斯顿开始按产业链的延伸和拓展,加速了石油科研的开发,延伸产业链,发展高附加值的高端产品,并相应带动了为其服务的机械、水泥、电力、钢铁、造纸、粮食、交通运输等多种产业的发展。特别是美国在休斯顿部署建设了宇航中心,随之带动了为其服务的 1 300 多家高新技术企业,门类涉及电子、仪表、精密机械等行业,与此同时,教育、科研、金融等第三产业和现代农牧业也得到飞速发展。因而,休斯顿迅速发展成为多种产业竞相发展的综合性城市,实现了城市的持续发展。

第三节 国内外资源型城市经济转型的基本经验

关于国内外资源型城市转型的分析和研究,国内学者作了大量介绍,包括德国的鲁尔、法国的洛林、美国的休斯顿、日本的九州等,国外这些城市或地区的成功转型经验值得我们学习和研究,而国内一些转型城市采取的模式和做法却更具参考性、更具移植性。我国典型资源型城市的转型实践几乎都能够见诸报刊,特别是试点城市阜新的转型实践更是屡见报道。

资源型城市的经济转型与可持续发展,可以从图 1-1 中得到有益的启示,即资源型城市赖以生存的主导资源开发利用周期(图中实线)是很难改变的,但资源型城市发展的路径却有差别。这种差别的程度由图 1-1 中实线与虚线的距离大小展现出来。其距离的大小实际上是由城市发展中的体制、机制、科技、产业及文化的创新程度所决定的,创新的程度越大、范围越广,城市的经济转型和可持续发展能力就越强。

结合国内外资源型城市或地区的经济转型实践,可以得到如下一些基本经验。

一、及早谋划经济转型,实施多元发展战略

资源型城市的转型时机对资源型城市经济转型至关重要。德国鲁尔区的成功转型用了超过 30 年的时间,最初的转型并非是资源枯竭到无法维持时被迫进行的,而是煤炭产业和钢铁产业的危机促使其认识到单一经济所带来的严重后果而开始进行多元化产业发展。从实施转型的三个阶段看,其经济转型是在经济条件尚好的情况下有条不紊地逐步向前推进的,这就避免了资源枯竭、经济严重下滑的时候转型而带来的一系列问题和矛盾。而这些问题和

矛盾都可以从云南的东川、辽宁的阜新和甘肃的白银几个城市转型中看到。因此,应在资源开发的同时或资源开发鼎盛期城市发展状况最好时开始谋划经济转型,实施多元发展战略。多元发展战略包括多元产业的培育、多种体制企业的并行发展、城市特有文化的培育,而不是以资源企业文化代替城市文化,以及第三产业的培育和发展等。

二、政府发挥主导作用,创造良好转型环境

无论是国外转型成功的资源型城市,还是我国转型成功的城市,政府在资源型城市经济转型中都发挥了主导作用,在城市转型的时机把握上,在良好政策环境的营造上,在城市接续产业的选择和培育上,在城市基础设施建设上,以及想方设法转移劳动力、培训职工上都具有不可替代的作用。另外,资源型城市经济转型是一项巨大的系统工程,仅靠一个地区或城市的力量是远远不够的,必须争取国家的优惠政策和巨额资金,以应对转型中的众多问题。法国洛林地区经济转型时,法国政府每年用于转型的资金达30亿法郎,占洛林地区转型资金年总投入的30%,欧盟年投入20亿法郎,占20%,这些资金主要用于改善矿区环境、就业培训以及帮助创业者创建小企业[6]。

资源型城市政府在规划接续产业、招商引资方面具有先天优势,可以利用优惠政策吸引外部资金和项目。白银市政府在白银经济转型探索实践中,确立了发展八大支柱产业、建设五大基地的转型思路,积极创造良好政策环境及创业建业的自然和人文环境,转型工作取得了初步成效。

三、准确选择接续产业,适应市场加强培育

综合分析国内外资源型城市多元化产业的发展可以看出,准确选择和确定接续产业是资源型城市实现有效转型的关键环节。城市政府作为接续产业选择和培育的责任者,既要在接续产业的选择上进行充分调研,又要尊重市场发展规律、创造良好发展环境引导接续产业的发展。在接续产业的选择方法上,要充分借助科技顾问团的力量和智慧,必要时立项开展研究,在充分调研的基础上,采取定性定量分析方法对城市未来产业的发展进行预测和规划。接续产业选择的依据一般考虑如下因素:资源条件、产业基础、环境制约、市场前景、可资利用的技术,以及产业发展的支撑条件,如人力及技术支持、财政支持以及政策环境。培育接续产业发展是一个系统而长期的任务,科学地进行规划,分阶段地加以实施,定会收到良好效果。

四、解放思想创新观念，带动体制机制改革

在资源型城市经济转型中，观念的改变和创新具有举足轻重的作用。朱训[5]在研究城市经济转型中，把观念的创新归纳为六个转变，即一是从主要依靠矿产资源发展单一矿业经济向充分运用城市资源发展多元经济转变；二是从主要依靠国有经济、集体经济向国有经济、集体经济、民营经济、混合经济共同发展转变；三是破除“肥水怕留外人田”的思想，从封闭向“不怕肥水流入外人田”、扩大对内对外开放转变；四是从主要抓物质文明建设向物质文明、精神文明和政治文明并举转变；五是从重开发轻保护向开发保护并重转变；六是从习惯于政企职责不分，向理顺政府与企业关系、政企分开、各司其职转变。国内许多成功转型的资源型城市都是观念创新的典范，通过解放思想，不等不靠，自力更生，团结奋斗，成功实现由单一资源产业向多元产业发展的转变。通过观念的创新，可带动和推进体制机制的改革和创新。在经济转型过程中，必须改革不适应转型发展的体制和机制，才能保证经济转型的成功。国际上转型成功的城市或地区，都在体制改革上有大的动作。洛林、鲁尔等地区在转型过程中，大的国有公司建立新企业或子公司，这些新的子公司脱离母公司，成为股份制私营公司，在吸纳劳动力就业以及灵活经营方面具有以前国有大公司无法比拟的优势，在转型发展中发挥了不可或缺的作用[6]。

五、发挥科技引领作用，实施创新发展战略

20 世纪末以来，科技与经济全球化竞争日益加剧，创新发展成为世界上主要经济体发展的主旋律，国家的竞争力日益表现为科技的竞争力。许多资源型城市在经济转型发展中，依托高新技术，将高新技术产业作为支柱产业，一改过去资源原材料和粗加工产品的发展路子，在延伸资源产业链条、发展高端产品上尝试走出一条成功之路。例如，在美国休斯顿的转型发展中，高新技术产业的发展发挥了重要作用。我国铜陵市在经济转型中始终把发展高新技术产业作为转型发展的方向，在其“十一五”产业创新发展战略中，把加强自主创新，培育和壮大以高新技术产业为主的新兴产业作为首选。白银市在经济转型探索中坚持打科技牌、走科技路，把高新技术产业的发展作为推动产业优化调整升级的手段，与中国科学院合作建立了中国科学院白银高新技术产业园，为转型搭建了有利平台。

《国家中长期科学和技术发展规划纲要（2006～2020 年）》确立了“自主创新，重点跨越，支撑发展，引领未来”的科技发展方针。2006 年全国科技大

会将"提高自主创新能力、建设创新型国家"确立为国家发展战略,并明确提出了到2020年进入创新型国家行列的战略目标。2006年全国科技大会以后,各地对自主创新给予了高度重视,纷纷提出建设创新型省份、创新型城市的战略。目前许多资源型城市都把建设创新型城市作为推进经济转型的一个有效手段和抓手,以创新(包括观念创新、管理创新、制度创新、科技创新等)促进和带动资源型城市的全面转型。

六、发展良好地企关系,及早脱卸企业包袱

资源型城市在其形成和发展过程中,先天形成了大企业、小政府的格局,企业代替城市政府创办学校、医院、市政服务公司等具有公益性的机构,是日后资源企业衰退时沉重的负担。而政府则过度依附于在城市发展中占绝对统治地位的资源企业,政府和企业容易形成职能错位的现象,个别城市政府和企业关系恶化,影响城市和企业的互赢发展。我国目前大多数转型城市都存在资源企业被沉重包袱所累的现象。事实表明,在资源产业发展鼎盛阶段,加快并深化政治体制和经济体制改革,加强政府统筹,建立良好的地企关系,各司其职,政府及早承担这些非企业所为的公益事业,为企业脱卸包袱,是有效延缓资源企业衰退、增强资源企业活力的有效手段,也为日后经济转型创造良好条件。

七、全面对内对外开放,实施开放转型战略

资源型城市除了具有某种自然资源优势外,一般不具备人才优势、科技优势和资金优势,特别是到了资源衰减、资源产业和企业发展遇到困境时,这种弱势更为明显。因此,全面地实施对内对外开放的开放转型战略是资源型城市经济转型的关键。应该说,我国目前成功转型以及正在寻求经济转型的资源型城市已经认识到对内对外开放的重要性,而且都在不遗余力地实施全面对外开放战略。例如,近10年来,金昌市在探索经济转型发展模式和路径中,把对内对外开放作为一个重要的环节来抓,先后与国内外70多家科研院所和高等院校建立了科技合作与交流关系,与澳大利亚、刚果等10多个国家建立了矿产资源开发与经济技术合作关系,实施国际化发展战略,从而有效地利用了国内国外两种资源、两种人才,引进资金、技术和先进管理经验,极大地增强了城市的可持续发展能力。

第四节　本书形成的背景和框架

在2001年阜新市被国家确定为唯一资源型城市转型试点的第二年，我们开始涉足资源型城市经济转型与可持续发展研究领域。近年来，围绕资源型城市的经济转型、可持续发展和科学发展主题，我们先后开展了一系列的合作研究项目，从不同的角度对资源型城市发展问题进行了探索，取得了一些研究成果。

中国科学院2002年“西部之光”项目、甘肃省自然科学基金暨中青年科技基金项目“甘肃省资源型城市经济转型与可持续发展策略研究”，分别得到了甘肃省科技厅、白银市科技局、金昌市科技局的项目经费匹配，分别就白银市和金昌市的经济转型战略进行实证研究，形成了《白银市经济转型与可持续发展研究》和《金昌市经济转型与可持续发展研究》两份总报告和相关分报告。

在甘肃省金昌市和嘉峪关市的支持下，先后开展了“金昌市中长期科学和技术发展战略研究”（金昌市市列重点科技项目）和“嘉峪关市中长期科学和技术发展战略研究”（嘉峪关市市列重点科技项目），从科学和技术发展的角度对资源型城市科技发展战略进行了研究，制定的《金昌市中长期科技发展规划纲要（2006～2020年）》（被收入李建华编《资源型城市可持续发展研究》[7]一书）、《嘉峪关市中长期科学和技术发展规划纲要（2008～2020年）》分别以金昌市政府文件（金政发〔2006〕61号）、嘉峪关市政府文件（嘉政发〔2008〕54号）发布实施。

在内蒙古乌海市乌达区政府的支持下，开展了“乌达区中长期工业发展战略研究”，对煤炭资源型城市（区）的工业发展进行了系统研究，在提供《乌达区中长期工业发展规划纲要》的基础上，形成了涉及乌达区工业发展战略、工业发展布局、循环经济发展等系列研究报告，研究成果得到了乌达区政府组织的验收专家的高度评价。

在以上项目的研究过程中，我们始终以科学发展观为指导，从资源型城市的科学发展角度看待研究的主题，包括资源型城市经济转型的问题，也是从城市的持续发展和科学发展来探究的，研究过程中遇到了关于成熟期和鼎盛期资源型城市要不要开始进行经济转型的问题，若要转型往什么方向转的问题，以及其产业结构的变化问题等讨论。比如，在研究甘肃金昌市经济转型的问题时，产生了是发展多元产业推进多元化发展还是朝着镍都的专业化城市发展(也即产业的单一化程度越来越强)的问题讨论;关于甘肃资源型城市的科技发展目标和战略的讨论,虽有不同提法和争论,但都在科学发展观思想的指导下获得了统一;在乌达区工业发展战略研究中,对乌达区中长期工业发展目标的确定,我们基于科学的分析,修订了不切实际的过快增长的设想,提出了科学的发展目标。

在以上项目研究成果的基础上,我们对研究报告进行了进一步的凝练和再创作,形成了本书的基本框架。针对白银市主导资源枯竭已经开始大规模实施经济转型的实际,重点开展了接续主导产业选择的研究,确定白银市经济转型应走创新发展之路,通过创新型城市的建设和发展,有力推动城市经济转型,实现科学发展(第二章);针对金昌市尚处于资源开发成熟期或鼎盛期的现实,应及早实施经济转型,以科学发展观为指导,实现经济发展方式的根本转变,努力构建可持续发展的和谐金昌(第三章);在乌达区中长期工业发展战略研究系列报告的基础上形成本书的第四章,即乌达区中长期工业发展的战略思考。以上三章是针对资源型城市(区)的经济转型、工业发展进行的实证分析。而接下来的两章则抓住了资源型城市经济转型中科技问题和循环经济发展两个要件,分别从资源型城市如何从科技发展入手加强经济转型,形成了"甘肃资源型城市经济转型中的科技发展"(第五章)以及从"资源节约型"和"环境友好型"角度出发,形成了"甘肃资源型城市循环经济发展战略"(第六章),由此构成了全书比较完整的框架。

参考文献

[1] 齐建珍,等. 资源型城市转型学[M]. 北京:人民出版社,2004.
[2] 胡魁. 中国矿业城市基本问题[J]. 资源产业,2000(5):8-10.
[3] 王青云. 资源型城市经济转型研究[M]. 北京:中国经济出版社,2003.
[4] 窦文章,李国平. 阜新市产业结构调整与可持续发展战略研究[J]. 中国人口资源与环境,2000,10(3):71-75.
[5] 朱训. 矿业城市转型研究[M]. 北京:中国大地出版社,2005.
[6] 孙雅静. 资源型城市转型与发展出路[M]. 北京:中国经济出版社,2006.
[7] 李建华. 资源型城市可持续发展研究[M]. 北京:社会科学文献出版社,2007.

第二章　白银市经济转型的创新发展之路

白银市是新中国成立后我国最早由矿业开发发展起来的资源型城市。位于甘肃省中北部，北靠宁夏和内蒙古两个自治区，东倚宁夏固原地区和甘肃平凉市，西与兰州市毗邻并接河西走廊，南界甘肃定西市。现辖白银区、平川区和会宁、靖远、景泰三县，东西宽 140 余 km，南北长 380 km，总面积 2.12 万 km^2，其中市区面积近 3 500 km^2，境内有汉、回、满、藏、东乡等 23 个民族，总人口 174.69 万人(2006 年)❶。

经过 50 多年的发展，白银由一个工矿基地型城市逐渐成长为工业化区域性中心城市。它与一般资源型城市的发展轨迹相一致，经历了初始创业、迅速成长和成熟发展等几个主要时期，现在正处于创新发展的新阶段。本章主要阐述白银市经济正在由一个工矿基地型城市走向创新发展新阶段、制约白银市创新发展的主要因素、白银市创新发展的指导思想和发展战略、创新经济发展方式，大力发展接续产业、进行体制和机制创新，为白银市创新发展提供措施保证等内容。

第一节　白银市正由一个工矿基地型城市走向创新发展新阶段

从白银市经济发展的历程看，自新中国成立初期的资源大开发至现在大致经历了四个发展阶段[1]。

一、第一阶段(1950~1962 年)——初始创业期

新中国成立后，鉴于国家经济建设的需要，国家组织了对白银地区大型黄铁矿型铜和铅、锌、金、银、锰等有色金属资源的大规模勘探，并在“一五”计划期间将白银有色金属开发列入国家第一批 156 个重点项目之一，共投资 5.37 亿元，用五年时间完成了白银地区地质勘探任务，1954 年批准建立白银厂有

❶本章资料、数据除特别注明外，均取自《白银统计年鉴(2007)》。

色金属公司。从1956年开始白银有色金属资源的开发全面展开,从全国各地云集到白银的建设者们,发扬艰苦创业精神,奋战在戈壁滩,仅用三年时间,国家先后投资20多亿元,建设了矿山、选矿、冶炼系统并相继投入生产。1960年4月炼出了第一炉铜,相继发展了铜等有色金属冶炼和加工业以及建筑、建材、电力、煤炭等基础工业。1950～1962年,白银工业总产值以年平均33.8%的速度递增,1962年地区生产总值中第二产业占46.1%。首次超过第一产业,实现了白银地区由落后的农业经济向工业经济的产业转移,使这块昔日"一片荒滩罕人烟,千里风沙万重山"的戈壁地奇迹般地变成了欣欣向荣的工矿基地型城市。

二、第二阶段(1963～1985年)——迅速成长期

在国家"三五"、"四五"计划时期,由于国家工业化布局的调整以及"三线"军工企业的内迁,白银矿产资源开发利用处于"黄金"期,白银市出现了第二次建设高潮。经过对采、选、冶系统一系列的填平补齐和配套建设,1965年底基本建成了铜硫生产系统,形成铜采矿396万t、铜选矿410万t、铜冶炼4万t、电解铜4万t以及黄金、硫酸、白银、硫酸铜等综合生产能力。1971年铜产量突破4万t,1975年跃上4.5万t,并连续10年保持较高生产水平。与此同时,相继配套建成了铅锌冶炼及化工产品生产、加工和综合利用系统,小铁山矿、氟化盐厂、选矿药剂厂、第三冶炼厂、西北铜加工厂等一批骨干企业陆续建成投产,组建了西北矿冶研究院,使有色金属工业的生产、科研系统更加完善,主导地位进一步突出。主要产品由最初的电解铜、硫酸、硫铁精矿3种增加到电解铜、电解铅、精馏锌、电解金、电解银以及铜材、铅材、锌材和贵金属加工材等近20种。有色金属工业的发展带动和影响了建筑业、建材业、耗酸工业、有色金属材料加工业的发展,形成了一批配套和辅助产品生产体系,同时推动了煤炭、电力和服务业的发展。1963～1975年白银工业生产总值年均增长16.3%,1981～1985年工业产值占工农业总产值的比重达81.3%,1985年第一、二、三产业产值在地区生产总值中的比重为23.6:64.1:12.3,迅速实现了向工业化的发展。

三、第三阶段(1986～2000年)——成熟发展期

1984年露天矿一号采场闭坑以后,铜矿原料开始减少,威胁着以铜冶炼为支柱的白银工业。为保持经济发展的稳定增长,在我国改革开放政策的指导下,依靠1985年白银市恢复地级市建制的有利条件,白银市发挥老工业基

地的优势,依托西北地区丰富的有色金属资源和能源优势,全面深化改革,实行内涵与外延相结合、以内涵发展为主的发展方针,挖潜改造,"找米下锅",在国家投资24.6亿元的支持下,全面落实各项措施,兴建了年产5万t的白银铝厂、15万t的西北铅锌冶炼厂,开发了厂坝铅锌矿,并着手组织对白银厂外围深边部的探矿。同时,积极开展资源综合利用,发展金、银和贵金属的提炼产业,扩大了甘肃稀土公司产能,使氯化稀土生产能力达到1.8万t,重点建设了银光TDI生产线、靖煤集团扩能和大峡水电等一批重点工程,使白银市从单一的重有色金属工业向重有色金属、轻有色金属、贵金属、稀土金属、半金属和能源、化工等多工业门类发展。1995年10种有色金属产量达22.04万t,比1985年增长3.5倍,2000年10种有色金属产量为28.23万t,稀土化合物产能2万t,致使白银市不仅保障了铜、铝、铅、锌等有色金属产品产量的稳定增长,成为全国最大的有色金属冶炼、加工、化工辅助材料生产基地,而且也是品种齐全、质量优良的稀土系列产品生产和出口基地。同时,相继发展了建材、机械和食品、纺织等轻工业,工业产品品种达129种,形成了多元化工业发展的新格局。这是白银市成功达到成熟发展的重要标志。2000年地区生产总值达77.03亿元,为1985年的11.06倍,其中工业总产值达103.72亿元,为1985年的11.3倍。

在工业生产成熟发展的推动下,白银市进一步加强了城市基础设施建设,大幅度增加了非生产性投资比例,大力发展交通、电信、商贸、房地产等服务业,使城市功能和产业配置发生了显著变化,2000年第一、二、三产业的比值为15.9∶51.8∶32.3。由此,白银市由一个工矿基地型城市转变为以白银区为中心,县城和重点区镇为纽带,广大农村为基础的辐射型、开放式区域中心城市。

四、第四阶段(2001年至今)——走进创新发展时期

20世纪90年代中期,白银市主导产业的铜资源的自给率已不足20%,铅锌资源的自给率也只有40%。在这种情况下,白银市开始部署经济转型,但要彻底摆脱靠资源消耗和国家投资的增长推动资源型城市经济发展的传统模式,仍要通过一段艰苦的探索。从国内外资源型城市成功实现经济转型的经验看,要使城市发展不至于随资源的枯竭而城衰,就必须走出一条创新发展的路子。在经济转型中,创新发展的因素越多,经济转型的过程就越快,实现城市可持续发展的可能性就越大。因此,白银市要完全摆脱资源型城市传统发展轨迹,避免矿竭城衰,走创新发展之路就成为一种必然的选择。

所谓创新发展，就是要摆脱计划经济条件下单纯依靠资源消耗和国家投资发展经济的束缚，创新发展理念，在经济发展方式和模式、制度安排、生产力要素的重组、市场化资源配置等一系列经济发展构件方面实现新的突破，从而为市场经济条件下的结构调整、产业重组、城市经济均衡和可持续发展创造全新的发展环境，使资源型城市真正走上"科技含量高、经济效益好、资源消耗低、环境污染少、人力资源得到充分发挥"的新型工业化道路。白银市从2001年开始走上自己的创新发展之路，尤其是2002年党的十六大提出"全面、协调和可持续发展"的科学发展观以后，更为白银市的创新发展指明了方向和目标。在2001~2006年的短短6年中，白银市在创新发展方面取得的进展是明显的。其主要表现为[2]：

一是培育发展多元支柱产业，推进城市经济转型，立足比较优势，选择确定了八大支柱产业。在努力提高有色金属工业工艺和技术装备水平、延伸产业链开发合金材料、功能材料和稀土深加工产品的同时，做大做强以TDI为龙头的异氰酸酯产业，发展煤化工、氟化工，形成化工产业集群；壮大能源工业，推进洁净煤生产技术，实施煤电技改和黑山峡水电梯级开发，加快发展风能、太阳能和电池材料等新能源产业；大力培育以风电叶片、特种汽车配件为主的机械设备制造业；积极发展凹凸棒深加工、陶器材料等非金属矿物制品业；发展壮大现代农业和特色农畜产品深加工业；以黄河旅游、红色旅游为龙头，打造旅游品牌，促进旅游产业的发展；发展循环经济，加强资源综合利用，培育资源再生利用产业。在6年中累计投入50多亿元资金，实施了一大批技改重大项目，有效促进了传统产业的提升和升级换代。同时，引进智力和项目，创建了中科院白银高技术产业园和白银西区及平川中区经济开发区，使有色金属产业以外的高新技术产业和特色接续产业得到了较快发展。2001~2006年，虽然有色金属产业和产值也在增加，但在工业总产值中的比重由2000年的超过50%下降到2006年的42.02%，第三产业增加值占地区生产总值的比重上升了3个百分点。

二是深化企业改革，工业经济效益继续提升。以产权制度改革为核心，推进企业改制和重组，建设现代企业制度取得积极进展，至2006年93%的市属企业实现了改制，大部分企业的重组和职工安置工作基本完成。6年中企业投资主体发生了明显变化，其中非国有投资比重由2000年的19.5%上升到2006年的60.7%，市及市以下投资比重由2000年的42.2%上升到2006年的56.9%；非公经济得到迅速发展，其经济增加值占GDP的比重从2000年的26.0%上升到2006年的38.5%。同时，支持大中型企业市场化运作，抢抓市场机遇,按市场规律组织生产经营,盘活存量资产,实现了工业经济速度与效益的同步增长,2006 年限额以上工业增加值增长 26.18%,利润年增长达 20%。在工业废弃物综合利用、节能、减排等方面都取得较好进展。

三是科技创新能力得到明显提升。白银市坚持以科技支撑创新发展,打科技牌、走科技路,科技发展呈现一派生机。6 年中共建立省级工程技术中心 3 个,省级企业技术中心 5 个,博士、硕士研究生工作站 4 个,有 3 900 多人获得高级技术职称;市财政科技三项费用和企业挖潜改造支出分别达 1 100 万~1400 万元,带动了全社会科技研发投入的增长,6 年投入科技资金 1.78 亿元,共实施国家及省市级科技发展项目 380 项,获科技成果 193 项,其中 10 项达国际先进水平,具有国内领先和先进水平的有 140 项,有 28 项获省级以上科技进步奖;先后与 189 家科研院所、高等院校建立了合作关系,合作项目 218 项,有效地发挥了产学研相结合的作用,促进了白银市科技创新的发展;建立了 13 个农业科技示范园区,41 个农产品获得国家 A 级绿色产品证书;利用高科技技术和信息技术改造提升传统产业,实施重大技术改造项目 50 多项,完成技改投资 39 亿元,使大中型企业和一批中小企业产能及技术水平得到显著提高;从 2005 年开始,全面启动实施"白银数字化"工程和制造业信息化工程,开通了"中国白银"门户网站和"神农通"农业信息网站。由于科技创新的发展为"科技白银"、"数字白银"和西部"创新型城市"的建设打下了良好基础,2005 年白银市被纳入"国家新材料产业化基地"并被授予"全国科技先进市"称号。

四是政府职能和体制、机制发生了重要转变。第一,进一步完善了政府决策机制,充分发挥了人大代表、政协委员和专家学者参与重大事项决策的作用,对同人民群众利益密切相关的事项实行公示、听证制度,通过调查研究,广泛吸纳群众意见,决策科学化、民主化程度明显提高,提高了政府宏观调控能力和水平;第二,在推进企业改革改制、充分尊重企业自主权的基础上,加强政府服务功能,为企业提供良好的社会服务,在生产经营、招商引资等活动中牵线搭桥,引导企业适应市场经济发展规律,支持企业建立现代企业制度,做好科学管理;第三,充分发挥政府在公共服务领域的主导作用,大力加强教育、科技、文化、医疗卫生、体育事业等方面的薄弱环节,促进社会事业较快发展,把更多的公共资金用于社会保险、医疗保险、社会救助,以及促进就业等民生领域,实施了"四大民心工程",大大改善了人民群众的生存发展环境;第四,加强社会法制建设,推进"平安白银"创建活动,全力维护了社会稳定,促进了"和谐白银"建设;第五,强化政府效能监察和责任追究,严格行政执法,认真落实廉政责任制，使机关办事效率和服务水平得到了不断提高。

2000～2006年白银市的经济保持了持续较快增长。从图2-1看出，2006年地区生产总值达到175.71亿元，为2000年的2.3倍，年均增长14.0%左右。其中工业增加值2006年达到83.31亿元，为2000年的2.5倍；大口径财政收入2006年达20.28亿元，年均增长14.6%，一般财政收入2006年为5.59亿元，年均增长15.1%。这表明，白银市在主导产业资源自给率日益衰竭的情况下，以科学发展观为指导，选择创新发展，实行政府推动与市场化运作相结合、自力更生与借助外力相结合、科技创新与产学研相结合、改造传统产业与发展接续产业相结合，使经济主体、投资方式、产业结构、发展模式、经济体制、政府职能等都发生了重要转变。由此，白银市正在走上不同于传统发展模式的创新型发展道路。

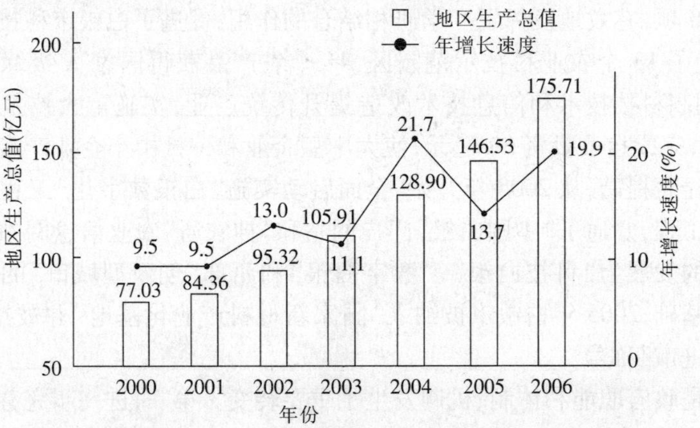

图2-1　白银市2000～2006年地区生产总值与年增长速度

第二节　白银市创新发展的制约因素

白银市经过50多年的发展，为国家经济建设和地方经济社会发展作出了卓越的贡献，积累了资源型城市经济社会发展的丰富经验，建立了雄厚的工业基础和一定的人力资源优势，尤其是近6年来在创新发展的道路上有了一个好的开头，创造了具有特色的“白银模式”，而白银的区位优势和良好的内外发展环境等都为白银继续沿着创新发展的道路走下去提供了有利条件和发展基础。但是，白银市今后的创新发展仍然面临一些严重的制约因素，如产业结构仍不协调、环境和生态条件恶劣、城市创新能力低、城乡二元结构突出等。本节主要分析和指出这些制约因素的影响，以期在白银市创新发展的过程中能不断地克服或弥补不足，使创新发展之路走得更稳定、健康和可持续。

一、产业结构不协调，经济转型任重道远

（一）第一、二、三产业构成和就业构成极不协调

根据白银市 1990～2006 年重点年份的产业构成和就业构成的统计（表 2-1）：白银市的第一产业增加值占比从 20 世纪 90 年代以后呈下降趋势，第三产业增加值占比则有较明显增加（从 90 年代的 20% 左右增加到 2000 年以后的 30% 以上），而第二产业则处于稳定发展态势，一直保持在 50% 以上，表现出工业化发展的明显特征。而就业结构则以第一产业就业人数占绝对优势，从 20 世纪 90 年代至今一直占就业人数的 60% 左右，第二产业和第三产业就业人数占比各略有下降和上升，与产业结构的变化基本一致。这种在就业构成上仍保持的低收入国家水平与工业化发展特征的不协调，形成鲜明对比，造成经济社会发展的不平衡，由此对创新发展提出了迫切的新要求。

表 2-1　白银市重点年份产业构成和就业构成

年份	产业构成（%）			就业构成（%）		
	第一产业	第二产业	第三产业	第一产业	第二产业	第三产业
1990	20.9	57.1	22.0	61.7	24.6	17.7
1995	24.0	55.4	20.6	58.9	26.5	14.6
2000	15.9	51.8	32.3	59.4	18.3	22.3
2005	14.3	50.5	35.2	59.8	19.6	20.6
2006	12.5	54.3	33.2	59.5	19.8	20.7

（二）产业的资源指向性特征并未根本改变，轻重工业比例严重失调

白银市随着主导产业资源自给率的减少，工业产业结构有所调整，发展了若干包括轻工业在内的接续产业。但产业结构的资源指向特征并未发生根本改变，轻工业的发展继续处于弱势地位。据 2006 年资料，在 230.72 亿元的工业总产值中，有色金属采选、冶炼和压延加工业占 47.5%，煤炭开采和洗选业占 6.4%，两者之和超过了 50%，资源的开发和粗加工占绝对主导地位。而包括食品、饮料、纺织、皮革制品、农副产品加工、非金属矿物制品、工艺品等在内的轻工业产值为 10.2 亿元，仅占工业总产值的 4.4%。这种资源指向性的特征和轻重工业比例的严重失调表明，要改变经济发展对主导资源的依赖，减少矿产资源开采、冶炼、压延等带来的环境污染，降低能源消耗，延伸产业链，进一步发展包括轻工业在内的深加工业，提高产品科技含量和生产经济效益，走出一条可持续的发展道路，还需要作出不懈努力。

(三)产业关联度不高,主导产业偏重于外循环

从产业整体结构来看,白银市的产业关联松散,整体协调性较差。主要表现在重工业已呈现出工业化中兴时期的一些特征,而农业和加工业发展程度却处在工业化发展初期。因产业层次高低不一,致使产业间的协调性差,主导产业对市属及市以下企业的辐射影响不大。

从三大企业层次看,中央、省属企业与地方企业关联度低。中央大型企业生产的原料大多调出省外、市外,难以留在本市加工增值,产业延伸度难以提高,如2006年,白银市10种有色金属37.3万t的产量,只有17%左右在本地加工增值,大部分以原材料外卖。而地方企业则由于和中央企业在规模、资金实力、技术水平、管理素质等方面存在很大落差,所以在企业联合、协作方面受到很大制约。

(四)在所有制结构中,国有及国有控股企业占主导地位,非公经济规模弱小,导致经济发展活力不能得到充分释放

从表2-2可以看出,白银市经过经济体制改革和企业改制、改造,工业企业性质改变了单一的公有制发展模式,呈现多元化发展态势,而且在工业总产值中各类股份制企业产值占优势地位(占75.59%)。但从总体上看,在所有制成分上,国有及国有控股企业占绝对控制地位(占82.09%),而私营及私人资本控股企业仅占9.9%,港澳台及外资企业占6.21%,乡镇集体企业占1.54%,地方国有及乡镇集体企业占有份额只有2.51%。因而,形成中央、省属企业与地方经济的明显二元结构,地方企业规模小、效益低,同时私营和外资企业发展缓慢。这种由国有企业控制的经济发展严重阻碍了生产力存量要素的顺畅流动,并导致增量要素的刚性配置,不利于促进行业发展中的竞争、投融资主体的多元化和就业渠道的扩大,经济发展活力得不到充分释放,从而影响经济发展的多样化和市场经济地位的最终形成。

表2-2　白银市2006年规模以上各类工业企业数、产值及占工业总产值的比重

企业性质	国有企业		乡镇集体企业	股份制企业		私营企业	港澳台及外资企业	其他
	中央	地方		总数	其中国有控股			
企业数(家)	1	12	15	64	10	46	4	4
产值(万元)	245 635.8	22 426.2	35 635.7	1 744 034.8	1 625 963.6	110 246.7	143 245.9	5 927.5
占比(%)	10.65	0.97	1.54	75.59	70.47	4.78	6.21	0.26

二、自然和生态条件严酷，环境因素制约明显

白银市位于甘肃省中部干旱地区，北临腾格里沙漠，南接陇西黄土高原，特定的地理位置使全市境内生态环境异常严酷。突出表现在以下四个方面：第一，干旱频繁。若以 500 mm 等雨量线为干湿分界线，全市三县两区均属干旱地区，且年降水量低于 300 mm 的地域面积在 70% 以上。白银区、靖远县和景泰县的年降水量仅 100 ~ 150 mm，而年蒸发量达 1 500 ~ 2 000 mm，会宁县的年降水量多一些，但也达不到 350 mm，因此区域内干旱频繁。据记载，1950 ~ 2000 年的 50 年间白银发生大小旱灾达 35 次之多，平均不到 1.5 年就发生一次。第二，水土流失严重。白银市水土流失面积 1.93 万 km^2，占总土地面积的 96%。第三，草场退化。主要表现在天然草原面积的缩小、牧草产量的下降以及草原沙化三个方面。平川、靖远北部的草原沙化问题已引起广泛关注，整个区内已有近 2 万 hm^2 的草场退化为沙漠化土地。第四，城市环境污染严重。突出表现在工业"三废"（即废气、废水、废渣）的排放和矿山地质环境的破坏上。2006 年，全市工业废气排放量为 647 亿标 m^3，且主要为二氧化硫。全市工业废水排放量 1 865 万 t。工业废水排放物中有铅、镉、汞、挥发酚等。全市工业固体废弃物生产量 290 余万 t，其中综合利用量 74.84 万 t，处置量 2.48 万 t，贮存量 221.90 万 t，排放量 0.11 万 t。而工业废水、二氧化硫、烟尘及工业粉尘的达标排放量分别只有 64.43%、25.37%、61.35% 和 19.52%，工业固体废弃物的综合利用率仅 25.0%。因此，在本来较恶劣的生态环境条件下，又增加了较严重的工业污染，虽然近年来加强了污染的治理，取得了较好进展，但离清洁生产的目标仍有很大距离，这不仅严重制约着经济的发展，而且对居住环境和人民群众的健康构成威胁。

关于水资源的供给问题，同样不容乐观。虽然黄河流经白银区、平川区和靖远、景泰两县，流程达 258 km，但黄河水并不是可以随意提取的，国家分配给白银市的用水量只有 10.79 亿 m^3，白银市人均水量仅 610 m^3，远远低于全省和全国的人均水量，而且在远离黄河的乡镇和干旱缺水的会宁县等地，黄河之水便鞭长莫及。

三、城市创新能力低，制约发展后劲

城市（区域）创新能力是区域创新的主体要素（大学和科研院所、企业、政府和中介机构）在充分利用现代信息与通信技术的基础上，通过优化配置和集约利用各种资源，不断将知识、技术、信息和人才等要素纳入社会生产过程

中,协调与推动城市(区域)创新活动的能力。根据对城市创新能力各种评价指标体系的分析比较,本书提出如下7个相对较为重要的评价指标,从这些指标出发,比较了白银市与其他一些重要城市的创新能力,由此分析白银市创新能力较低的原因,尤其是在科技、教育事业发展方面存在的问题。

(一)城市创新能力的核心评价指标

评价一个城市或区域的创新能力是多方面、多层次的,要全面评价一个城市或区域的创新能力应该综合考虑创新所涉及的方方面面。但是,根据现有的数据和资料,选取若干核心指标亦可以从某种程度上反映城市或区域的创新能力。因而,本文主要选取最能体现区域创新能力的7个指标作为定量评价的核心指标(表2-3)[3]。

表2-3 城市创新能力核心评价指标体系

评价指标	单位	指标解释
R&D投入占GDP的比重	%	反映区域自主创新的研发投入情况,是衡量区域创新能力的主要指标
科技论文发表数	篇	体现知识创造能力
专利的申请与授权数	件	反映区域自主技术创新能力和知识产权保护的力度
技术市场交易额	亿元	反映区域创新活动的活跃程度
中国名牌产品数	个	反映区域的产业竞争力
高新技术产业产值占工业总产值的比重	%	反映区域高新技术发展水平和科技创新产出能力
万元GDP综合能耗	t标煤/万元	反映区域的能源利用效率、工业技术水平和产业结构

1. R&D投入占GDP的比重

由于区域间经济总量不同,以R&D投入的绝对值进行比较缺乏科学性,而R&D投入占GDP的比重基本能反映出一个区域的R&D活动情况。

2. 科技论文发表数

科技论文展示出一个区域在基础研究、应用研究等方面开展的工作,以及其与国内外科技界的交流情况。同时,科技论文发表数也是科学研究的前沿性、创新性的重要保证。

3. 专利的申请与授权数

专利的申请与授权数是反映一个区域具有自主知识产权的程度和在知识产权保护方面的状况。

4. 技术市场交易额

技术交易市场有利于促进科技与经济的结合。区域技术市场交易额反映了一个地区科技创新活动活跃程度的高低及技术交易市场的成熟度。

5. 中国名牌产品数

品牌建设是新技术产业化的永久体现,中国名牌产品的数量体现了品牌的竞争力,亦体现了一个企业或区域的自主创新能力。

6. 高新技术产业产值占工业总产值的比重

高新技术产业对经济发展具有巨大的推动作用。通常以高新技术产业产值占工业总产值的比重来反映高新技术产业的发展状况及一个区域的技术创新能力。

7. 万元 GDP 综合能耗

区域能源消耗量可以反映该区域的能源利用效率、产业结构、工业技术水平,通常以万元 GDP 综合能耗来衡量。该指标值越低,说明使用能源所产生的经济效益越高,区域创新绩效越好。

(二)白银市与若干重要城市创新能力的比较

根据上述城市创新能力的核心评价指标,将白银市与北京市、深圳市、青岛市、西安市、苏州市、大连市和宁波市进行比较,可以看出白银市创新能力是很低的。

表 2-4 列出白银和北京等城市 2005 年城市创新能力核心评价指标的实际值[3]。

表 2-4　白银和北京等城市 2005 年城市创新能力核心评价指标值

评价指标	北京	深圳	青岛	西安	苏州	宁波	大连	白银
R&D 投入占 GDP 的比重(%)	5.2	2.7	2.0	6.0	1.7	1.8	1.8	0.5
科技论文发表数(篇)	61 404	3 801	5 353	20 198	3 033	1 429	8 062	65
专利的申请与授权数(件)	11 100	9 722	3 166	1 833	3 999	4 722	1 667	16
技术市场交易额(亿元)	489.6	47.1	4.3	9.31	3.8	201	17.8	0.4
中国名牌产品数(个)	45	57	45	9	15	17	5	0
高新技术产业产值占工业总产值的比重(%)	31	50	29	33	32	32	51	15
万元 GDP 综合能耗(t 标煤/万元)	0.71	0.61	0.94	1.06	1.07	0.94	1.24	2.99

为了能对各个城市的创新能力进行相对比较,我们对各个城市指标的实际值根据城市规模、经济总量、人口数量等情况给予0~10的打分(评价值),如R&D投入占GDP的比重≥5%,给评价值10,5%~3%给评价值8,3%~2%给评价值6,2%~1%给评价值4,小于1%给评价值2等。然后对每项指标视其在城市创新能力核心评价指标体系中的重要性给出权重系数(0.5~2)。最后,将权重系数和评价值相乘,便得到可以比较的得分。把各个城市每项指标的得分相加,便是各个城市创新能力的总得分(总评价)(表2-5)。从这个总评价来看,北京市最高(总得分55.2);深圳、西安处在第二层次(总得分40左右);青岛、苏州、宁波、大连等处在第三层次(总得分为30左右);白银市的创新能力很低(总得分为7.9),仅相当于北京的1/7,第二层次城市的1/5,第三层次城市的1/4。从各个指标的表现看,白银市的每项指标都是最小值,尤其是论文数、专利数、技术市场、中国名牌产品、万元GDP综合能耗等表现更差。可见白银市与我国东中部发达城市比较,其创新能力是低层次的。

表2-5　白银市和北京等城市2005年城市创新能力总评价值

评价指标	权重系数	北京		深圳		青岛		西安		苏州		宁波		大连		白银	
		评价值	得分	评价值	得分	评价值	得分	评价值	得分	评价值	得分	评价值	得分	评价值	得分	评价值	得分
R&D投入占GDP的比重	1.5	10	15.0	6	9.0	5	7.5	10	15.0	5	7.5	5	7.5	5	7.5	2	3.0
科技论文发表数	1.0	10	10.0	3	3.0	5	5.0	8	8.0	3	3.0	2	2.0	6	6.0	0.3	0.3
专利的申请与授权数	0.8	9	7.2	9	7.2	3	2.4	2	1.6	4	3.2	5	4.0	1.5	1.2	0.1	0.1
技术市场交易额	0.7	8	5.6	2	1.4	0.1	0.1	0.1	0.1	0.1	0.1	0.1	0.1	0.1	0.1	0.1	0.1
中国名牌产品数	0.6	8	4.8	9	5.4	8	4.8	4	2.4	5	3.0	5	3.0	3	1.8	0	0
高新技术产业产值占工业总产值的比重	1.0	7	7.0	8	8.0	7	7.0	7	7.0	7	7.0	7	7.0	8	8.0	3	3.0
万元GDP综合能耗	0.7	8	5.6	9	6.3	7	4.9	6	4.2	6	4.2	7	4.9	5	3.5	2	1.4
总评价得分			55.2		40.3		31.7		38.3		28.0		28.5		28.1		7.9

(三)白银市在创新能力建设中存在的问题

白银市的创新能力建设,近年来虽然有了一定的发展,但与发达城市相比,其差距是明显的,同时也暴露出创新能力建设方面存在的许多问题。这些问题主要有以下几点。

1. 缺乏核心创新主体

城市创新体系主要是由相互分工与关联的生产企业、研究机构、大专院校、政府主管部门及中介机构等构成的城市组织系统，该系统支持并产生创新。如前分析，白银市的自主创新能力很弱，其主要原因是白银市缺少核心的知识生产主体——大学，全市没有高等院校，而各类科研机构仅19个，而且创新能力较弱。据调查，白银市企业技术研发机构较少，大多数企业没有建立自己的研发中心。全市平均每万人拥有技术人员97人，人数偏少，既缺乏知识产生的大学和科研院所，企业又没有发挥创新主体作用，由此，创新型白银的建设必将面临严峻挑战。

2. 研发投入严重不足

白银市的研发投入强度远远低于创新城市的平均投入水平。2005年全市总的研发投入占GDP的比重不到0.5%，其中政府投入占GDP的比重为0.21%，企业为0.15%，表明企业在研发活动中的主体作用还未能有效发挥。另外，从对企业的调查也发现，企业技术创新和新产品开发能力薄弱，企业投入的研发资金主要用于现有产品和技术的完善，而用于新产品开发和前瞻研究的费用很少；并且，对于新产品的研发也更注重于短期项目，而对长期性的、有市场前瞻性的开发研究则很不够。

3. 创新环境亟待改善

首先，白银市作为经济发展落后、社会文化环境相对封闭、思想观念相对保守的地区，全民对创新的重要性认识不足，影响创新城市建设的整体推进；其次，在创新制度建设和政策制定方面出现滞后，跟不上创新发展的实践，影响创新热情和积极性；再次，创新的文化环境离要求还很远，需要持续持久的建设；最后，作为创新中心城区的白银区、平川区，由于是重工业城镇，污染严重，与国际国内典型创新城市要求的环境优美的自然环境相去甚远，一方面影响对人才的吸引，另一方面不利于高新技术产业的发展。

4. 职业教育和中介机构发展缓慢

白银市职业教育办学规模小、教师队伍弱，投入不足，专业设置不平衡。2006年全市职业高中和中专在校生为18 304人，普通高中在校生为61 614人，普高生与职高中专生的比例为1∶0.3，远达不到一些先进地区1∶1的要求。职业教育的落后不仅使就业人群中有一定技能的人才得不到补充，影响城市创新能力的基础，而且由于大部分本地优秀生源通过上大学而外流，这对提高城市创新能力是一个重要的人力资源损失。

中介机构在城市创新能力建设中可以起到促成知识和技术交流、扩散科技成果、提高新技术和先进管理理念的利用率等作用，是城市创新能力建设中不可缺少的重要一环。但白银市的中介机构组织松散、规模小、服务质量和水平都比较低，2006年在各类中介机构和技术服务中的就业人员不足600人，发展较为缓慢。

5. 政府主导作用较弱

政府在创新能力建设中发挥不可替代的重要作用。无论是在创新环境建设方面，还是在引进人才、引进项目、引进资金方面政府都发挥着主导作用。虽然，近年来，白银市政府围绕资源型城市经济转型做了大量的工作，但是政府的主导作用仍然没有有效发挥。例如，不仅在创新政策、创新制度的制定、创新环境的构建与培育方面表现出滞后，而且在机构设置上缺乏创新，如经济开发区的政府机构名称设置仍然沿用“管委会”，管理和领导倾向浓厚，服务和服侍欠缺。此外，政府在改革科技体制方面滞后，部门职能越位与缺位并存，拓展创新投融资渠道乏力，治理环境污染和制止生态破坏措施不力等。

四、城乡二元经济结构突出，严重阻碍工业化带动城市化的发展

白银市是一个以城带乡、农业区域面积广阔的城市，目前以两个市辖区为代表的工业化和城市化取得了长足进步，而市属三个县的经济仍以农业为主，城乡二元经济结构十分突出。由于环境和其他各种条件限制，两个市辖区要带动三个县，全面实现城市的工业化和城市化发展，任务十分艰巨。

从表2-6可以看出：

（1）全市地区生产总值65%左右集中在两个市辖区；人均GDP，市辖区相当于三个县平均的5倍，2006年市辖区已达3 400美元，而三县地区还不到600美元，其中会宁县人均仅420美元（据统计资料）。

（2）全市第二产业增加值中，两个市辖区占82%以上，其中工业增加值更占到86%以上，而三个县则在第一产业增加值上占绝对优势（84%以上），因此工业化率出现明显差距，市辖区工业化率已达65%～68%，而三县地区仅为25%左右。

（3）城市化率和居民收入水平差距扩大：两个市辖区的城市化率已达63%左右，而三个县只有不到10%；2006年城市居民人均收入达9 895元，而农村居民人均收入，白银区较高，为3 682元，会宁县最低，仅有1 676元，城乡居民收入差达2.7～5.9倍。

（4）从公共科技投入及各类专业技术人员的分布看，2004年和2006年科

技三项费用及科学事业费支出，市辖区分别占全市的96.8%和86.4%，三个县占有份额很少；而全市各类专业技术人员中70%以上集中在两个市辖区，三个县合计则不足30%。

（5）全市的一般财政预算收入也以市辖区贡献最大，2004年和2006年两个市辖区财政收入分别达全市财政收入的79.7%、84.4%。

可见，在白银市，从全市范围来看，发达的现代化工业与落后的农业经济并存；局部的较高水准的城市化与大范围分散的乡村并存；具有较高收入的城镇居民与大部分低收入农村居民并存。这种十分突出的城乡二元经济结构，极不利于社会的稳定，也将严重制约城市经济的全面、协调和可持续发展，阻碍着创新发展中由工业化带动城市化的进程。

表2-6　白银市市辖区和三县若干经济指标的对比

指标	2004年		2006年	
	市辖区	三县	市辖区	三县
总人口（万人）	47.27	127.31	47.88	126.66
非农人口（万人）	29.39	11.12	30.34	12.31
城市化率（%）	62.17	8.73	63.37	9.72
地区生产总值（万元）	835 443	453 588	1 161 432	595 670
占全市比重（%）	64.8	35.2	66.1	33.9
人均（元/人）	17 673.9	3 562.9	24 257.1	4 702.9
第一产业增加值（万元）	29 598	158 963	34 295	184 872
占全市比重（%）	15.7	84.3	15.6	84.4
第二产业增加值（万元）	538 960	112 494	786 954	166 311
工业化率（%）	64.5	24.8	67.8	27.9
其中工业增加值（万元）	489 672	76 741	720 945	112 192
占全市比重（%）	86.4	13.6	86.5	13.5
第三产业增加值（万元）	266 885	182 131	340 183	244 323
占全市比重（%）	59.4	40.6	58.2	41.8
公共科技投入费用（万元）	969	32	1 516	239
占全市比重（%）	96.8	3.2	86.4	13.6
各类专业技术人员数（人）	27 802	10 812	31 388	13 149
占全市比重（%）	72.0	28.0	70.5	29.5
地方一般财政收入（万元）	33 869	8 640	47 240	8 707
占全市比重（%）	79.7	20.3	84.4	15.6

第三节　白银市创新发展的指导思想、发展战略和目标

白银市目前虽然开始进入了创新发展的阶段，但从总体上看还是“低水平的、不全面的、发展不平衡的”。要真正走上全面、协调和可持续发展的新型工业化道路，实现整体意义上的经济转型，必须对创新发展作出全面规划，明确指导思想，勾画发展战略，提出较为现实而又具有一定挑战性的发展目标，加大创新发展力度，以期通过一定时期的努力，达到在全市范围内实现“全面小康”的目标。

一、指导思想

在科学发展观的指导下，紧密结合白银市经济社会发展的实际，以人为本，促进经济增长、社会进步、生态环境得到保护的全面发展。在发展中充分考虑自然资源与生态环境的承载力及矿产资源的可持续利用，实现主城区与县乡协调、经济与社会协调、人与自然协调、经济增长与民生改善协调，使整个白银市走上生产发展、社会进步、生态恢复、环境良好、资源可持续利用的经济发展健康、社会风气文明、人民生活富裕的发展道路。

(1)必须坚持全面开放，以市场经济规律为导向，促进经济创新发展。

在当前全球经济一体化、区域化的条件下，全方位开放是经济发展的内在要求和必然趋势。白银市经济的创新发展，必须打破自我封闭的状态，实现信息流、物资流、资金流、人才流的全面流动。在市场经济规律的指引下，达到资源的市场化配置、各种生产力要素的有效聚集及管理和经营模式的创新，以全面开放、按市场经济规律开拓创新的态势和视野，达到促进经济转型创新发展的目的。

(2)必须坚持以城带乡、城乡协调，以形成各具特色的经济结构，推进城乡全面发展。

目前，白银市以市辖区占主导的先进工业与三县地区以农业经济为优势的发展格局，对全市的创新发展既有不利的一面，又有经济转型发展回旋余地广、潜力大的有利一面。要进一步发挥社会主义制度的优越性，通过以城带乡、工业反哺和辐射农业等措施，实现资金、技术、人才等向三县农业区的转移，结合各县(区)的比较优势，发展特色产业，做到市辖区发展与县域经济兼

顾、工业与农业和服务业兼顾、高新技术发展与改造提升传统产业兼顾、产业园区创新与全社会发展兼顾，在全市形成各具特色又相互补充的经济结构，由此推进城乡协调、全面发展的经济转型新格局。

(3)必须坚持科学技术是第一生产力的思想，以科技教育的发展推动经济转型。

科学技术是第一生产力。当今经济实力的竞争归根结底是科学技术的竞争，在资源型城市，无论是接续主导产业的选择，还是资源型产业的改造和产业链延伸，发展高新技术产业都要以科技为支撑，发挥科技进步和知识经济的巨大作用。国际上有相当一部分资源型城市，通过扶持高新技术产业而获得了经济转型的成功，同时通过体制、技术创新使夕阳产业重新焕发生机的范例充分证明了科学技术作为第一生产力的重要作用。白银市有一定的科技基础，但距离经济转型创新发展所要求的科技实力还相差甚远，而科技的创新与发展基础在教育。因此，白银市必须大力发展科技教育，在努力提高本地人力资源素质和科技人才水平的同时，积极引进智力资源和技术资源，以先进的科学技术和各种人才推动经济转型的创新发展，坚持“经济转型，科技先行”，“创新发展，人才为本”。

(4)必须坚持以人为本、关注民生，以人的全面发展激发全体市民创新意识和创新热情，推进城市的创新发展。

资源型城市经济转型的创新发展是在人的全面发展基础上才能得到实现的一项宏伟事业，这是科学发展观揭示的一条基本规律。因此，白银市在创新发展过程中必须坚持以人为本、关注民生，充分保障每个城乡居民的受教育权、劳动权、居住权、生存权、健康权，使广大居民能平等享受各种公共资源和改革发展取得的成果。通过各种途径全面提高城乡居民的科学文化素质和工作技能，培育团结和谐的良好社会风尚和奋发向上的进取精神，由此激发市民的积极性和创造性，提高创新意识和创新能力，以推进城市的创新发展。

(5)必须坚持资源节约和生态环境保护优先原则，以资源的可持续利用和良好的生态环境实现经济社会的可持续发展。

白银市发展的基础在于丰富的资源，经济转型的创新发展同样要以自身的资源优势为依托。因此，必须考虑资源的节约利用和集约化综合利用，实现资源的可持续开发。同时，在资源的开发利用中，绝不能以牺牲环境、破坏生态为代价，要十分重视生态恢复和环境保护，使本来就较为脆弱的自然生态环境不至于由于资源的开发利用变得更为恶劣；要着力建设资源节约型和环境友好型经济社会体系，最终达到经济、社会和生态环境相协调的可持续发展目的。

二、发展战略

白银市的创新发展必须基于自身状况，发挥比较优势，扬长避短，抓住机遇，跨越传统模式，调整产业结构，通过创新走向可持续发展。

（一）资源型城市经济转型的发展模式

在总结国内外资源型城市成功转型经验的基础上，中国国土资源经济研究院姚华军提出了四种转型模式，具有普遍意义。

（1）优势延伸模式。所谓优势延伸，就是充分发挥现有优势，使资源优势转化为经济优势，使现有的产业优势转化为地区（矿业城市）经济发展的全面优势。选择优势延伸的发展模式，要求现有的资源基础及在其上发展起来的产业（体系）具有明显的优势。一般来说，这种资源往往具有绝对优势，且多是单一型资源。例如，大庆的石油资源，金昌的镍及铂族金属资源，攀枝花的钒钛磁铁资源，白云鄂博的稀土及铁矿资源。

（2）优势互补模式。所谓优势互补，主要是指通过异地异质资源的开发来形成自身的产业优势及地区经济的整体优势。德国的“鲁尔模式”即属于这种模式。在我国的东北重工业区，辽宁富铁，而黑龙江富煤、油，但缺铁矿等资源，在一定程度上可实行两地异质资源的优势互补模式。

（3）优势组合模式。在我国的广大地区，多种资源赋存于一个地区，资源组合和配套程度较好。综合开发这些优势资源，就成了优势组合发展模式的主要特点。一个地区资源的组合以及一个较大的区域内多种资源的组合配套，为矿业城市（群）的发展提供了极为有利的条件。例如我国的唐山市，境内矿产资源丰富，煤炭、铁矿石、水泥灰岩、其他非金属矿产配套程度较好，这样就为全市发展能源及电力工业、冶金工业及建筑材料工业等提供了较好的条件。

（4）优势再造模式。对于一些单一资源（甚至少数综合资源）型城市，由于多年的开发，后续接替资源跟不上，原有的资源优势正在逐渐消失。在原有优势资源基础上建立起来的产业体系，由于结构比较单一，受资源供应的影响也表现出缺乏活力甚至衰退的迹象。对于这类地区，必须走优势再造的道路。所谓优势再造，就是从资源状况、现在基础、区位条件、技术条件及投资来源等各个方面重新认识和确立新的优势。通过改变资源配置方式，重组资源存量，同时让资产增量转移到效益好的行业及部门。

（二）白银市经济转型创新发展战略

从白银市当前的现状和发展特点考虑，我们认为白银市应采用“优势引导，跨越发展”的发展战略。这是因为：第一，白银市具有一定的资源经济优势、工业基础优势和区位优势，白银市的创新发展要依靠这些优势来引导，逐步由单一资源型城市发展为多元化产业并举的综合性城市，既要发挥资源产业优势、实施优势延伸，也要利用优势组合，并通过其他产业的培育再造新的产业优势。第二，白银市的创新发展必须与改造传统产业相结合，即要用高新技术改造和提升传统产业，特别是资源型产业；在发展方式上，要超越资源型产业的传统发展模式，由主要依赖资源消耗向依托知识和技术转变，实现经济的跨越式发展。第三，白银市除有色金属资源以外，还有丰富的其他自然和矿产资源，有色金属资源已开始走向枯竭，但其他资源的开发利用仍然可以作为经济转型中创新发展的比较优势。同时，白银市还有广阔的未经开发的农业经济区，可为白银市的创新发展提供广阔平台。因此，该发展战略符合全面、协调和可持续发展的原则，在这些优势引导下选取的接续产业符合跨越式发展的要求。

三、发展目标

根据白银市现有发展基础及在全省和全国区域经济发展中所处地位，在全面衡量各种有利和限制因素的基础上，提出今后 15 年左右（至 2020 年）白银市经济转型创新发展的总体目标：

通过 15 年左右持续不断的创新发展，基本改变经济发展中单一资源型产业占主导地位的状况，形成第一、二、三产业协调以及城乡协调、产业结构优化、多元化产业均衡发展的新格局，资源指向型经济的转型基本完成。其中，接续主导产业增加值在地区生产总值中的比重达到 70%，第一、二、三产业的构成比例调整到 12∶43∶45；县域经济得到快速健康发展，三县地区生产总值占全市的比重由现在（2006 年）的约 34% 上升至 45%；生态环境持续恶化的状况得到遏制，水土流失面积明显缩小，工业污染物排放全面达标，在重点企业基本实现近零排放，“三废”处理率分别达到 80% 以上；城市规模扩大，基础设施建设得到完善，全市范围内完成以乡镇为核心的新农村建设，城市化率由现在的 25% 左右上升到 45%；全市至 2020 年地区生产总值比 2006 年增长 3.5 倍，年均增长 11% 左右，其中市辖区人均生产总值达到 1 万美元，三县地区达到 3 000 美元，人民生活水平基本达到全面小康。

第四节 大力发展接续产业和第三产业，创新产业发展模式

资源型城市的经济转型从本质上来说，就是产业转型和产业结构的调整。即要把资源指向型产业转向资源的可持续利用产业，发展资源的综合利用，逐步减少产业发展对资源（主要指矿产资源）的依存度；由资源开发的粗加工产业转向资源产品的精深加工，提高产品科技含量和附加值，使产业升级换代；由依赖资源和资本的投入发展产业转向主要依靠知识和技术资源发展知识创新型产业。因此，所谓创新产业发展模式主要是摆脱传统的资源型城市高投入、高资源和能源消耗、高污染的产业发展方式，以知识和技术的创新为基础，发展资源和能源消耗低、科技含量高、经济和环境效益好的产业，从而实现经济发展方式的根本转变，使整个经济社会走上新型的可持续发展道路。

对白银市来说，要创新产业发展模式，就必须在现有产业发展的基础上，按照经济转型的要求，大力发展接续产业和第三产业，逐步形成全新的产业结构和发展模式。

一、白银市现有主导产业和优势产业的定量计算

判断主导和优势产业的定量分析方法有很多，本文采用产业综合评价值法[4]，即采用如下公式：

$$H_i = G_i + P_i + W_i + I_i + S_i + N_i + C_i \quad (i = 1,2,3,\cdots,n) \qquad (2\text{-}1)$$

式中：H_i为产业综合评价值，它反映了产业的各项技术、经济和社会综合指标，值越大，该产业越有可能发展成为区域工业的主导产业。G_i、P_i、W_i、I_i、S_i、N_i、C_i为单项判断指标，其意义如下：G_i为产业产值比较率，表示第i产业产值与地区最大产业产值之比；P_i为就业人员比较率，表示第i产业就业的人口与地区最大产业就业人口之比；W_i为全员比较劳动生产率，为第i产业的全员劳动生产率与地区最高产业的全员劳动生产率之比；I_i为产业增加值率，表示第i产业增加值与第i产业产值之比；S_i为产品销售率，表示第i产业产品销售值与第i产业产值之比；N_i为新产品产值率，表示第i产业新产品产值与第i产业产值之比；C_i为出口交货率，表示第i产业出口交货值与第i产业销售产值之比。

利用式(2-1)，对白银市工业中国有及限额以上企业的14个产业进行计算，得到14个产业的H_i值及其位次见表2-7。从表2-7可以看出，白银市目前

的主导产业为:有色金属冶炼及压延业,电力、蒸汽、热水生产供应业和采掘业(其 H_i 值处于前三位,且远大于其他产业的 H_i 值),而这恰恰是支撑白银市经济的资源型产业。优势产业为:金属制品业(加工业)、电气机械及器材制造业、普通机械制造业、化学原料及化学制造业和非金属矿物制造业。产业综合评价值最低的产业为纺织业(处于衰落),其次是食品加工制造业。

表 2-7　白银市工业中各产业的产业综合评价值及其位次

产业	有色金属冶炼及压延业	电力、蒸汽、热水生产供应业	采掘业	金属制品业	电气机械及器材制造业	普通机械制造业	化学原料及化学制造业
H_i 值	3.391 1	3.115 8	2.234	1.657 1	1.645 2	1.610 9	1.570 9
位次	1	2	3	4	5	6	7
产业	非金属矿物制造业	饮料制造业	黑色金属冶炼及压延业	其他制造	专用设备制造业	食品加工制造业	纺织业
H_i 值	1.519 6	1.484 6	1.461 6	1.347 1	1.305 8	1.172 8	1.052 1
位次	8	9	10	11	12	13	14

二、接续主导产业的选取及重点领域

(一)接续主导产业的选取方法和结果

白银市经济转型中接续主导产业的选取属于对未来产业发展的一种预测性工作。由于这种产业的转型和发展所牵涉的相关因素比较复杂,它主要取决于对产业发展历史和现状的了解以及对科技、经济和社会未来发展的判断,因此这是一种以非连续性变化事件为对象的预测。对这类事件的预测一般采用特尔斐法,即专家集体预测法较为有效[5]。这种方法是选择若干专家,利用他们的知识和经验,提出对未来产业发展的判断,然后对征询得到的各个专家的意见进行统计、整理来确定最终的接续主导产业。根据专家意见的收敛情况(集中程度),征询意见的过程一般进行 1 ~4 轮。

1. 选择参加预测的专家

按照特尔斐法的要求,参加此类活动的专家应具有 10 年以上科技和经济领域的工作经历,有一定的成就和学术代表性,既要有专业干部,又要有管理干部等。我们选取了兰州和白银两地的专家共 14 人参加了预测,其中兰州专家占 35.7%,白银专家占 64.3%。这 14 名专家中有研究员 3 名,高级工程师和副研究员5名,工程师、经济师6名,其中担任行政和科技领导职务的有9名。这些专家从事的专业范围包括工业自动化、金相、化学化工、农林、气象、经济、科技管理等领域,他们的任职年限均在15年以上,其中位数为26年。

2. 专家意见的征询过程

第一轮调查是向14位专家发出不带任何框框的调查表,要求各位专家根据自己的知识和经验在理性思考的基础上,提出白银市经济转型中未来的接续主导产业并简述主要理由。经过对第一轮调查表的回收和统计,各位专家共提出12项主导产业。表2-8列出了这12项产业的名称及专家意见集中度。

表2-8 第一轮调查得出的接续主导产业及专家意见集中度

产业名称	有色金属新材料与深加工	精细化工	能源(煤电、水电与新能源)	新型建材	高新技术	特色农业
专家意见集中度(%)	85.7	78.6	78.6	71.4	64.3	50.0
产业名称	旅游	农畜产品深加工	稀土	机械制造	食品	纺织
专家意见集中度(%)	42.9	42.9	14.3	14.3	14.3	7.1

第二轮调查是将这12项产业按专家意见集中度由高到低排列、打印出来,发回各位专家,请他们再次判断,用打"√"的方式选择白银市的接续主导产业,并希望能列出各产业中的项目(主要内容)。该轮专家意见调查表回收后,经统计,专家的意见集中度已相当收敛(前六位产业的意见集中度均在75%以上)。因此,经过两轮调查结束了这次白银市接续主导产业的专家意见征询过程。

3. 接续主导产业的选取结果

经过对第二轮专家意见调查表所列内容的统计整理,归纳出六类白银市接续主导产业。表2-9为这六类主导产业的名称、主要内容及专家意见集中度。从选取结果可以看出,专家咨询获得的结果与前面的定量计算结果从整体上看是连贯的,即接续主导产业是在现有主导产业和优势产业基础上的转型和发展。

表 2-9 白银市六类接续主导产业名称、主要内容及专家意见集中度

产业名称	主要内容	专家意见集中度(%)
有色金属新材料与深加工	高档电解铜箔、贮能材料、高性能电池材料、超磁致伸材料、锌基合金、电子元器件、印刷电路板、超细锌粉、碳素产品、高效换热冷凝管、精铝锭、汽车水箱铜带、碳化硅、镍基高温合金等	92.9
能源(煤电、水电与新能源)	黑山峡水电站、乌金峡水电站、靖煤坑口电站、靖电三期、景泰火电厂、热电联产、煤制油、煤－气－液－化综合利用以及核能、太阳能、风能和生物质能等新能源	92.9
精细化工	TDI 扩产、聚碳酸酯、一硝基二甲苯、红矾钠、碳酸锂、X－CT 造影剂、柴油降凝剂、钴盐催化剂及天然气化工等	92.9
特色农业与农畜产品深加工	沿黄灌区生态农业、节水农业、旱作农业、设施农业，400 万亩(1 亩 = 0.067 hm^2)优质高产田，10 万亩大棚基地，小杂粮、啤酒大麦、优质花卉、药材、食用菌、蔬菜、瓜果、鲜鱼养殖，退耕还林还草发展羔羊等牲畜及肉鸽产业，带动系列肉食产品，以公司加农户等形式形成规模化、产业化经营	90.0
新型建材	利用石膏、石灰石、铝矾土、大理石、高岭土等资源发展新型建材，如耐腐蚀陶瓷、高强度保温无公害墙体材料、结构材料、饰材、洁具、景泰水泥以及芯层发泡 PVC 管材、铝塑管等	85.7
高新技术	以高新技术产业园为依托，发展纳米技术、现代加工制造业、凹凸棒产业开发、稀土材料(永磁材料、贮氢材料、发光材料、信息材料、非晶材料等)、高分子聚合物、计算机软件、核辐照技术、生物工程等	77.2

(二)接续主导产业发展的重点领域

1. 有色金属新材料与深加工

在资源型城市经济创新发展模式中，一个很重要的途径就是在原有资源型产业的基础上，通过发展深加工、延伸产业链条而使产业增值，当资源枯竭后可通过国内外两种资源的利用，而使产业继续保持持续的发展。虽然购买原料的成本提高了，但通过深加工增值而获得的利润反而有了较大的提高，从

而实现了城市的经济转型。有人把这种模式称为优势再造模式[6]。例如,据专家估算,输煤改为输电,可增加1倍的效益;如将电用来生产铝,可再增加5倍的效益。白银市发展有色金属新材料与深加工业具有原材料优势,而且由于其处于起步阶段,从而具有较大的发展空间和潜力。特别是有色金属新材料的国内外市场需求大,白银市凭借其资源优势完全有可能在该产业中做大做强。该产业既依托现有主导资源产业,又不同于目前的资源产业,它是在现有资源产业基础上产生的一个新的接续产业,是由旧的资源产业脱胎换骨提升而成的。该产业的培育壮大将成为白银市一个新的经济增长点,并将促使资源型企业的转型和持续发展,同时将作为第一接续主导产业带动全市经济的转型。

1)有色金属新材料和深加工产业发展的重点领域

(1)铜铝铅锌深加工产品:重点发展板带、棒、线材等精密合金产品及板带箔、型材、管材。如高档电解铜箔、电子元器件、印刷电路板、碳素产品、高效换热冷凝管、精铝锭、铝型材、铝箔、汽车水箱铜带等。

(2)有色金属粉体材料:超细银粉、片状光亮银粉、纳米银粉,超细锌粉、片状锌粉、无汞锌粉。

(3)有色金属合金材料:铝基合金、锌基新合金和铅基新合金。

(4)高纯金属材料:重点发展用于军工、航空和航天领域的高纯铜、高纯银等金属产品。

(5)合成新材料:超细活性氧化锌粉、纳米级碳酸钙、碳化硅结合剂等。

2)发展有色金属新材料与深加工产业的措施

(1)围绕白银有色金属新材料基地的建设,做好有色金属新材料产业的发展实施规划,本着“有所为,有所不为”的方针,集中力量,有限目标,重点突破,将白银的政策、资金、技术等进行集成和优化配置,根据白银的实际情况,确定重点突破的领域,迅速形成以新材料产业为目标的集聚效应。

(2)要吸引我国东部地区的技术、人才和资金,共同发展。发展有色金属新材料与深加工业光靠白银的本地力量是远远不够的,要通过政府引导和市场推动,以应用为龙头,将白银的有色金属资源与东部的技术、人才和资金优化配置到同一个产业链上,在整个产业链上组织项目,实现共同发展。

(3)以白银有色金属公司为基础,通过改制和重组创办一些二级企业或科技型小企业,分别从事不同的有色金属新材料研制和生产,并形成相互关联的产业区,形成规模和气候,带动有色金属新材料和深加工产业的发展。将有色金属新材料基地的建设和相关产业的发展与白银有色金属公司的改造和转型发展紧密地结合起来。

2. 能源(煤电、水电与新能源)

能源是经济高速发展的保障。白银市能源工业已经成为继有色冶金工业之后的第二大主导产业,是甘肃省的重要能源工业基地。在白银有色冶金工业下滑的情况下,能源工业已经成为拉动和补充经济总量的重要产业。可依托黄河水资源发展水电、依托靖远的丰富煤炭资源发展火电,水火并举,同时依托白银市较丰富的太阳能、风能和生物质能发展新能源,这是实现白银市能源工业持续发展的可靠保证。

在煤电的发展上,要充分利用靖远的丰富煤炭资源,寻求煤电联营的发展路子,建设靖煤坑口电站和劣质煤发电厂;建设好景泰火电厂和靖远电厂三期工程。结合靖远煤业有限责任公司的改造提升和经济转型,实施煤－电－化和煤－液－气－化的发展战略,逐步改变出售原煤的经营路子,通过深加工和延长产业链条,实现产业增值和企业增效。在水电的发展上,积极支持国家重点工程乌金峡水电站的建设,积极争取黑山峡水电站工程坝址在白银市建设。此外,也可考虑利用核燃料供应地较近的条件,发展核电厂,使白银市电力工业的发展再上一个台阶,成为带动全市经济转型的主导产业。

同时,从可持续发展的角度考虑,要积极地开发利用太阳能等新能源,改善白银市农村的能源使用结构。以"生态家园富民计划"的实施,配合新农村建设,大力推广省柴灶(炕)和沼气、太阳能、风能等可再生能源技术,促进农村能源的发展,改善农村的能源条件,提高农民的生活水平。

3. 精细化工

化学工业中各部门产品的利润相差悬殊,从传统产品到精细化工产品,随着加工深度的延伸,附加值不断提高。正是因为这个原因,发达国家的化学工业都迅速调整结构,大量发展精细化工,大幅度提高精细化工在整个化工产品中的比重。大力发展精细化工是提升白银化学工业并使之可持续发展的必然选择。

1)白银市发展精细化工的条件分析

从市场上看,国内精细化工产业起步不久,而且很多精细化工产品在我国尚属空白,因此白银发展精细化工的市场前景较好;从工业基础上看,白银市的化学工业是优势产业,化学工业基础较雄厚,并且在精细化工的发展上已具有一定的规模和水平,有银光化学工业公司这样的龙头企业带动;从技术依托上看,可以依托中国科学院白银高新技术产业园,发展与中国科学院所属化学研究所的技术合作,可以发挥产业园成果转化基地的作用,推动精细化工的发展。

2)白银市精细化工发展的重点领域及其措施

精细化工是兰白经济核心区的重点发展方向,作为与兰州同处该区的白银,在发展精细化工产品方面要利用现有基础和优势,同时要避免产品与兰州趋同,实施补差战略。重点发展聚碳酸酯、TDI、一硝基二甲苯、红矾钠、碳酸锂,以及进行干法氟化铝、民爆器材产品生产线和聚氨酯系列产品开发等项目的建设改造;搞好甘藏铬盐化工有限责任公司红矾钠、碳酸锂、干法氟化铝、X-CT造影剂、柴油降凝剂、钴盐催化剂、天然气化工等。在上述产品的发展过程中,首先,对已有优势产品,要加快进行技术改造,使产品上规模和上档次,提高技术利用水平,降低成本,如利用高新技术加快银光化学工业公司年产9万 t聚碳酸酯改造、TDI 10万 t扩建,以及TNT、民爆器材产品生产线和聚氨酯系列产品开发等项目的建设改造;其次,促使某些市场潜力较好的产品尽快进行生产和投放市场,如甘藏铬盐化工有限责任公司的红矾钠、碳酸锂、干法氟化铝,希科公司的碘海醇等;再次,制定积极的措施,鼓励新项目的开发并发挥技术转移中心的作用,促使精细化工新成果在中国科学院白银高新技术产业园的转化;最后,利用靖远的煤炭优势和青海天然气进甘的有利条件,大力发展煤化工和天然气化工。

4. 特色农业与农畜产品深加工

农业是国民经济的基础,农业的健康发展不仅保障我国的粮食安全,而且涉及广大农村小康社会建设目标的实现。农村要发展、农业要增效、农民要增收,关键在于农业产业化的发展程度如何。白银市全面建设小康社会目标的重点和难点在于农村,将特色农业与农畜产品深加工培育成新的主导产业,不仅是白银市经济转型的需要,也是发展县域经济,推动农业产业化,进而提升第一产业使白银市尽快实现全面小康目标的必由之路。

1)白银市发展特色农业与农畜产品深加工业的基础条件

特色农业和农畜产品深加工业在白银市具有较大的优势和深厚的基础。首先,白银市农畜资源丰富,生物多样性特征突出,沿黄地区有较好的灌溉条件,具备特色农业和农畜产品深加工业进一步发展的优势和条件;其次,白银市的设施农业、精准农业、小杂粮加工和羔羊肉等特色产业已有一定的发展规模;再次,围绕农业产业化发展,白银市已规划建设若干个特色农业生产基地,如羔羊基地、淀粉原料基地、酒用原料基地、种子基地、沙漠洋芋基地、优质果菜基地、小杂粮基地、黑瓜籽基地、优质畜产品基地和特种养殖基地。结合白银市绿色食品生产和加工基地的建设,可以现代农业、绿色农业、旱作农业、创汇农业推动特色农业与农畜产品深加工业的发展,并促进白银市食品工业的发展。

2)发展白银市特色农业与农畜产品深加工业的措施

白银市特色农业与农畜产品深加工业存在如下一些问题:规模小,产业化水平低;设施农业的科技含量及现代化水平不高;产品的加工率低,加工深度不够,还停留在初加工水平。针对这些问题,我们提出以下对策措施:

(1)以农业工业化的理念推动农业产业化的发展,以公司+农户+基地+科研单位的方式,重点扶持龙头食品加工企业和现代化农业企业的发展,促进特色农业与农畜产品深加工业的跨越发展。同时,要有计划地将乡镇企业和从事农村非农生产的人口向中心城镇转移和聚集,促进城镇化的发展。

(2)在保障粮食供应的基础上,大力发展经济作物和饲料作物,通过设施农业规模的进一步扩大以及结合退耕还林还草工程的实施,提高经饲种植比例,促进特色农业与农畜产品深加工业的发展,实现农业产业化发展。

(3)实施品牌战略,把特色做大做强。靖远羔羊肉已成为白银市的一个品牌,要把这一特色做大,首先要大力发展舍饲养殖专业户,扩大养殖规模;其次,要在原有的加工、销售基础上,提高产品档次,如做成真空包装方便食品;最后要做好市场营销工作,拓展市场,在国内外市场创出靖远羔羊肉的品牌。其他特色产品,如会宁的小杂粮、白苓菇也要扩大规模,创出品牌。

(4)实施绿色发展战略。特色农业和农畜产品深加工业的发展一定要走绿色食品发展的路子,这是现代农业发展的主要特征,也是特色农业和农畜产品深加工业深入发展的一个前提条件。

5. 新型建材

建材工业作为先行的基础原材料和制品工业,不仅要生产足够数量的产品,满足市场的需求,而且必须提高质量,增加花色品种,提高档次和配套水平,以满足不同层次、不同风格、越来越丰富多彩的市场需要。按照我国人民的消费习惯,在吃穿问题基本解决后,住房消费将是今后一个时期消费的重点。目前,随着住宅的商品化和人民生活水平的提高,进行不同档次的装修已非常普遍,对建筑材料的需求呈现高档化、多功能化、配套化、绿色生态化、节能化趋势。预计这个正在形成和发展的市场将随着人民收入的提高而逐步扩大,形成一个巨大而持久性的消费市场,为新型建材的发展创造了极大空间。白银市新型建材业的发展具有资源优势和深厚基础,如已探明的石灰石贮量1.36亿t,陶土1199万t,石膏905.4万t,而且在墙体材料、石膏装饰材料、防水材料、塑料管材等新型建材方面已有一定的发展规模。大力发展新型建材业，既是白银市经济转型、发展接续主导产业的需要，也是白银市建材行业可持续发展的客观要求。

白银发展新型建材的重点应放在新型轻体墙体材料、屋顶材料、新结构涂料、适合特殊环境下施工的专用水泥、生态水泥、高标号水泥、新型装饰陶瓷和石膏材料、各类型塑钢、铝合金、彩板门窗等的开发生产上。在新型建材的发展上，首先，要通过政策导向，引导传统建筑材料结构调整，为新型建材及制品的发展开拓市场。一方面通过给新型建筑材料发展以一定优惠政策，鼓励传统建筑材料生产企业向新型建筑材料生产转产，在一定时期内对于社会效益好的新型建筑材料产品在税收、信贷等方面给予必要的优惠和倾斜，扶植其发展；另一方面，通过制定一定的政策，激励企业提升现有产品的质量和花色品种，向高标号、轻型、新型化方向发展，提高市场覆盖率和占有率。其次，紧紧围绕国家宏观规划和市场需求，充分发挥白银铜、铝、铅、锌、TDI、塑料和建材等优势产业基础，实现延伸型建筑用屋顶材料和新型墙体材料就地增值。预计对轻质、高效、保温、隔热、块大、施工方便快捷、外观整齐美观、带有自装饰效果的新型墙体材料的需求会有较大幅度的增加。建筑用锌铜钛合金板材用做现代建筑用屋顶材料、泡沫塑料等性能良好的保温材料将得到较快的发展。白银铜加工厂、铅锌冶炼厂、银光化学工业公司的产品可以直接进入新型建筑墙体材料、屋顶材料、保温材料、耐水材料的生产线，实现就地深加工。再次，通过对现有水泥、砖瓦生产企业的技术改造，实现城市垃圾无害化和资源化，加快生态建材的生产。最后，充分利用资源组合条件和现有建材工业基础，进行陶瓷、石膏等非金属矿产资源的深度加工，形成白银新型建筑材料加工基地。

6. 高新技术

目前，高新技术产业已经成为知识经济的第一支柱产业，高科技企业已成为经济活动中最具有活力的经济组织形态，高新技术工业区成为区域经济新的增长点[7]。在白银市的经济转型中，发展高新技术产业具有较好的有利条件。首先，白银市要紧紧抓住西部大开发西陇海兰新经济带兰白核心经济区的难得发展机遇，发挥区位优势，在高新技术领域占有一席之地，为甘肃省的高新技术及其产业化发展整体水平的提高作出应有的贡献。其次，白银市自确立“科教兴市”战略以来，在科技领域取得了引人注目的成绩，为高新技术产业化的发展创造了有利条件，特别是中科院白银高新技术产业园项目的实施，将成为白银市加快发展高新技术产业的一个契机。最后，在高新技术飞速发展的21世纪，国内外一些资源型城市在经济转型中都把发展高新技术产业作为一个主要方向，而且多数获得了成功。虽然，白银市发展高新技术产业存在着一些制约因素，难度较大，但从长远来看，通过一定时期的发展使高新技术产业成为主导产业是完全可能的。

1）白银市发展高新技术产业的切入点

发展高新技术产业必须从长计议，找准切入点，扎扎实实地从现在做起，打好基础，厚积而薄发。

（1）以高新技术带动传统产业的升级改造，促进高新技术的应用。

以白银有色金属公司、甘肃稀土集团有限责任公司、甘肃银光化学工业公司、甘肃长通电缆科技股份有限责任公司、靖远矿务局和靖远电厂等国有大中型企业为基础，引入高新技术，发展高新技术应用，推进高新技术在白银市各工业企业得到普及，带动传统产业升级改造，从而促使高新技术产业化的发展。

（2）依托中科院白银高新技术产业园，实现局部突破。

中科院白银高新技术产业园是中科院在全国设立的第二个产业园，也是中科院与地方政府合作成立的第一个产业园。该园以发展高科技、实现产业化为宗旨，按照高起点、高标准的要求，通过建立技术开发平台、资本运作平台、政策服务平台、园区文化平台，力争建成园林式现代高科技园区，成为中国科学院科研成果的转化基地之一，以及高新技术产业化的载体。目前，中科院兰州化学物理研究所碘海醇、钴盐催化剂、EVA 柴油降凝剂，甘肃金穗种业有限公司种子精加工，白银红鹭粉体材料有限公司超细活性氧化锌，白银天光微电子有限公司集成电路电子元器件，白银派森电器有限公司多功能纳米空气消毒机，白银公司干法氟化铝，西北矿冶研究院电池级氧化钴，甘肃盛达集团公司皮肤保护型无磷洗衣粉，白银泰合隆化工有限公司二氨基甲苯等项目建成投产。通过上述项目的投产运作，能够首先在某些领域实现突破。

2）白银市高新技术产业发展的重点领域

白银高新技术产业将重点发展精细化工、有色金属新材料、新能源技术、生态恢复材料与环保材料等五大高新技术产业。针对白银市有色金属新材料基地的建设，近期应加强有色金属新材料的发展，特别要强化稀土在高新技术产业发展中的战略地位，大力开展稀土在材料领域中的应用，把白银建成全国重要的稀土科研、生产和出口基地。同时，应发挥凹凸棒石资源优势，研制开发凹凸棒深加工产品。

3）发展高新技术产业需注意的几个问题

（1）采取引进与创新相结合的方式，迅速跟进，是经济技术相对落后地区赶超全国乃至世界先进水平的捷径。白银市独立发展高新技术产业的能力较弱,起步阶段必须加强对先进技术和关键设备的引进,在引进的基础上实现自主创新。同时,要重视高新技术对传统产业的拉动作用,避免盲目追新和投资于高新技术产业而造成新一轮的更高层次上的产业趋同。

(2)要建立以企业为主体、以政府为引导的符合市场经济要求和科技发展规律的高新技术产业推进机制。在高新技术产业发展中,确定企业主体地位并建立政府引导机制,将对产业发展起到强大的推动作用。

(3)加强投融资体系建设。第一,要加大政府科技三项经费对高新技术产业化项目的投入,引导社会资金投向高新技术产业。第二,要建立风险投资机制,争取组建科技型中小企业创业基金、有色金属新材料产业基金,并探索有效的风险撤出机制。第三,要积极推动具备市场竞争能力的高新技术产业化项目和企业进入资本市场融资。第四,要发展新型政、银、企合作关系,通过政府贴息、担保,企业资产抵押等方式,提高银行对高新技术产业化项目的支持。第五,大力推进科研项目招投标制,财政对科技的投入要逐步转变为以项目支持为主。

(4)要把资源优势与适度的资金、适用的技术有效结合起来。白银高新技术产业和产品的选择要适应西部经济发展水平和技术水平较低、资金严重短缺的现实条件,将资源优势、适用技术和适度资金有效结合起来。在利用优势资源、发展特色产业或产品时,要注意选择那些资金需求相对较小、技术适用性比较强、投资见效比较快的产品或行业。

三、加快发展第三产业

第三产业是第一、二产业以外以非物质生产和服务为主的产业,包括与物资流、资金流、信息流、知识流有关的各种产业和社会服务业。随着工业化发展和人民生活水平的提高,第三产业已成为促进经济社会发展的血液和动脉,在一个地区(城市)第三产业的发展标志着现代化发展的程度和水平。在我国一些发达地区,经过改革开放30年的发展,第三产业已在国民经济中占据重要位置,如北京市,第三产业增加值已占GDP的70%以上。白银市从总体上看,第三产业的发展仍处于落后状态,尤其是知识型服务业发展缓慢,第三产业在促进经济结构优化、提高经济发展质量、缓解资源和资金供求矛盾、扩大就业等方面的作用没有明显表现出来。因此,加快第三产业发展已成为白银市调整产业结构、实现经济创新发展的一项紧迫任务。

(一)第三产业发展的主要领域

1. 扩大和提升传统服务业

增加餐饮、商贸、住宿、交通运输等服务网点,组织大型超市向乡镇发展,建立大宗商品的专业化、规范化配送中心和连锁经营体系,加快乡村公路建设,沟通城乡交通网络,通过现化信息网和经纪人服务市场,加快内外物资交流,普及电子商务,提高传统服务业发展水平。

2. 创造条件,积极发展新兴服务业

信息咨询、技术服务、教育培训、科技服务、旅游、房地产、中介服务、法律咨询、会计服务、社区服务等都是应社会进步和经济发展而兴起的一些新兴服务业。发展新兴服务业,在白银市同样有着十分明显的客观需要。如可配合经济社会发展,积极组织教育培训、技术服务和信息咨询,以提高市民适应社会发展的能力;可充分利用白银市丰富的旅游文化资源发展旅游业;配合城市扩大、新农村建设及人民群众对居住条件要求的提高发展房地产业;发展会展经济及组织多种形色的文化、体育娱乐活动等,以满足日益增长的群众文化休闲要求;配合经济活动和法制建设,开展法律事务、会计服务、资产评估等。

3. 疏通金融流通渠道,发展金融业

充分发挥金融流通在资金信贷、吸储、筹措等方面的重要作用,促进城乡经济发展。吸引金融机构在城乡布设服务网点,建立金融市场网络,扩大农村小额贷款范围,支持中小企业和民间消费贷款,强化贷款营销和监管措施,拓展信贷市场,在吸储和资金筹集等方面提高金融机构的管理和服务水平。

4. 发展保险业,建立社会保险保障体系

在城乡全面推行养老保险、医疗保险、商业保险、失业保险、人身和财产保险及各种自然灾害损失保险等,规范保险业市场,提高全民参保意识,扩大保险品种,完善保险费征缴和保险损失评估规程,推行保险业的现代化管理,建立较完善的社会保险保障体系,为提高民生质量提供优质服务。

(二)加快第三产业发展的主要措施

1. 政府引导,舆论导向

各级政府要充分认识到加快第三产业发展的紧迫性,做好引导和服务工作,制定第三产业发展指南,在税收、贷款等方面提供优惠政策,鼓励和支持各种社会力量创办第三产业。同时,要重视舆论宣传工作,从发展第三产业的意义和作用、第三产业包含的范围及社会需求、开办第三产业的途径和申办手续等方面向全社会作广泛宣传,在全社会形成发展第三产业的舆论氛围。

2. 各方动员,广泛参与

动员财贸、金融、科技、教育及各企业社团发挥自身优势,以多种形式兴办第三产业;加快大企业主辅分离进程,企业办中小学、医院、后勤服务等一律实行社会化管理;鼓励城镇下岗失业人员、农村富余劳动力和个体户参与到发展第三产业的行列中来,开拓服务业市场。

3. 降低门槛,规范市场

放宽创办第三产业的政策和资金限制,降低市场准入门槛,发展个体经营和私营企业。同时,加强市场秩序的规范,完善公平交易的社会信用体系和诚信网络,对失信行为和不遵守法律、法规的犯罪行为进行有效监督和严厉打击,促使第三产业在较完善的市场体系中得以健康成长、发展壮大。

4. 吸引外资,扩大规模

开放办第三产业,不仅城乡开放,而且区域内外开放,吸引第三产业发展成熟地区,包括国外及我国较发达地区的经验与资本,到白银市发展大型服务业的连锁经营,扩大流通,壮大第三产业发展规模,提高第三产业发展水平。

第五节　创新发展的体制、机制和措施保障

针对白银市创新发展的新形势和新任务,必须进一步拓宽发展思路,加强制度建设,创新发展机制,采取切实可行的改革措施,由此为创新发展提供可靠保障。

一、消除体制障碍,从制度、机制创新创造优良发展环境

第一,应加快政府行政管理职能的转变。把各级政府打造成新型服务型政府,在创新发展中切实发挥引导作用,成为良好政策环境和创新文化氛围的构建者和提供者,为创新发展提供有效的法律、法规和各种公共服务的支持,简化办事程序,弱化权力约束,提高办事效率,努力营造适应开放型经济发展要求的政务环境、法制环境、服务环境、市场环境和人事社会环境,吸纳和凝聚区域创新资源,使各类创新要素与经济社会的全面、协调和可持续发展形成良性互动。

第二,强化企业在创新发展中的主体地位。要以市场资源配置为主导、政府引导为手段,强化企业以产权制度为核心的企业管理制度改革,把企业转制与转型结合起来,全面推行现代企业制度。同时,以提高企业发展潜力和产品品牌效应为目标,加快企业技术创新体系建设,重点扶持一批自主创新骨干企

业,形成若干具有比较优势和技术领先水平的名牌产品,增强企业核心竞争力和自主创新能力。

第三,按市场经济体制要求,实现所有制形式多元化。在企业的改制和改造过程中,坚持股份制和股份合作制方向,实现国有企业的产权多元化,特别是要大力发展非公经济和民营经济,要敢于冲破一切旧体制的束缚,充分支持非公经济的发展,发挥它们在创新发展中的积极作用,创建出适合本地区多样化产业发展特点的新体制、新机制,使非公经济的发展有一个大的突破。

二、创新园区建设,尽快形成生产力集聚中心

国内外创新城市发展历程和经验表明,城市各类经济园区是聚集产业的重要阵地,园区的建设是城市创新发展的重要内容。开发区的建设是我国改革开放的一个创举,也是较后进地区和城市实现跨越发展的一个有效途径。目前,白银市已经建设了几个不同级别的开发区,如白银西区经济开发区、平川中区、会宁桃花山开发区、靖远银三角开发区、景泰上沙沃开发区以及中科院与地方政府合作建设的全国第一个高新技术产业园区——中国科学院白银高新技术产业园。这些开发区均引进建设了一批项目,在区域经济发展中产生了较好的带动作用,正在并必将为白银市的多元化经济发展、产业聚集作出重大贡献。

要充分发挥开发园区的作用,围绕产业培育壮大,重点建设好以下几个基地,并以龙头企业为中心,配套发展,逐步形成多个产业集聚中心。

(一)有色金属新材料基地

白银是国家重要的有色冶金基地之一,具有原材料优势,发展有色金属新材料,将使白银在依托原有资源产业优势的基础上产生新的接续产业,即有色金属新材料产业,成为新的经济增长点,在顺利实现资源型企业转型的同时,带动全市经济的转型。因此,建设和发展有色金属新材料基地是白银市建设创新型城市、实现经济创新发展的战略布局。白银作为兰白金国家有色金属新材料产业化基地的核心城市,发展有色金属新材料基地更有了政策和资金的保证,要通过项目的择优选择,以项目带动有色金属新材料产业的发展和基地的建设。

(二)能源化工基地

白银市年产原煤900 多万 t,黄河上游甘肃段规划和建设的5 座水电站中3 座位于白银境内,大峡水电站和靖远火电厂“水火相济”,已建成总装机容量200 万 kW,使白银成为甘肃省的重要能源基地。银光化学工业公司是我国目

前最大的TDI生产厂家,年生产能力达10万t;TNT炸药年生产能力近20万t,居全国之首,且为亚洲第一。能源化工基地的建设和发展是白银市的特色和优势,符合甘肃省发展特色经济的思路。

(三)高新技术产业化基地

随着一系列重大科学发现和技术突破,以信息技术产业、生物技术产业为重点的高新技术产业迅速成长,高新技术产业已经成为当前世界经济发展的主动力。白银市要紧紧抓住西部大开发兰白核心经济区的难得发展机遇,发挥区位优势,在高新技术领域占有一席之地。认识白银市高新技术产业化基地建设和发展的重要性,不仅要从白银市经济转型的立场出发,而且要站在增强甘肃省乃至西北地区的整体创新实力的高度上,在深入推进中科院白银高新技术产业园建设过程中,推进白银市高新技术产业化基地的建设。要进一步加强与中国科学院各个研究所的联系,同时将眼光瞄准国内外的科研机构,尽快将最新的高新技术成果在白银进行产业化发展,形成规模,让基地名副其实,使基地在白银创新发展中发挥重要作用。

(四)特色农业与绿色食品生产和加工基地

随着我国经济的发展和人民生活水平的提高,人们对食品的发展提出了较高要求,特别是为避免工业化过程中对农业的污染,国民逐渐地趋于追求无污染的绿色食品,包括从食品的生产、加工、包装和使用的全过程都要实现绿色化。白银市现代农业发展已有一定的基础,农畜资源丰富,水热资源保障率高,具备绿色食品生产和加工的条件,如白银是黄河上游百万亩以上重要的高扬程灌溉农业区,已建成景电一、二期及靖会、兴电、刘川等大中型提灌工程,而且设施农业、精准农业、旱作农业、小杂粮加工和羔羊肉等特色产业也已有一定的规模。充分利用白银的优越区位条件和农畜资源优势,围绕发展壮大特色农业和农畜产品深加工产业,使白银成为兰白核心经济区的绿色食品生产和加工基地。通过基地的建设,促进白银市农业产业化和城镇化的发展,为实现全面小康目标、社会主义新农村建设打下坚实基础。

三、着力发展县域经济,以城镇化推进城乡一体化建设,缩小城乡差距

2006年白银市的城市化和工业化的偏差系数(城市化率/工业化率)为0.45(24.43/54.25),远小于1,与世界城市化的普遍规律:“当工业化过程逐步提高时,这个系数大于1”[8]极不相符。说明白银市城市化水平严重滞后,城镇化进展缓慢,市辖区与县域形成相互独立的两大不同经济板块,存在严重

的城乡二元经济结构，城乡差距拉大。因此，在发展市辖区工业化的同时，必须着力发展县域经济，以县域经济工业化和农业现代化带动农村发展和农业经济结构调整，转移农业劳动力和农村人口，加快新农村建设和农村城镇化进程。这是白银市拓展经济创新发展空间，改变城乡二元经济结构，在更大范围和更深层次上实现全面、协调和可持续发展的根本途径。

（一）制定县域经济发展规划

与白银市整体发展规划相协调，制定三县区域的经济社会发展规划，即要根据各个县域范围内的经济发展基础、地理环境状况、资源赋存及开发利用价值、人力资源状况、水利、交通及技术、资金支持等条件，按照科学发展观和白银市整体发展的要求，提出县域经济发展指导思想、发展战略、特色主导产业及具有不同经济发展特征的地理区划，以每个区域的特色产业为主发展工业经济和现代农业，在形成一定集聚力和承载力的基础上，与建设社会主义新农村相配合，发展小城镇，带动农村人口向小城镇集中和第三产业的发展。

（二）调整优化农业经济结构

以农业现代化、产业化和集约化经营为目标，创建新型农业经济结构，以会宁发展绿色农业、靖远发展生态农业、景泰发展特色农业为主，促使农业种植业和养殖业由自给自足的自然经济向外向型商品经济转变，形成“贸－工－农”结构，由一家一户的粗放型经营向集约化合作经营转变，形成“种－养－加”结构。同时，合理调配农业生产要素，在农村联产承包责任制的基础上，进一步发展专业户和合作经营，全力扶持“新、优、特”等农副产品生产，在政策上允许土地合理流转和以“土地入股”等形式，发展优势农副产品的产业化、规模化生产，也可围绕县城和小城镇发展城郊农业，建立有利于产品流通的农贸市场。在一些干旱严重、缺少水源、交通不便地区，通过退耕还林还草、生态移民等措施，以生态环境建设为主，逐步恢复自然生态，保护良好自然环境。由农村和农业经济结构的调整，以第一产业为依托，发展乡镇第二、三产业，减少农业人口，增加农民收入，带动城镇化、农业工业化和现代农业的发展。

（三）以产业升级为重点，调整乡镇企业结构，发展乡镇工业

一方面，乡镇企业要成为发展本地农副产品深加工的龙头企业，带动农户发展商品生产；另一方面，要发挥本地资源的比较优势，开发和生产优质、廉价和适销对路的生产和生活工业品。在宏观上，要结合县、市工业结构的调整，提高乡镇企业的总体水平，使县乡工业有一个新发展；在微观上，要进一步提高乡镇企业自身经营管理水平，以股份制改造为重点，搞好资产重组和利益再分配,完善管理体制。同时,不失时机地促进跨城乡、跨区域、跨行业、跨所有制企业集团的成长,改变乡镇企业布局分散的状况,逐步把原来分散的企业集中到小城镇的工业小区,形成区域化利益共同体,促进乡镇工业的快速发展。

(四)推进"城乡一体化"工程

在白银市实现"城乡一体化"是一项重大的系统工程。实现这项工程要克服城乡分割、工农分离的格局,既强调乡村服务城市,也强调城市服务农村,促进城乡经济社会和文化的全方位融合,在发挥城市辐射带动作用、推进农业现代化和工业化,以及农村居民生产方式、生活方式、消费方式城市化的过程中,缩小城乡差别。由此,应逐步做到:

一是以城带乡,促进城乡经济的均衡发展。发挥市辖区和县城工业的极化效应,通过产业集聚和扩散过程及以工补农、以工建农、定点支农、来料加工、产品下移、零部件专业化协作等方式,使城市工业、人才、技术、资金、商贸流通等向乡镇转移,逐步形成城乡均衡发展的白银市区域经济系统。

二是推进城乡市场一体化。随着城市核心辐射力的增强、城乡市场种类的日益完备、各市场间关联性和协调性的不断提高,逐步建立和完善城乡统一大市场。城乡市场彼此直通形成区域市场,白银市的这个区域市场又与兰州一小时经济圈相衔接,从而形成城乡分工协调、运作良好的市场流通体制,由市场的一体化达到城乡一体化。

三是充分考虑城乡环境协调。综合考虑人口、水资源、自然环境、交通负荷及生产力发展等因素,统一规划城镇发展,控制占用耕地,提高城镇绿化率,合理配置农业用地,建立布局合理的生态绿化区和自然保护区。控制工业污染,治理居民生活污染源,保护居民和其他生物的生存及发展能力。通过相互协调的城市、乡镇与耕地、山川生态环境保护体系的建立,实现环境优美、生态良好、城乡经济社会的可持续发展。

四是建立城乡一体化调控体系。由政府牵头,城乡各部门共同参与,按照城乡不同发展机理,运用经济、法律和行政手段,充分发挥市场机制的杠杆作用,正确处理工农关系和城乡关系。合理调整劳动就业及各种利益分配制度,消除农民进城务工和创业的各种体制性与政策性障碍,建立城乡劳动者平等就业制度,在子女教育、医疗和社会保障、公共服务等方面制定相应配套政策,使城乡居民享受同等待遇。通过城乡一体化调控体系的建立及有效运行,为推进城乡一体化工程提供体制和制度上的保证。

四、提高科技创新能力，以科技创新加快建设区域创新体系

以提升科技创新支撑能力为依托，通过政府推动和市场驱动，充分发挥本地特色科研力量，提升有色冶金、能源、新材料、化工、农业科技方面的自主研发能力。同时，加强与高等院校特别是兰州地区的高校和科研机构的密切合作，形成白银特有的依托兰州高等院校和研究所知识创新系统为骨干，以企业技术创新系统为核心，以创新服务系统为保障的三位一体的区域创新体系。

（一）发挥政府主导作用，加大经费投入，营造优良创新环境

加快政府管理职能的转变，加大研发投入和提供良好的创新服务，在创新体系建设中切实发挥主导作用，成为良好政策环境和创新文化氛围的构建者和提供者。政府要从两个层次上开展创新环境的营造：一是白银市的宏观大环境，在全市范围营造人人创新的文化氛围，制定有效激励创新的政策；二是通过科技创新型企业试点，采取有效措施鼓励企业创造有利于创新的企业创新环境，发挥企业作为创新主体的作用。

加大政府科技研发投入，5 年内使全社会的研发资金达到占 GDP 的 2%，并分别与国内外经验丰富的风险投资公司合资建立若干个有限合作制的创业投资基金，带动市场资金及其他机构投资者进入白银，提高政府资金的运作效率和产出水平。建立白银市科技创新贷款担保基金和担保公司，放宽中小企业技术创新贷款，拓宽中小科技企业融资渠道。

（二）强化企业主体地位，构筑企业技术创新体系

以市场配置为主导，以政府扶持为手段，以升级换代和提升品牌质量为目标，加快企业技术创新体系建设，引导企业继续加大研究开发投入，主动开展技术创新活动和应用创新成果，增强企业的核心竞争力和自主创新能力。

(1)提高企业家创新管理能力。加强对企业家的创新培训，提高企业家创新精神和创新管理能力，特别是对人才、资本、知识等创新资源的管理运作能力，打造一支不断超越、勇于探索而且善于探索的创新型企业家队伍。同时，引导企业在结合自身特点确立适合自己的创新目标、方式的基础上，打破传统管理理念，建立研发、生产、销售等部门共同协作，全体员工共同参与，企业、客户、供应商一体化的全面创新管理理念和管理制度，为创新型企业奠定管理基础。

(2)加强企业技术中心建设。积极支持各类企业创建工程（技术）中心和研发中心，鼓励多个企业联合共建研发机构以及企业与高校、科研院所共建研发实验室。鼓励白银公司、银光公司等大企业的工程技术中心和检验中心向

其他企业开放，促进创新源在集群内的扩散。

(3)加大企业对引进技术的消化吸收和再创新能力。加强对技术引进和消化吸收再创新的管理，凡由有关部门核准或使用政府投资的重点工程项目中确需引进的重大技术装备，应由项目业主联合制造企业制定引进消化吸收再创新方案。对关键技术和重大装备的消化吸收和再创新，给予财政引导性资金支持。对消化吸收再创新形成的先进装备和产品，3 年内提供所得税免征或减征优惠。

(4)提高企业研发经费投入。通过制度设计和政策性支持，使白银市各类企业对科技研发的经费投入有较大幅度增加，5 年内，逐步使企业的研发投入占到企业年销售额的3%以上。

(三)加强科技普及设施建设

建设并完善市科技馆、县区综合性科技活动中心和青少年活动站、社区和乡镇科普文化活动三级科普基础设施体系。建立面向全社会的科普信息库，组织协调传媒界、教育界、科学界与社会团体等各方面力量，发展各类技术交易、培训、咨询、评估等中介机构。把传播科学知识与传播科学思想、科学方法有机结合起来，打造一批特色优秀科普节目、科普网站和科普期刊，大力弘扬科学精神，增强科普的吸引力、感染力，使全社会都来关注和支持创新体系建设，在提高知识创新、中介服务能力的同时，激励社会各界共同投身于创新体系建设事业中来。

(四)强化城市对技术创新的知识产权支撑

积极开展知识产权评估，规范技术成果定价的方法，正确评估知识产权的经济价值。对公认的知识产权进行评估升值，纳入企业报表之中。深入推进"技术—专利—标准"战略，制定中小型科技企业和特色行业知识产权发展战略，鼓励拥有自主知识产权的企业积极参与国际标准、国家标准和行业标准的制定，将自主知识产权和专利转化为技术标准。完善城市专利信息平台及应用服务系统和专利申报、维权援助机制，防范和应对国际技术壁垒。进一步完善和强化专利扶持政策。

(五)推进产学研联合创新和外向联系

加强与高校和科研院所的产学研联合，鼓励高校和科研院所紧紧围绕白银产业结构升级演变方向，跟踪相关理论前沿和技术研究，并及时转化成有利于本地技术创新的应用型研究。鼓励技术人员和研究人员在企业与高校、科研机构之间短期流动，相互参与对方的相关研究和技术开发工作。加强白银本地产业集团与国内外相关产业集团、重点企业的互动交流，构筑开放型的集群创新体系。利用产业优势与国内外公司的技术、资金和营销优势相结合，推进本地企业与外资嫁接，使外资企业成为本地企业集群与全球进行知识交流的渠道。

五、大力实施人才战略，为创新发展提供人才保证

创新发展，人才为本。坚持在创新实践中发现人才，在创新活动中培育人才，在创新事业中凝聚人才。充分发挥靠近省会城市的优势，营造有利于人才辈出的良好环境，建设一支规模适中、结构合理、素质优良的创新人才队伍。

（一）构筑创新人才高地

根据创新型白银发展的实际情况，建议实施“111”人才工程，即用10年时间，培养或引进10名国内知名科技人才或优秀企业家，100名省内知名人才和1 000名骨干人才，充分发挥优秀科技和管理人才的带动辐射作用，为白银创新发展构筑人才高地。

（二）培养造就本地科技型人才队伍

依托重大科技项目、重点学科和重点实验室，培育创新团队和科技领军人才；建立创新型人才带薪培训和学术休假制度，支持企业建立技能人才培训制度，鼓励民办培训机构参与政府主导的技能人才培训；加快发展职业教育，使白银市职高生与普高生的比例5年内达到1:1，同时对在职人员进行技能培训，使全市技工队伍得到迅速提高和补充。

发挥白银大中型企业、科研机构的科技优势，加快与兰州大学、兰州理工大学、西北师范大学等高等院校合作在白银建设分校和联合实验室的步伐，从根本上改变白银无高等院校的不利局面；提升靖远师范学校的规格，迁移至白银区（升格、迁移），提升为白银师专，发挥高校在创新体系建设中的作用。

（三）建立健全人才使用和评价激励机制

探索建立科技人员创业和保险保障制度；解决好引进人才的医疗保险、社会保障、配偶就业、子女上学和租房住房等问题，为高层次人才创造良好的工作和生活环境；进一步加大人才尤其是创新型人才的引进和培养工作的力度，提高企业引进和使用科技人员的积极性，允许企业把科技人员的劳务和智力支出作为技术开发费投入，鼓励技术人员开展技术创新。进一步改革和完善科技人员奖励分配制度、职称评聘制度，完善以技术股份、奖励股份、期权股份为主的新型奖励制度，充分调动科技人才创新创业的积极性。

六、实施绿色发展战略，改善城市生态环境

白银市处于黄土高原，自然条件严酷，生态环境脆弱，使城市经济创新发展和可持续增长受到较大制约。从长远考虑，要以城市生态环境建设为重点，树立“生态立市”的发展观，创造山川秀美、适宜生存的环境，并在此基础上打造城市形象和城市文化。这是白银市创新发展必须具备的一个重要条件。

实施绿色发展战略，首先要树立长远的观点，从为子孙创造适宜生存环境的高度出发，狠抓生态环境建设。紧抓西部大开发重点进行生态环境建设的绝好机遇，落实好退耕还林还草政策，应用生态经济学理论，实施生态富民工程。其次，加大城市环境污染治理力度，切实落实国务院要求的节能减排任务，把过高的“三废”排放量降下来。同时，积极发展循环经济，推行“三废”综合利用，利用“三废”生产的产品，免征所得税，提高城市“三废”的处理率；采取多种多样的形式设立土地复垦补助奖金，确立“谁破坏，谁复垦”和“谁复垦，谁受益”的原则，鼓励企事业单位、个人乃至外商对矿区的废弃土地、塌陷土地进行植被恢复和经济开发。最后，要紧密结合城市的规划，以建设生态城市为目的，重点建设白银市区、各县城区和中心镇，并以白银西区和高新技术产业园区为基点，建设城市生态示范区，尽快形成样板，带动生态城市的建设。通过上述措施，逐步把白银建设成为适宜居住的生态城市和特色旅游观光城市，并带动第三产业的发展。

参考文献

[1] 曾锡庭．资源型城市经济发展研究——甘肃省白银市经济转型探讨[M]．兰州：甘肃人民出版社，2002.

[2] 袁占亭．政府工作报告——2007 年 1 月 17 日白银市第七届人民代表大会第一次会议[R]//白银统计年鉴(2007)，2007. 1-12.

[3] 中国科技发展战略研究小组．中国区域创新能力报告(2005 ~ 2006)[M]．北京：科学出版社，2006.

[4] 刘万青．新世纪安徽工业主导产业的选择[J]．地域研究与开发，2002，21(4).

[5] 刘全根．科技情报分析研究[M]．兰州：甘肃科学技术出版社，1993.

[6] 李猛，张米尔．资源型城市区域竞争优势再造研究[J]．决策借鉴，2002，15(2).

[7] 王春法．当今世界高技术产业发展趋势[J]．求是，2003(5).

[8] 田春旺，朱捷．中国经济可持续发展战略研究[M]．北京：中国环境科学出版社，1999. 231-246.

第三章　积极转变发展方式
努力塑造可持续发展的和谐金昌❶

甘肃省金昌市位于河西走廊中东部，祁连山麓北侧，北部紧连巴丹吉林沙漠和腾格里沙漠，总面积 9 593 km^2，现（2006 年）常住人口 46.55 万人，流动人口约 2 万人。辖 1 区（金川区）、1 县（永昌县）❷。从 1958 年在永昌县城以北 40 km 的龙首山下发现大型硫化镍矿，1959 年开始大规模的矿产资源开采开发以来，经历了艰苦创业、成长壮大、成熟发展的几个主要发展阶段，特别是 1981 年建市后，以镍、铜、钴产品为主的重化工业迅速成长为主导产业，由此带动金昌市经济的飞跃发展，使金昌市成为以有色冶金为特色的我国西北一座新兴工业城市——世界著名的镍都。1991 年按人均 GDP 计算，全市被列为全国 36 个小康城市之一，2000 年 GDP 达 37.1 亿元，人均超过 1 000 美元，2006 年 GDP 为 152.61 亿元，人均突破 4 000 美元，其中第二产业增加值占 GDP 总量的 80.7%，呈现出工业化发展的明显特征。

金昌市近 50 年的发展走过了怎样的一条发展道路，其基本经验是什么？作为一座资源型城市，今后能不能获得可持续发展？怎样才能走出一条新型工业化发展道路，永葆城市发展的繁荣，实现和谐金昌和全面小康的宏伟目标？这是本章所要讨论并展开论述的主要问题。

第一节　金昌市经济发展的历史经验

金昌市近 50 年的发展，基本上是沿着矿业开发——资源型产品的规模扩张，由此带动城市发展，这样一条一般资源型城市的建立和发展道路发展壮大起来的。但由于金昌有色金属资源开采、开发和利用的特点，其各个发展阶段的延续时间相对较长，对相关产业的依赖较多，资源型产品的延续性较强。因此，虽然经过了近 50 年的发展，目前仍处在发展的成熟期，而且由于当前国内

❶本章是在作者撰写的《金昌市经济转型与可持续发展研究（总报告）》基础上补充、修改完成的。

❷本章所用资料除特别注明外，皆来源于《金昌年鉴》。

外科技、经济发展环境的变化以及自身仍有一定规模的资源赋存，金昌市资源型产业的成熟发展期还会延续较长一段时间，这就为金昌市的经济转型，部署接续产业，从而转变经济发展方式，实现城市的可持续发展争取到了较多时间。

一、金昌市经济和城市发展的历史进程

1958 年上半年，我国西北煤田地质局在当时永昌县城以北的宁远堡乡白家嘴村附近，发现超基性岩体和含铜镍矿化带，其镍、铜、钴和贵金属储量相当丰富，极大地改变了我国贫镍、少铜、缺钴的状况。1959 年 6 月经国家冶金部批准成立了永昌镍矿，开始进行矿业开发，至今金昌市以资源型产业为主的经济和城市发展大致经历了三个发展阶段。

（一）第一阶段（1959～1980 年）——由矿到城的艰苦创业阶段

1959 年 6 月国家调集上万名工程技术人员，开赴永昌县北部龙首山下的戈壁荒滩，开始大规模的矿业开发建设，走上了由矿到城的艰苦创业道路[1]。

首先，探明了位于金川的硫化铜镍矿床。其矿石储量为 51 693.3 万 t，含镍 553.1 万 t、铜 349.9 万 t；富矿平均含镍 2.02%、铜 1.32%，贫矿平均含镍 0.55%、铜 0.32%。在世界同类矿床中，硫化铜镍储量仅次于加拿大萨得贝里镍矿，居世界第二位。1966 年春，邓小平视察金川有色金属公司时，眺望整个矿区，感叹抱了个“中国金娃娃”。此外，矿石中尚含有丰富的钴、硒、碲、硫、铬、铂、钯、金、银、锇、钌、铑及微量元素锗、铟、铊、铼、镉等 10 多种稀贵金属。其他位于永昌县城北的北海子铜镍矿和白家嘴附近及河西堡境内的一些含铜有色金属矿也有一定开采价值。

其次，按自然形态和各期断层分割，在白家嘴村附近由西向东对 682 个大小不等的矿体形成四个矿区，进行开发建设。

再次，建立和发展金川镍工业基地。

与矿区建设同步，1959 年正值我国经济困难时期成立了金川有色金属公司，同时中国有色金属工业第八冶金建设公司集结精锐施工力量进驻金川，开始大规模施工建设。经过艰苦奋斗，1966 年金川有色金属公司正式投产，终于形成集镍铜矿采选冶于一身的镍工业基地。但由于经济、技术及“文化大革命”影响等原因，在 1978 年以前，生产能力一直未能达到矿山开发、冶炼设计指标。为解决金川有色金属公司的技术问题，1978 年 3 月全国科学大会将金川列为国家矿产资源综合利用基地之一，集中全国 50 多家科研单位和大专院校，围绕矿山建设、资源综合利用、环境保护、强化冶炼、降低消耗、提高产品质量等目标，展开联合科技攻关，在国家加强投资的支持下，到 20 世纪 80 年

代初开始走出困境。1980 年金川有色金属公司已经成为年产万吨电解镍、年总产值达 5 亿元,拥有 3 万多名职工,具有有色金属采选冶较强实力的特大型联合企业。

最后,带动了相关产业和城市的发展。

(1)相关产业的发展。镍工业基地建设和第八冶金建设公司的进驻,推动了建筑业的发展。第八冶金建设公司 20 世纪六七十年代有职工 1 万余人,施工机械 8 000 多台,固定资产超过 1 亿元,能承接大中型工业和民用建筑工程、大型吊装工程及铁路、桥梁、井塔的建设,有一支近 2 000 人的工程技术队伍,技术设备成龙配套。同时,由于铜镍矿山开采、选矿及冶炼对电力需求的扩大,1965 年永昌电厂扩建一期工程投产,形成了以永昌电厂为中心的永昌电网,推进了能源工业的发展。此外,在这一时期发展起来的还有以氮肥厂为主的化学工业、以水泥生产为主的建材工业和何西堡铁厂的黑色冶金工业等。

(2)城市的发展。随着镍工业基地建设中人口的增长、农副产品供应和服务业需求的扩大,城市建设应运而生,1963 年成立金川镇,1981 年经国务院批准,金昌市(地级市)人民政府正式成立,标志着一座以有色金属矿产资源开发利用为主导的新兴工业城市在艰苦创业的基础上基本形成并发展起来。

(二)第二阶段(1981~1999 年)——实现飞跃的成长壮大阶段

这一时期正是我国实行改革开放和社会主义现代化建设的快速发展期,也是金昌经济成长壮大的辉煌时期。由图 3-1 可以看出,从 1983 年至 1996 年金昌市地方生产总值保持了两位数的年增长,1996 年的生产总值相当于 1981 年的 10.2 倍,其中工业增加值占生产总值的比重由 1981 年的 56.7% 上升到 1996 年的 67.8%,工业化发展特征明显地显现出来。1992 年江泽民同志视察金昌时题词"腾飞的镍都",显现金昌经济飞跃放射出的耀眼光彩。

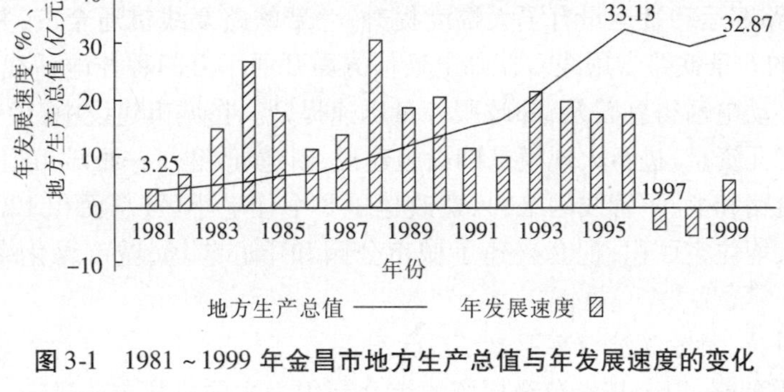

图 3-1 1981~1999 年金昌市地方生产总值与年发展速度的变化

1. 主要经济社会发展特征[2]

1)镍基地建设得到了飞跃发展

经过20世纪70年代末80年代初对有色金属资源综合利用的科技联合攻关,1981年突破电解镍年产万吨大关,1983年以后连续两年每年增产5 000 t,1985年实现了“三年三大步,产量翻一番”的目标。1986年以后,在生产能力相对饱和的情况下,镍产量仍以每年1 000 t的速度递增,各项经济技术指标也有显著提高。到1992年,金川有色金属公司发展成特大型工业企业,实现利税收入4.85亿元,在中国500强工业企业中居第102位。与此同时,经国务院批准,总投资23.4亿元的金川扩建二期工程启动,1996年工程完成,新增年产镍2万t、铜1万t、钴300 kg、硫酸22万t及相应回收铂族金属的综合生产能力,建成了亚洲第一座、世界第五座镍闪速熔炼炉,标志着金川镍铜钴冶炼能力达到较高水平,其工艺技术已进入20世纪80年代国际先进水平。

2)地方工业得到长足发展

在镍基地建设的带动下,利用金属冶炼中产生的化工原料,扩建了金昌化工集团公司,下设氮肥厂、纯碱厂、磷肥厂,其中复合肥生产能力达到年产1.17万t;为镍基地建设配套的永昌电厂20万kW发电机组扩建工程建成投产,同时兴建了皇建、金川峡等11座小型水电站;1996年创办了金昌东部经济开发区和高新技术产业开发区,改造并扩大了市、县(区)属企业,由金川有色金属公司发展形成的金川集团公司等大中型企业兴办了一大批“一厂两制”城市集体企业,扶持发展了农村乡镇企业,使新材料、塑料、轻纺、皮革、食品加工等工业生产得到较快发展。至1997年底,金昌市地方工业总产值比1981年增长了10多倍,在全部工业总产值中的比重有一定上升。

3)交通运输、邮电通信和城市建设面貌发生重大改观

在1997年底,全市公路总里程达519 km,全部乡镇和90%以上的村通了公路,公路客运和货运量有了大幅度提升;兰新铁路复线贯通全市,并修复了100 km的6条铁路专用线。在邮电通信方面开通了万门程控电话线路,固定电话和移动电话得到普及,邮政服务量迅速提升。在城市建设中,10多年来,投入上亿元资金,进行大规模基础设施建设,新建、改建了一批城市道路,形成了市区道路和上、下管线网络;兴建改建了8个住宅小区,总面积120万m^2,提高了人均住宅面积;配套兴建了城市公园和中心广场,城市绿化率提高到13.4%。

4)科技、文教等社会事业有了较大发展

10多年来,以金川有色金属资源综合利用为主的科技攻关进行了484项

专题研究,在矿山建设、选矿、冶炼及资源利用等方面取得了140余项有价值的科技成果。其中109项获得省部级以上奖励,5项获国家科技进步奖,有106项运用于生产,9项达国际先进水平,仅金川集团公司职工先后完成的技改项目就有800余项。1991年由科技进步增加的经济效益达12.5亿元,工业增加值的科技进步贡献率达40%。与此同时,一批科技兴农、科技兴工项目的实施,大大促进了全市科技事业的发展。在文化教育方面,图书馆、科技馆、影剧院、体育场馆等得到了新的改扩建,广播电视、新闻出版事业都提高到一个新水平;市内具有大专规模的学校3所,技校、中专8所,普通中学30余所,学龄儿童入学率达97.7%。

总之,经过建市以来近20年的建设,以镍基地发展为龙头、有色金属冶炼为特色,包括电力、化工、建材等行业的金昌区域经济体系开始形成。同时,城市建设和科教迅速发展,城市综合服务功能得到完善和提高,一座具有现代风貌的戈壁新城在祖国西部成长壮大起来。

2. 深刻的教训

金昌市在第二阶段发展过程中实现的经济腾飞,由于1997年出现亚洲金融危机而表现出明显的脆弱性。由图3-1看出,1996年以前连续的GDP两位数年增长,到1997年突然出现3.7%的负增长,并延续到1998年(-3.6%),以后用了4年(1999~2003年)时间才得到恢复。由此各种潜在矛盾和问题纷纷暴露出来,1997年全市国有企业总产值同比下降5.53%,受国际市场需求缩小、镍价下跌冲击,电解镍产值同比下降11.35%;随之,消费品市场萎缩、商贸流通企业严重亏损,1997年全市商业系统销售收入同比下降36.7%,财政收入出现严重下滑,至1998年10月上旬只完成全年财政收入任务的54%,一度繁荣的市场开始萧条。曾经陶醉于抱了"中国金娃娃"的镍都经济急转直下,迫使人们反思:在市场经济条件下,全国乃至全球经济日趋一体化的今天,靠资源型经济"一枝独秀"的单程式经济发展模式实现的"腾飞"能否经受得住市场的考验?怎样才能从经济发展方式的转变中踏上健康和可持续发展的轨道实现再次腾飞?这些就成为摆在镍都人面前亟待研究解决的重要课题。

(三)第三阶段(2000年至今)——步入成熟的持续发展阶段

在金昌市委、市政府的领导下,认真总结1997~1999年经济滑坡的经验教训,以"解放思想,再造金昌",实现第二次腾飞为目标,金昌的经济发展步入了21世纪。2000年是我国实行"西部大开发"战略的第一年,又是在全国范围内加快资源型城市经济转型,实现可持续发展的关键时期。2002年,党的十六大明确提出以科学发展观指导经济社会发展的方针。在一系列政策措施和国内外良好发展环境的支撑下,金昌经济进入了走向成熟的持续发展阶段。2000 年以来,金昌市地方生产总值保持了快速持续增长,年发展速度达到 15% ~30%(见图 3-2)。

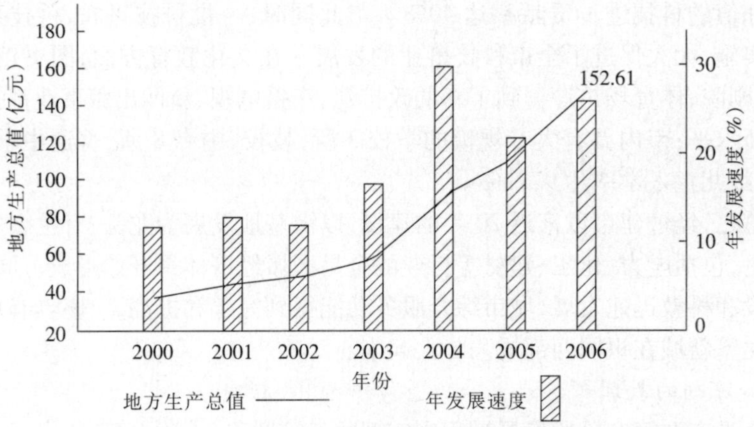

图 3-2　2000 ~2006 年金昌市地方生产总值与年发展速度的变化

2006 年金昌市地方生产总值达 152. 61 亿元,人均约 4 000 美元,相当于 1999 年的 4. 6 倍,6 年再造了两个金昌。这一时期金昌经济社会发展的主要特点表现在以下几个方面。

1. 基本形成了以工业经济为主导、集约发展、各具特色的产业布局

自 1998 年金昌市确立"工业强市"战略以来,围绕发展壮大有色金属、无机化工、能源三大支柱产业,积极推进工业振兴计划,优势支柱产业生产能力和经济效益大幅度提高,企业规模和产业群落进一步扩大,工业在国民经济中的主导地位得到巩固和发展,2006 年工业增加值在全市生产总值中的比重达到 75. 7%,规模上以工业上缴的税金占全市大口径财政收入的 74. 7%,工业企业职工占全市职工总数的 62. 9%。同时,充分挖掘资源、人才、产业发展基础等方面的特色和优势,初步形成了各类要素聚集度和集约化程度较高的"一线(金永公路沿线)三点(金川、河西堡、永昌)"经济带。在金川重点发展有色金属冶炼和新材料及相关产业;在河西堡重点发展无机化工、能源、建材冶金和现代物流业;在永昌依托区位优势和农副产品加工相对集中的优势,重点发展农业产业化和特色农副产品加工业,促进绿色经济的发展。

2. 实施资源节约战略和多元化配置,效果明显

针对至 2000 年金昌有色金属资源已消耗 40%,且基础储量中贫矿占

72%的情况,为保障资源的可持续利用,金川集团公司依靠科技进步,积极推进资源节约、增储和立足全球的多元化配置方针,资源节约和综合利用水平显著提高,并开拓了国际化经营的新局面[3]。一是通过增加探矿投入,运用深边部地质探矿技术,加强地质勘探,增加了资源储量。2001年在龙首矿深部发现较大富矿体,镍、铜含量分别达到6.1万t和3.4万t;2004年在龙首矿东采区深部探明一硫化铜镍矿床,矿石储量达370万t;2005年又在金川矿区东采区深部发现具有良好前景的新矿体。二是采用先进充填采矿法,提升采矿机械化和装备水平,使矿石回采率超过94%,电耗下降24.1%,采矿损失率和贫化率分别控制在4.5%和4.0%以下,达到国际先进水平。三是采用具有自主知识产权的大型浮选机和其他大型设备,2006年矿山低品位矿石利用量占到总利用量的40%以上,而且降低了系统综合能耗;在选矿和冶炼工艺上,通过联合攻关,使金、银、铂、钯、硒等稀贵金属得到了有效提取和利用。四是将尾矿砂、冶炼渣、粉煤灰等固体废弃物应用于矿山充填,并成功地研究出尾矿砂再选、冶炼渣综合利用工艺,提高了固体废弃物综合利用水平。与此同时,积极实施资源配置多元化战略,先后与新疆、内蒙古、四川、陕西、青海、广西、贵州、云南等省(区)建立有色金属矿产风险探测和矿山建设合作协议,取得资源包销权,有计划地采购镍、铜、钴、贵金属等二次原料;在国际上加强了与澳大利亚、古巴、刚果、智利、俄罗斯、蒙古、菲律宾等国家在矿产资源方面的合作,国内外两种资源一起利用,两个市场一起开拓,取得了明显效果。2005年引进国外镍、铜、钴矿石资源占总消耗量的50%以上,2001~2006年对外贸易年平均增长68.6%,2006年进出口总额在全省各市州中位列第一。

3. 新兴接续产业的发展形成规模

20世纪90年代初中期,随着金川镍铜矿露天矿和龙首矿的相继闭坑,开采重点集中在富矿区,出现境内矿产资源日渐减少的局面,借着1993年9月"全国资源型工矿城市发展战略研讨会"在金昌召开的契机,金昌市"兴盛早谋枯竭计",努力寻求接续产业的发展。尤其是90年代后期由亚洲金融危机引起金昌经济的严重下滑,更增添了加快产业结构调整和升级换代、延伸主导产业链、发展接续替代产业的紧迫性。经过与70多家科研院所、高等院校的科技合作和"九五"期间技术经济开发区的建设,启动了一批以高新技术发展为基础、推进产业升级、延伸产业链的接续产业群。目前,以镍铜钴资源的精深加工和两酸两碱的增值开发为重点,发展形成了具有高附加值的新能源(二次电池)材料、镍铜钴合金材料、镍铜钴盐类精细化工和新型化工、镍铜钴及贵金属粉体材料、稀贵金属深加工等五大产业链和高新技术产业群。以新材料、无机化工、能源等为标志的接续产业已处在加快发展的上升期。报统计❶,2006年新材料基地技工贸收入达到43亿元,新材料产业占全市工业总产值的比重由2000年的小于5%上升到18%以上,预计到2010年新材料技工贸总收入将突破120亿元,占全市工业总产值的比重将上升到30%左右。

4. 以"一特两化"农业发展为基础,逐步形成了现代农业发展新格局

金昌市从1996年进入农业综合开发和河西走廊农业产业带发展序列以来,坚持以土地资源为载体,发挥特殊地形地貌和土壤、气候生态条件的优势,从中低产田改造和生态治理入手,提出了"标准化生产,产业化经营,走优质、高效、节水型特色农业(即一特两化)"的发展道路。2000年进一步明确了放眼国内外市场,发展无公害蔬菜、啤酒大麦、牧草和畜禽养殖业等四大优势产业的现代农业发展目标,建设了永昌县城郊无公害蔬菜生产区、东西两大河啤酒大麦生产区和以示范户带动的全市养殖业生产区,逐步形成了结构进一步优化、产业化经营水平不断提高、市场竞争力逐渐增强的现代农业发展新格局❷。一是80%以上的农户实现了机械化作业,65%以上的耕地成为特色农产品生产基地,其中在2006年啤酒大麦、无公害蔬菜、制种玉米基地面积分别达到31.6万亩、12.78万亩、11.32万亩,以紫花苜蓿为主的优质牧草种植面积达11万亩。二是累计发展各类农产品加工储运企业370多家,建成农产品批发和集贸市场24个、果蔬恒温库4座,培育各类农村经合组织158个,逐渐超越了农业初级生产力范畴,在纵向和横向上拓展了与其他产业的联系,改变了农业生产产前、产中、产后分割现象,开始形成生产、加工、销售一条龙产业链。同时,实施了"家家e"信息工程,开通了兴农网,加快了农业市场化进程,建立和完善了龙头企业与农户的连接机制,合同农业、订单农业成为新的生产形式,2005年全市共落实订单农业种植面积42万亩,占总播种面积的近50%。三是农产品加工水平不断提高,龙头企业增多。2005年全市规模以上农产品加工企业18家,市级重点龙头企业14家,农产品加工增值比例超过60%,粗加工与深加工比达到2:5,加工范围涉及麦芽、面粉、饲料、肉奶、纺织等10多个行业,其中麦芽加工能力达年产22万t,占全国麦芽加工生产能力的15%。四是科技兴农成效显著。紧紧抓住依靠科技、提高农业集约化程度和综合生产能力这个重要环节,近10年来,全市先后与20多家科研单位和高校签订合作协议,实施农业科技试验、示范和推广,发展农业科技园区,使农作

❶金昌市开发区管委会,2007年2月。

❷以下资料取自金昌市农牧局和统计局,2007年1月。

物良种覆盖率在2005年达到94%，畜禽良种化程度超过80%；2005年，优质小麦和啤酒大麦单产均比全国平均水平高出250 kg以上，与世界先进水平基本持平；发展节水农业技术，2005年全市农业渠道灌溉用水利用率达到0.6；在农业标准化建设方面，全市累计制定农产品地方标准和生产技术规程30项，初步形成了以国家和行业标准为骨干、以地方标准为补充的农业生产标准体系，并建立了市、县（区）、乡（镇）三级农产品质量监测系统，有力地保证了农产品的优质、高效。

5. 节能降耗和环境治理走出困境，初步展现生态经济的良好效果

金昌市曾经是全国十大污染城市之一，1993年5月5日的特大沙尘暴让人记忆犹新。为彻底改变污染加重、环境恶化的状况，2000年以来，全市在科学发展观的指导下，全面加强环境管理和环境保护执法，依靠科技，增加投入，加大污染行业技术改造和重点污染源的控制力度，淘汰落后生产工艺，发展清洁生产和循环经济，全力推进各系统全行业的节能减排，并在不同生态功能区实施有力的生态环境保护措施，使生态环境状况发生了明显改善，初步展现出生态经济的良好前景。

2000～2006年，在工业产值成倍增长的情况下，规模以上工业的能源消费量（占全社会能耗总量的85.4%）急剧减少，万元产值能耗由1993年的8.27 t标煤/万元，减少到2002年的4.17 t标煤/万元及2006年的2.27 t标煤/万元，同时工业"三废"的排放量逐年明显减少（表3-1），其中，工业废水、SO_2、固体废弃物的排放量2006年比2000年分别减少了32.2%、33.3%、57.3%，2006年废水排放达标率达89.3%。在金川集团公司（其能耗量占全市的42.5%），它的万元产值能耗、电耗、水耗及电镍、电铜综合能耗和SO_2排放量及烟尘排放量（见表3-2），2005年比2000年分别减少了11%～57%，2006年又比2005年减少了11%～24%❶。由于节能减排的效果显著，大大改善环境空气质量，2006年金昌市空气质量二级及以上天数261天，占全年的71.5%。在生态环境治理方面，开展了东西两大河上游水源地和金川河流域湿地保护及流域综合治理，同时进一步加强了草原的生态建设，通过退耕还林还草和围栏封育等措施，推进天然林及沙生植物保护，建设野生动植物和自然保护区，在北部荒漠区实施土地沙漠化防治工程，增加了林草植被覆盖度。

❶2007年9月9～10日在金昌召开的"全国有色金属工业节能减排工作会议"上，李尚勇副总经理的报告。

在市区建成了65.7 hm^2 防护林网❶,市内"绿化、硬化、美化"效果明显,道路绿化率达100%,绿化树种有60多种,人均绿地面积上升到5.6m^2,城市绿化覆盖率由建市初的2.5%提高到22.9%。2006年全国287个地级及以上城市生活质量排行榜中❷,金昌市名列第59位,在西北五省(区)中列第6位,在省内好于兰州市。这展现出发展生态经济的良好效果。

表3-1 金昌市2000~2006年工业"三废"排放量

年份	工业废水(万 t)	SO_2(万 t)	固体废弃物(万 t)
2000	2 380.42	14.65	0.68
2002	2 032.24	12.69	0.43
2004	2 144.97	12.66	0.31
2006	1 613.04	9.77	0.29

表3-2 金川集团公司节能减排一览表

项目	2005年比2000年减少(%)	2006年比2005年减少(%)
万元产值能耗	21.94	11.76
万元产值电耗	29.62	10.87
万元产值水耗	56.70	17.90
电镍综合能耗	32.99	11.42
电铜综合能耗	48.75	14.15
SO_2排放量	13.67	24.10
烟尘排放量	10.48	19.10

二、历史经验

从金昌市近50年的经济社会发展历程中,可以总结出以下几条基本经验。

(1)经济发展体制、机制是决定资源型城市能否持续发展的前提条件。

金昌市是在20世纪50年代,应国家经济建设的需要,在计划经济体制下开始建立起来的资源型城市,其发展规模和速度受国家投资和扶持力度的控制。因此,在20世纪50~70年代,由于受到国家三年经济困难和"文化大革

❶《金昌发展研究》,2007年第9期,35页。

❷《中国城市论坛》,2006年,北京峰会揭晓。

命”风暴的冲击，金昌有色金属资源的开发速度相对较为缓慢，艰苦创业的过程比较长。在1978年我国实行改革开放后，被束缚的生产力得到了解放，从而加快了资源型城市的开发和建设。但由于计划经济体制、机制的顽固性及制度转变的曲折性，虽然在进行不断的经济体制改革，经济的内源性特征仍较明显，不免在经济和企业管理过程中留有计划经济体制的阴影，使城市经济发展步入市场化的进程中，不断受到体制、机制方面的制约，甚至出现1997～1999年金昌市在亚洲金融风暴影响下城市经济的萎缩和倒退。目前，在经济、政治体制改革不断推进的情况下，金昌市进入了成熟发展期，要想实现可持续发展仍然需要进行经济发展体制、机制的创新，并逐步转变到市场经济体制和区域及全球经济一体化的发展轨道。这是资源型城市在制定发展战略和具体改革措施上必须加以十分重视的首要问题。

（2）及时部署和加快接续产业的发展是克服资源型城市单一经济发展模式、走多元化发展道路的可靠选择。

资源型城市主要依靠自然资源（矿产）发展经济，这是一个重要特征。但是，由于矿产等自然资源的不可再生性和有限性，一旦资源枯竭，靠单一经济发展模式成长起来的城市将不可避免地要走向衰落。因此，要保持资源型城市的可持续发展必须未雨绸缪。金昌市在进入成长发展阶段的中期就“早谋发展大计”，借1993年在金昌召开“全国资源型城市经济转型研讨会”的东风，开始规划和部署金昌市的接续产业，逐步调整产业结构，注意延伸主导产品的产业链，实行传统产业的技术改造和升级换代，并由此形成了以新型材料、化工、能源等为主要特征的接续产业群，发展出具有集约化和较高聚集度的“一线三点”各具特色的产业布局，目前金昌市接续产业的生产总值已达到了全部工业产值的1/3以上。与此同时，金川集团公司加强了资源勘探开发和综合利用力度，实行了国际化经营战略，有效地控制了本地矿产资源的消耗，从而为延长矿山服务年限、实现城市可持续发展打下了良好的基础。

（3）科技进步和创新是推进资源型城市经济转型和可持续发展的不竭动力。

当代，科学技术的发展已经渗透到经济社会发展的各个领域。科学技术作为第一生产力的特征表现得越来越明显。金昌市在推进资源型城市经济转型和可持续发展的历程中，科技进步和创新的引领与支撑作用十分突出地表现了出来。2000年以来，科技成果转化加快，创新能力不断提升❶。2005年

❶史继成，等．对构建金昌和谐社会的探讨．金昌发展研究，2007（1）。

全市从事科技活动的人员达到0.34万人，比2000年增加1.3倍，从事R&D活动的人员达0.24万人，比2000年增长1.1倍，科技活动经费达7.2亿元，是2000年的6倍，从而加快了农业"一特两化"和工业新产品开发步伐，2005年全市新产品销售收入37.5亿元，是2000年的123倍。另外，金昌市作为有色金属开发利用的资源型城市，从开始创业的时候起，因其矿山开发和采选冶工艺的特殊性就包含着较大的科技因素，尤其从1978年被确定为全国有色金属综合开发利用重点城市以来，提高采选冶工艺技术水平，发展综合利用广度和深度，就成为金昌市(主要是金川集团公司)的主要任务。经过不断壮大和建设❶，在金川集团公司现有一支包含200多个专业、4 000多人的科技队伍，形成了以"一院六所"为核心层、以各生产厂(矿)工程技术人员为紧密层以及以与国内外著名高校建立的联合实验室为外延层的技术发展和创新体系，构成了覆盖基础研究、应用研究、工程化开发研究及综合设计配套的完整技术创新链条。近年来，金川集团公司用于技术研究与开发的投入每年不低于年营业额的3%，并计划每年安排6 000万~8 000万元资金用于与科研院所和高校的外部协作项目。因此，金川集团公司已成为世界上极少数能将多种有价金属在同一工厂内实现分离提纯的企业，主要经济技术指标居国际先进水平，科技综合实力位居世界同类企业的前列。

在金昌市经济社会发展的历程中，经济转型和产业链从低附加值产品向高附加值产品延伸发展，提高经济竞争力；经济发展走向多元化和逐渐减少对资源与资本的依赖，形成高新技术产业群和经济聚集带；实现对传统产业和农业的技术改造，引导产业升级换代以及有效保护和治理生态环境等，都直接或间接依赖于科技的引进、消化吸收和创新发展。事实表明，科学技术在促进资源型城市摆脱困境、促进产业结构调整和升级换代、提高经济竞争力和可持续发展能力等方面，具有不可替代的功能和作用，它是推进经济转型的不竭动力。

(4)发展现代农业和加强生态环境的保护与治理，为城市可持续发展提供重要保障。

资源型城市大多在远离居民区的矿山和荒滩上建立起来，周围是较落后的农业区。尤其像金昌这样的城市，开始发展时本就是戈壁沙滩上的一个小村落，随着矿业开发和工业的发展而逐渐形成城市。城市中农业的粗放式经济和低效益与逐渐成长壮大起来的工业经济形成强烈反差，工农业的发展极

---

❶于晓霞．创新是企业发展的灵魂．金昌发展研究，2007(3)。

不协调；同时，由于自然生态环境本来就比较脆弱，加上工矿业和城市建设的发展、人口的增加、环境污染的加重，自然生态环境进一步趋于恶化。因此，随着工业和城市的发展面临的工农差别的扩大和环境压力，造成经济结构扭曲和社会的不稳定，严重制约城市和工业发展的可持续性。为解决"先进的工业、落后的农业"结构性矛盾和改善恶劣的生态环境，金昌市从20世纪90年代起就一直十分重视农业的发展和生态环境的治理和保护。在农业发展方面，先后采取多种措施，实施工业反哺农业，以发展工业的方式兴办农业，用主导产业的技术、资金和管理向农村扩散，推进和加强现代农业的发展，取得了明显效果，使金昌农业走上了具有现代农业特征的"一特两化"发展道路，同时，现代农业又以农业资源和人力资源等优势不断支持了工业的发展，维护了社会稳定。在生态环境的保护和治理方面，金昌市准确地针对自然环境的不同性质和特点，采取多种有效措施，实施了水资源保护、东西两大河和金川河道的综合治理、荒漠带和农田防护林建设、城市园林化和工业"三废"的减排及治理等积极措施，有效地促进了自然生态环境的改善，为城市的可持续发展提供了重要保障。

(5)打开城门，实行全方位对外开放，使城市经济融入区域和全球一体化的发展轨道，增强了城市可持续发展的活力。

我国实行改革开放后，打开城门，对外实行全方位开放战略，在金昌市逐渐成为政府、企业和市民的共同认识。从组织实施有色金属资源综合开发利用到建立国家级新材料基地；从传统产业的技术改造到培育新兴接续产业；从引进推广农业新技术到建立特色农业产业园；从联合建立科技开发实验室到创办大学工业园区；从环境污染的治理和生态恢复工程到推进清洁生产和实施循环经济的试点；从招商引资到发展国际贸易，推行国际化经营模式，都打开城门，全方位对外开放。从20世纪八九十年代以后，金昌市共与70多家国内外科研院所和高等院校建立了科技合作和人才交流与培养关系，与澳大利亚、古巴、刚果、蒙古、俄罗斯等10多个国家和地区建立了矿产资源开发和技术经济合作关系；与省内外特别是我国东中部地区相关单位开展多方面的技术交流和经济合作，从而有效地利用了国内外和省内外的两种资源、两种资金、两种人才，引进技术和管理，引进资源，发展国内和国际两个市场，为工业发展和城市经济逐渐融入区域乃至全球经济一体化的发展轨道注入了强劲的动力，增强了城市可持续发展的活力。

第二节 金昌市可持续发展的制约因素

金昌市的经济社会发展在我国实行改革开放政策以来,随着经济体制改革的不断深入和市场化程度的加深,较早地进行了产业结构调整和经济转型,其成效是明显的。但是,资源型城市存在的固有特征及金昌市在资源、环境方面的约束和产业结构调整中的深层次矛盾以及体制、科技、人口素质等生产力要素的不足,对金昌市的可持续发展仍然构成不可忽视的制约因素。对这些制约因素作出准确分析和评估,将有利于对城市的可持续发展作出合理安排。

一、经济总量与产业发展的结构性矛盾

一个地区或城市的经济总量及其结构反映了该地区(城市)经济发展程度和各经济部门不同产业的相互联系及比例关系。它表明一个地区(城市)经济发展的高度化水平,并预示着是否具有可持续发展的潜力。金昌市在近50年的发展中,逐渐成为一个新兴工业城市,但在经济总量快速增长的同时,产业的二元结构及重化工特征并未发生转换,由此造成的产业发展结构性矛盾将对经济总量的持续增长产生不利影响。

(一)第一、二、三产业构成不尽合理,第三产业发展严重滞后,产业结构与就业结构不协调

图3-3列出金昌市1981～2006年第一、二、三产业构成的变化。由图可见,金昌市从1981年以后,第一、二、三产业的顺序即达到"231",呈现工业化发展的典型特征。按照工业化发展的一般规律,当一个国家(地区)工业化程度达到60%以上时,第二产业占GDP的比重将开始下降,第三产业的比重开始上升,逐渐达到和超过第二产业的比重,从而进入后工业化社会的发展,三次产业的逻辑顺序由"231"转产化为"321"。但是,金昌在实现工业化后的20多年发展中,第二产业一直是呈强劲发展势头,其占GDP的比重,从1990年以后保持在70%左右,2006年更达80%以上,第一、二、三产业的比例关系维持较为稳定的结构。这与"经济发展的高速度与产业结构的高转换率互为因果"的特征是不一致的。在金昌,随着经济的高速发展,产业结构并没有发生明显的转换。

国际的经验表明,当本地GDP达到人均1 000～3 000美元时,第三产业的比重应保持在36%左右。这是因为人们在进入小康型生活以后,追求耐用

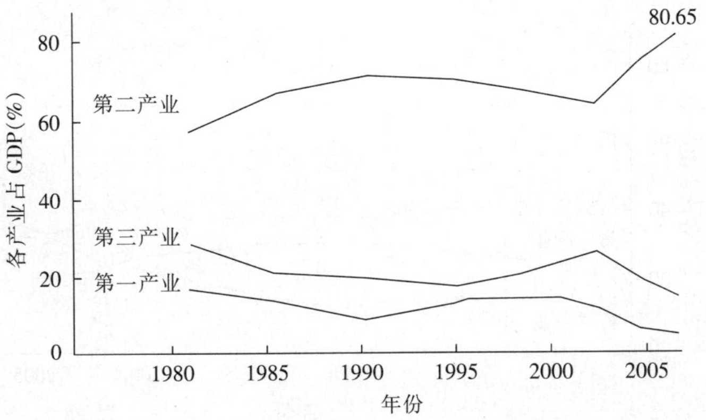

图 3-3　金昌市 1981 ~ 2006 年第一、二、三产业占 GDP 比例的变化

消费品、住房、旅游、休闲、基础设施等高水平的服务和科技、教育、通信等高质量需求提到议事日程，以满足社会向后工业化发展的需求和提高人们的生活质量。而金昌市的第三产业在产业构成中所占的比例，从 1981 年的 27.5% 降低到 1990 年的 18.9% 以后，其后一直徘徊在 18% 左右。2002 年为 18.8%，比当年的全国平均水平(33.7%)低 14.9 个百分点，比全省平均水平(35.9%)低 17.1 个百分点，比同类的资源型城市白银(35.5%)和攀枝花(25.3%)也分别低 16.7 个和 6.5 个百分点。2002 年以后，第三产业占有比例甚至出现较大下降。第三产业发展的严重滞后表明，金昌市在进入工业化中期以来，其产业结构并未向高度化发展，传统产业比重大，新兴产业发展落后，经营上市场化程度低，非社会化现象严重。

再从金昌市第一、二、三产业的就业构成看(图 3-4)，第一产业的就业比重从 1981 年至 1985 年有较大下降(下降了近 17 个百分点)，以后下降趋势缓慢，至 2006 年仍占 38.6%；第二产业的就业比重在 1990 年达到最高，为 36.3%，以后缓慢下降，至 2006 年为 24.4%；第三产业的就业比重从 1990 年开始有缓慢上升，并于 2002 年超过第二产业。但 2006 年仍以农业就业人口为最多，表明金昌市的城市化率并不高(2006 年为 52.5%)，这与全市 70% ~ 80% 的工业化率相比，形成明显反差，即工业化程度已进入中等发达国家行列，而城市化率仍处于低收入国家的水平。这将严重阻碍现代市场经济的发展，也谈不上完整意义上的现代化。

(二) 工业呈重化工型、高能耗结构，轻重工业比例严重失调

受资源指向型产业发展的束缚，把优先发展原材料生产加工和化工工业

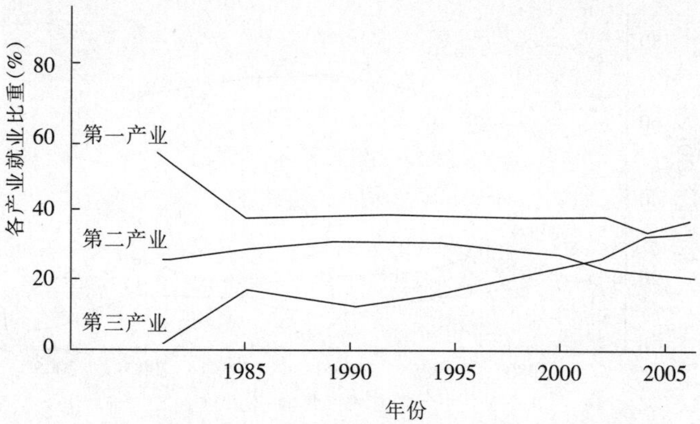

图3-4　金昌市1981～2006年第一、二、三产业就业构成

放在绝对重要的地位，而忽视了轻工业的发展，虽然镍、铜、钴等原材料冶炼和初加工产品以及两酸、两碱、液氮等化工产品的生产在国内有举足轻重的地位，使金昌已成为一个具有初级水平的重化工基地，但工业内部结构表现出严重的不合理，轻重工业比例极度失衡（表3-3），重工业产值占工业总产值的比重达95%以上，2006年更达到了98.6%，而轻工业规模大小，产能太弱。近年来，虽然轻工业产值也有一定增长，但由于重工业的超高速增长，造成重化工产业占绝对优势，这种失衡的工业结构必然导致如下后果。

表3-3　2000～2006年金昌市轻重工业产值及年增长

年份	工业总产值（万元）	重工业		轻工业		轻重工业比
		产值（万元）	年增长（%）	产值（万元）	年增长（%）	
2000	569 764	549 168		20 596		3.6∶96.4
2001	590 322	565 057	2.9	25 265	22.7	4.3∶95.7
2002	608 524	582 107	3.0	26 417	4.6	4.3∶95.7
2003	856 555	817 262	40.4	39 293	48.7	4.6∶95.4
2004	1 537 824	1 487 914	82.1	49 910	27.0	3.2∶96.8
2005	2 167 328	2 107 189	41.6	60 139	20.5	2.8∶97.2
2006	3 369 584	3 323 639	57.2	45 945	－23.6	1.4∶98.6

1. 高资源消耗和高投资

据统计,1959～1999年的40年年均产电解镍2万t,已消耗镍铜矿储量40%,若2000年以后按年产电解镍9万t计算(2001年电能镍产量为4.4万t,2006年电解镍产量将达16万t),那么再消耗镍铜矿40%储量的时间就只有9年,即使按每年可从国外引进矿石资源50%,这样经18年(即2018年)以后金川的镍铜矿将进入真正意义上的衰竭期。而由于资源矿产的高消耗必然带来投资的高增长。1981年金昌市全社会固定资产投资只有0.5亿元,1990年便达到3.5亿元,2000年为10.9亿元,为1990年的3.15倍,2006年高达51.8亿元,为2000年的4.73倍。近5年中固定资产投资年均增长超过30%,大大高于全国和全省平均水平(18.0%)。这种由高资源消耗和高投资拉动的经济增长,由于资源和投资的有限性,最终将不可持续。

2. 高能源消耗和高污染

由于矿业和冶炼及化工材料产业需要较强的能源资源支持,其能耗水平较高。1991～2006年金昌市万元工业产值能耗一直相当于全省工业产值能耗的2倍左右,近年来,虽然加大了节能降耗的技术改造投入,能耗指标有显著下降,但相比于其他低能耗产业来说仍然是能耗大户。同时,由于能耗大,必然引起环境污染的加大。据统计,金川集团公司、永昌电厂、金化集团、河西堡铁厂、金泥集团等五家耗能大户的污染排放量占全市的85%以上。尽管正在加大清洁生产和污染治理力度,但要从根本上遏制这些企业的污染物排放,任务仍相当艰巨。

3. 工业产品的产业链延伸程度低

首先表现为有色金属原材料产品较少在本地向新材料及由此导出的最终轻工业产品延伸,原材料的“双重利润”流失严重;其次,金昌市轻工业产品中大多(约2/3)是使用农产品作原材料,非农产品材料使用少,因此不容易使轻工业形成规模,产值低,高附加值产品少。

(三)工业经济的二元结构及非公经济发展缓慢

由表3-4可见,在全市规模以上工业企业中,中央及省属企业的产值占工业总产值的70.6%～85.4%,而地方工业的企业数有41～53家,是中央及省属企业数的5～6倍,但工业产值只占工业总产值的14.6%～28.4%。这表明,地方工业不仅规模小,对工业增加值的贡献小,而且效益也明显低于中央及省属企业,从而在金昌形成强烈的二元工业经济结构。地方工业企业大多以农副产品加工为主,产品单一、增值率不高;一些从事材料、能源和化工的企业,基本上停留在粗加工的初级化阶段,高新技术的开发不多或处于起步时期,技术含量低。由此导致劳动生产率低下,金昌市地方工业企业的全员劳动生产率仅相当于中央及省属企业的约40%。

表3-4 2000~2006年金昌市规模以上工业中中央及省属企业与地方企业的对比

年份	中央及省属企业				地方企业			
	企业数(家)	工业产值(万元)	占工业总产值比重(%)	全员劳动生产率(万元/(人·年))	企业数(家)	工业产值(万元)	占工业总产值比重(%)	全员劳动生产率(万元/(人·年))
2000	8	407 771	71.6	5.00	41	161 993	28.4	2.20
2002	8	429 552	70.6	5.90	53	178 927	17.6	2.23
2004	7	1 192 567	77.5	14.03	53	345 258	19.3	6.01
2006	6	2 879 333	85.4	29.18	53	490 251	14.6	10.26

在所有制结构中,金昌市的民营经济随着经济体制改革的深入得到了不断不展,经营的领域由初期的传统商贸、餐饮等向工业、农业、建筑业等部门拓展,并开始进入电子通信、计算机应用、信息中介等新兴行业。但是从发展的规模和数量来说,仍是比较小的。从表3-5可以看出,目前,金昌市的经济总量中,国有经济仍占主导地位,非公经济虽也在发展,但2006年对GDP的贡献率仅为13.2%。尤其是在规模以上工业企业中,2005年和2006年国有企业的工业增加值分别占全部工业增加值的83%和89%,而除集体企业以外的32家非公企业工业增加值仅占全部工业增加值的4%~5%。金昌市经济发展中以公有经济占主导的产权结构,无论是在改变单一投资主体、增加企业活力,还是在繁荣市场、扩大就业等方面,都将越来越不能适应现代市场经济发展的要求。

表3-5 2000~2006年金昌市GDP的所有制构成

年份	A:公有经济增加值(亿元)	B:非公有经济增加值(亿元)	A:B
2000	28.3	8.8	77.3:23.7
2003	845.2	13.5	77.0:23.0
2006	7 132.4	20.2	86.8:13.2

(四)农业产业化和规模经营程度低,城乡二元经济结构突出

近年来,由于实施“绿色富民”战略,大力加强“一特二化”,使金昌市农业生产结构不断优化,优质小麦、啤酒大麦、优质肉羊、无公害蔬菜、优质牧草等

特色产业规模进一步扩大。出现了永昌德塞肉羊科技发展公司、中农草业公司、“八一”麦芽厂等龙头企业,促进了乡镇企业的发展,催生了一批农产品营销组织,提高了农产品的市场竞争力,对转移农村剩余劳动力和提高农民收入产生了积极影响。但是,从农业产业化整体发展水平看仍处于初始发展阶段,其主要表现:一是农业产业化项目比重小。在全市86.55万亩耕地中属于农场化管理的比重不足5%,95%以上耕地仍由农户分散经营,土地流转进程缓慢,严重制约了规模化经营和产业化水平的提高,2006年农业产业化项目的增加值只占地方工业增加值的6.4%。二是农产品加工链条短,龙头企业与农民利益联系不紧。在为数不多的龙头企业中,由于科技水平低、加工及流通产业链短,农产品加工率只有20%左右,加工深度不够,转化和增值率低;而且几个主要龙头企业均为市外集团公司投资,农民没有参股,不能真正享受到农产品的延伸效益,因此家庭经营收入仍占农村经济收入的2/3左右。三是大量农村剩余劳动力无法转移,城镇化进展缓慢。有研究表明[4],在我国生产力发展水平及农业产业化条件下,每个劳动力平均30~40亩耕地的产出率较高。由此推算,2006年全市耕种面积86万亩,直接从事农业的劳动力只要2.5万人左右,而2006年全市农村劳动力资源为15.78万人,尚需转移劳动力13万余人。大量农村劳动力滞留农村,城镇化发展缓慢,农业劳动生产率低下,农民增收问题得不到根本解决。四是城乡差别不断扩大。近年来,农民收入虽也在不断提高,但由于农业产业化、组织化程度不够高,土地回报率难以提高,农民人均收入相对于城镇居民来说,其差距在不断扩大。资料显示,金昌市建市后的26年来,城乡居民收入差距几乎随时间直线上升,从1981年的531元增加到2000年的3 732元,扩大了6.0倍,2006年城乡居民收入差达到6 963元,比2000年又扩大了1.9倍,2006年城镇居民的平均收入是乡村居民的2.6倍。城乡居民收入差距的加大,使反映这种收入差异的基尼系数达到0.5,已经超过世界公认的警戒线。目前,金昌市农村居民的人均消费水平仅为城镇居民的28.3%,相当于20世纪90年代初城镇居民的消费水平。由此可见,金昌市的城乡二元经济结构仍是十分突出的。

二、环境承载力与资源容量的制约

金昌市地处内陆,东西长140余km,南北宽约130km,地形由西南向东北倾斜,形成三个隆起带,两个高平原,一个残丘戈壁荒漠区,平均海拔1 500m左右。南部祁连山林木草甸区是整个河西走廊生态系统的主体,但从20世纪60年代以来,由于全球气候变暖和人类活动(过度开垦等)的干扰,祁连山雪线上升，冰川表面消融加剧，东部冷龙岭冰川年均后退 6.8 m，使森林萎缩，林区水源涵养功能下降。发源于冷龙岭的东、西两大河出口径流量由 20 世纪 50 年代的 5.65 亿 m^3 减少到 21 世纪初的 3.35 亿 m^3，导致下游供水不足，草场退化，不能有效调节气候。西南部的大黄山（与张掖市接攘），历史上曾是林木茂盛、水草丰美的天然牧场，20 世纪 50 年代尚有天然云杉林和高山灌丛 8 000 多亩，到 80 年代只剩下 400 亩，至今林草植被已基本消失。中部高平原（平均海拔 1 800 m）是典型的绿洲作物优质高产区和潜力区，但受农业生产方式和资源配置的不良影响，水土资源的过度开发及分散经营，已成为制约农业发展的主要障碍，并对整个地区生态环境的恶化造成直接影响。北部荒漠草原区，山体残散，三面受腾格里沙漠和巴丹吉林沙漠包围，年均降水量在113 mm以下，植被稀疏（覆盖度不到 5%），沙漠及潜在沙漠化土地面积有 23.2 万 hm^2，有近 4 万 hm^2 耕地受到不同程度的风沙危害，本市 60% 的沙尘暴源于本地，分布在该区域的 15 万 hm^2 的草场，由于牲畜超载、活动范围扩大等因素，草地退化严重，每年草场退化面积达 1.73 万 hm^2，更加速了土地沙化。另外，城市发展必须予以保障的水资源状况更不容乐观。作为本市主要水源的东、西两大河出口径流量在逐年减少，地下水位下降，自然降水补给不足，现全市人均水资源量仅为 867 m^3左右，大大低于全国（2 400 m^3）和全省（1 111.8 m^3）平均水平，而且有 98.9% 的耕地需灌溉用水，农业用水量占全市总供水量的 84%，造成工业和城市生活用水及生态用水的严重短缺，供需缺口近 2 亿 m^3，水资源开发利用率已达 148%，远远超过开发利用率 50% 的国际警戒线。2003 年跨世纪工程——"引硫济金"通水，每年可为金昌供水 4 000万 m^3，但缺水的局面依然是严峻的。再加上几十年来矿山开采和工业的"三废"排放，更使原本较为恶劣的生态环境变得更为脆弱，这都表明，金昌市的环境承载力决定了对经济社会发展形成的刚性制约。

资源方面，由于金昌市所处的特殊地理环境和复杂的地质构造，造就了金昌具有开发利用价值的丰富的矿产和自然资源。在有色金属矿产中，铜镍矿规模巨大，居全国第一位、世界第二位，探明镍储量 553.1 万 t，占全国总储量的 82.4%；铜储量 350 万 t，占全省铜储量的 80%，在全国仅次于江西德兴铜矿。所伴生的钴、硒、碲、硫、铬、金、银和铂族元素有 13 种，其中钴、硒、碲和铂族元素的储量占全国总储量的 95%，钴储量 16 万 t，仅次于攀枝花。在非金属矿产中有萤石、石灰石、白云石、膨润石、花岗岩、岩棉铸石等，储量相当丰富。其中萤石储量 150 万 t；水泥石灰石探明 D 级以上储量 1.8 亿 t；溶剂白云石储量 3.7 亿 t，氧化镁含量达 18% ~21.7%；溶剂石英岩储量 1 630 万 t，二氧化硅含量92%～97%。此外,还有分布广泛的陶瓷黏土、陶土、紫砂土、石膏矿及玉石、玛瑙、水晶等。另外,已探明煤炭资源储量近8 000万t;位于市区以北70 km的西大窑——红沙岗煤田,初步估算地质储量为9.48亿t,以及储量达2亿t的潮水盆地油田都可开发利用。以祁连山坡地和龙首山以南地区为主,分布着一定的林木和药材等生物资源。水力能、太阳能和风能资源等也较丰富。

目前,以"镍都"扬名的有色金属矿产资源开发中,至2000年已累计消耗矿石储量的40%。由于2001年以来有色金属产量以每年约17%的速度递增,至2006年电解镍产量由2001年的4.38万t上升到9.44万t,精炼铜由4.48万t上升到20.0万t,预计到2010年有色金属产量将达到55万t,其中电解镍16万t,精炼铜35万t❶。因此,金昌市的镍铜矿藏呈加速消耗趋势,即使考虑有50%的原料可由进口解决,如果这种趋势不加以遏制,那么到2020年左右金昌的有色金属资源将走向枯竭。在非金属矿产资源和石油、煤炭资源的开采利用方面,目前尚没有形成规模,而且其开发利用价值和技术经济的可行性都有待研究。因此,为保持金昌城市经济的可持续发展,对资源容量和可持续利用应有一个清醒的认识。

三、人口的数量及素质问题

人是城市经济和社会系统的主体和控制者,一个城市的人口数量、结构和受教育程度等决定生产和消费的行为方式,预示着城市可持续发展的潜力,是资源城市实现经济转型和可持续发展的决定因素[5]。

金昌市2006年人口为46.55万人,按年增7‰计算,至2020年大约可以发展到50万人。由于金昌的自然环境制约,不可能吸收大量移民或外来人口,这就决定了金昌市城市发展的总体规模。而目前,金昌市的人口结构和素质总体上仍处于较低水平,远不能满足经济转型和实现可持续发展的要求。

(一)劳动力人口素质

在全市33.36万劳动人口中,具有大专以上学历或有一定专业技术的人才仅占全市总人口的6%,大学本科学历以上人才不足5 000人,仅接近全市总人口的1%。在城市劳动力人口中,有60%左右文化程度在初中以下,在企业中技术工人只占工人总数的36%,高级技工人数只有技工总数的6%。乡村劳动力有15.78万人,其中小学及以下文化程度人员占40%,有近4 000人

❶据《金昌市国民经济和社会发展"十一五"规划纲要》。

是文盲及半文盲,高中以上文化程度人员只占13%,大部分在从事农林牧渔第一产业(占72.5%),占近8%的进城打工农民大多从事技能要求较低的低收入工作。近年来,金昌市正在推行“10万农民劳动技能提升计划”,取得了较好效果,但要从整体上提升乡村劳动力的整体素质,还需要一个较长的过程。

(二)科技人员的数量及结构

根据2005年初金昌市科技局对全市各类科技人员较全面的调查统计(表3-6)。至2004年底,金昌市有各类科技专业人员(不含中小学教师)8 582人,每万人达190人,在全省各市、州中名列第二位,形成了一支有一定规模,涉及260多个学科以中青年为主(26~50岁人员占80%)的科技队伍。但存在的缺陷也是明显的。一是整体素质并不高。高级职称人员仅占8.3%,初级职称及以下人员将近50%;从学历上看,中专学历以下人员占37.4%,大学本科人员只占1/4,研究生学历人数非常少。二是科技人员的部门分布很不均衡。有67.8%集中在大中型企业,在大中型企业中又有近80%集中在金川集团公司;而在地方科技人员中有近60%集中在医疗卫生、事业单位和行政管理岗位,高、精、尖制造业和信息产业中的科技人员及经营管理人才严重缺乏;在广大农村,全市农业科技人员仅400余人,占农业从业人员总数的0.3%,而且这些人员中有80%左右集中在机关和事业单位。三是科技管理机制、分配制度、激励制度、知识产权保护制度等没有很好建立起来,科技投入不足,尤其是除金川集团公司外大部分企业的科技投入不足年销售额的1%,科技中介服务机构门类不全、规模小、服务功能差,城市技术创新体系没有建立起来,科技创新能力不强。

表3-6 金昌市2004年底科技人员数量及组成结构

年龄分布	25岁以下	26~35岁	36~50岁	50岁以上	合计
人数(人)	910	2 720	4 145	807	8 582
占(%)	10.6	31.7	48.3	9.4	100
学历分布	研究生	大学本科	大专	中专及以下	合计
人数(人)	49	2 211	3 113	3 209	8 582
占(%)	0.6	25.7	36.3	37.4	100
职称分布	高级职称	中级职称	初级及以下	合计	
人数(人)	712	3 793	4 077	8 582	
占(%)	8.3	44.2	47.5	100	

(三)教育发展的薄弱环节

金昌市经过“九五”、“十五”两个五年计划的努力,巩固发展“普九”成果,基础教育水平有很大提高。2006 年小学适龄儿童入学率达到 99.8%,巩固率 100%,初中适龄少年入学率达 98.8%,高中入学率由 2002 年的 49.6% 上升到 2006 年的 85.2%,提前两年基本实现了普及高中阶段教育目标,这对改善劳动力素质低的状况将起到积极作用。但基础教育中仍存在一些薄弱环节:一是城乡发展不平衡。全市现有中小学 172 所,开设信息技术课的学校 134 所,未开设这门课的学校均在农村;城市中小学均开设了外语课,配备了多媒体教室,大部分学校建成了校园网,而农村 70% 的小学无法开外语课,初中更缺少高标准实验室,办学条件与升学率均与城市学校有较大差别。二是职业教育落后。2006 年全市高中学校有 11 所,在校生人数 15 453 人,而职业中学只有 2 所,在校生人数 1 298 人,普高生与职高生比例为 10∶0.8,这与全国这一比例达到 1∶1 的要求相差甚远,将严重影响劳动力技能的提高和就业劳动力的创新能力。三是教育资源整合不够。城市和农村及大型企业和市属单位教育资源分布不均衡,本市无一所独立建制的高等院校,金川集团公司有职业培训学院,但地方高级技术人员和经营管理人才的培养以及在职人员的知识更新缺乏途径。

四、体制的障碍

金昌市的政治和经济体制,随着改革开放的深入和经济的不断发展,进行了不断的调整和改革,其成效是明显的。但由于受计划经济体制的长期影响和人们思想观念的束缚,其体制方面存在的障碍也是明显的。

一是党政职能的统一协调和指导作用发挥不够。党政职能重叠、党政不分现象仍然存在;政府部门大多忙于事务性工作,效率低下,宏观调控能力不强;一般号召多,具体落实不力;政策性指导和服务功能没有很好发挥出来,集权的行政思维没有转变为公共服务,计划经济管理烙印仍严重存在。二是地企业关系没有完全理顺。中央和省属企业在金昌经济发展中占主导地位和绝对优势,但它们又不直接归地方政府管辖,企业的发展规划、计划及计划的实施与地方互不关联,难以形成统一的整体,“两张皮”现象严重存在,导致城市功能得不到发挥,企业的包袱却越背越重。三是企业的改制、改造进展缓慢。对金昌来说,国企是企业改革的主体。虽然金昌的国企改革是与国家和地方的经济体制改革同步进行的,每年都有一些重要的进展,但存在的问题也是突出的,主要表现在:改革不彻底,产权不够清晰,经营管理中的矛盾仍然突出;

股权结构单一,国有股一股独大,股权的设置不合理;大企业的主副分离及企业办社会、办教育的剥离进展缓慢;企业历史遗留问题较多,债务压力大;现代企业制度的建立不规范、管理模式僵化、机制创新力度不够等。四是中小企业与非公经济的国民待遇与大企业不完全平等,其发展环境有待完善。其他如市场体系、社会服务体系、劳动保障体系等都不够健全。

第三节　以科学发展观为指导,实现经济发展方式的根本转变

作为资源型新兴工业城市,金昌市的经济发展,从20世纪90年代中期开始重视经济转型,并从进入第三个发展阶段以来取得了积极进展,打开了良好的持续发展局面。但要从根本上转变经济发展方式,实现经济社会的可持续发展,所要克服的障碍和结构性矛盾仍然比较突出,其任务仍然是艰巨的。为此,本节根据金昌市现有发展基础和国际、国内经济发展的总趋势,提出以科学发展观为指导,实现经济发展方式根本转变的若干设想和目标。

一、指导思想和发展战略

党的十六大在我国"总体上达到小康水平"但"还是低水平的、不全面的、发展不平衡的"基础上,提出在今后20年实现"全面小康"的目标。即要在经济保持持续稳定增长的同时提高综合国力和人民生活水平及生活质量,由"先富论"为主的发展转向"共同富裕"为主、实现富民强国的发展阶段。党的十七大又进一步提出了"确保到2020年实现全面小康社会"与和谐发展的新要求。毫无疑问,这为金昌市的经济转型提出了一个必须达到的目标。为实现这个目标应该以全面、协调和可持续发展的科学发展观作为指导思想,这也是确定金昌市经济结构转型的发展战略所必须遵循的指导思想。

(一)科学发展观的内涵

科学发展观是根据我国尚处于社会主义初级阶段的实际,借鉴国内外的发展经验,科学分析我国全面参与经济全球化的新机遇和新挑战,全面认识我国工业化、城镇化、信息化、市场化、国际化深入发展的新形势和新任务,深刻把握我国发展面临的新课题和新矛盾,而提出来的一个全新的发展观[6]。

全面发展观是把社会结构、人类发展与宏观经济作为一个整体来考虑的系统发展观。它是指在促进发展的过程中,不仅要关注经济指标,而且要关注人文指标、资源指标;不仅要增加促进经济增长的投入,而且要增加促进社会

发展的投入,增加保护资源和环境的投入。发展的真正含义是人的全面发展,即以人为本的发展,以提高人的生活质量为核心的社会生产力的不断解放和发展。因此,要努力把握发展规律,创新发展理念,转变发展方式,破解发展难题,提高发展质量和效益,实现发展为了人民,发展依靠人民,成果由人民共享的又好又快发展。

协调发展观是指在经济社会发展中要做到城乡协调、地区协调、经济与社会协调、人与自然协调、经济增长与就业协调。这五个协调的基本原则是:共同发展、共同分享、共同富裕、和谐发展。追求的是平等发展、社会公平、机会均等,以通过发展达到经济结构优化、人民生活富裕、社会稳定。

可持续发展是指在发展过程中不仅要尊重经济规律,更要尊重自然规律,充分考虑资源和生态环境的承载能力以及自然资源的永续利用。即既满足当代人的需求,又不损害后代人满足其需求的基础,不应以牺牲环境为代价发展经济。积极转变经济发展方式,坚持速度与结构、质量、效益的统一;坚持经济发展与人口、资源、环境相适应,建设资源节约型、环境友好型社会,使整个社会走上生产发展、社会进步、生态平衡、环境优美、资源可永续利用的人民富足、健康、文明的发展道路。

全面、协调和可持续发展是互为关联、彼此共生、相互依存的整体。全面发展是目的,协调发展是手段,以人为本的可持续发展是核心。这是创新的综合发展观。

(二)发展战略

金昌市经济转型的发展战略是在科学发展观指导下,根据经济社会可持续发展的要求,针对金昌市经济发展的现状和存在的结构性矛盾,指导结构调整的总原则、总政策、总构想、总模式。

1. 资源引导,发挥特色

金昌市经济结构的转型源于资源的不合理开发利用,但也不能脱离资源谈转型,而是要积极合理地发展资源产业。通过转型达到节约和限制资源消耗,主要依靠资源的"股息",而不是吃资源的"老本"发展经济。在金昌市具有各种可资利用的资源引导下,变资源优势为经济优势,形成金昌市经济发展的特色。只有发挥出自己的特色,金昌市才有可能在区域甚至更大范围的经济发展中占有不可替代的地位。

2. 巩固基础,拓展外延

经济结构转型不是要动摇经过40多年发展起来的金昌镍、铜、钴资源产品的现有工业基础,而是要进一步巩固这个基础,以此为出发点,提高产业链条的延伸力度,强化产业关联作用,发展深加工产业,由初级加工产品的输出过渡到高质能、高技术含量产品的输出,尽可能减少资源消耗和产品的利润损失。同时,带动相关产业(如轻工业、服务业)的发展,达到工业发展的多元化和高度化。

3. 城乡统筹,整体推进

城市工业与农村经济的发展应协同起来,统筹安排,合理分工,城市把资金、设备、技术向农村扩散,把产品的某些工序和零部件交给农村企业,形成城乡工业有机联系的企业群;农村则通过兴办乡镇企业和劳务输出使农村劳动力向城镇和城市转移,增加农民收入,提高城镇化水平。通过这种整体推进,加快新农村建设,削弱甚至从根本上改变城乡经济的二元结构,促使国民经济结构的高级化。

4. 市场导向,提升三产

适应工业化经济发展和城乡居民实现全面小康的服务业市场需求,大力拓展第三产业发展途径,在提升传统服务业发展水平和规模的同时,积极发展物资流、资金流、信息流市场以及旅游、中介咨询、科技教育、金融保险、房地产等行业,逐步建立完善的市场体系、社会服务体系和劳动保障体系,变部分服务行业的事业型为“社会经营型”,实现第三产业的市场化、产业化、社会化,大幅度提升第三产业在GDP中的比重。

5. 科技创新,跨越发展

社会发展阶段是很难跨越的,但技术进步阶段是可以超前发展的。科技创新和技术跨越是后进赶先进、变传统产业为新兴产业、实现产业结构优化的重要途径。要创造条件,改善软、硬件环境,努力提高本地科技发展水平,增强科技自主创新能力,增大具有自主知识产权产品的份额;同时,积极引进、消化、吸收国内外先进技术,并实现再创新,使传统产业的改造和接续产业的发展有一个高起点、高标准、高水平,达到跨越发展,从而加快产业升级换代的步伐。

二、调整产业发展方向,明确产业发展目标

在上述战略思想的指导下,根据金昌经济社会发展的现实基础和存在的问题,经过对若干专家的意见征询、归纳,提出金昌市产业调整的发展方向和发展目标。

(一)发展方向

金昌市调整产业结构、发展接续产业应该有利于资源节约和可持续利用,

有利于环境优化和生态恢复，达到重工业与轻工业之间、各种所有制成分之间以及第一、二、三产业之间和人与自然的协调发展，有利于缩小城乡差别、工农差别，有利于增加就业和提高人民生活的质量，建设一个以有色金属和无机化工为特色、可持续利用矿产资源、经济繁荣、环境优美、人民生活富裕、全面发展的综合性区域中心城市。

(1)巩固资源产业基础地位，控制资源消耗，合理调配镍、铜、钴等有色金属原材料，延伸产业链，发展深加工，使矿产资源得到合理配置和持续利用。

(2)强化知识和技术的投入，依靠高科技，在改造传统产业的基础上，培育新兴接续产业，发展可循环利用资源的知识密集型和技术密集型产业群，实现产业升级和结构优化。

(3)大力发展以本地资源利用为主的建材工业、轻工业和农副产品加工业，使地方工业和乡镇企业上规模、上档次；积极推进以“一特两化”为特征的现代农业的发展，培育一批龙头企业，努力实现优质农副产品、无公害蔬菜、饲草、肉羊等产品的产业化、市场化。

(4)拓展区内外市场空间和服务领域，加快第三产业发展步伐，建设现代物流、资金流、信息流市场，利用区位和资源优势，逐步形成商贸、餐饮、旅游、通信、教育培训、金融保险、科技服务、中介咨询、房地产、交通运输等产业的合理规模和服务业区域中心。

(5)以生态环境保护和恢复为核心，发展循环经济和环保产业。采取有力措施，遏制自然生态环境的恶化趋势，分不同地理区域建设生态环境保护网络；在产业发展上，改变高耗能、高污染结构，推进行业内部和行业间的循环经济，使有限资源得到有效利用，环境污染得到防治，发展生态工业和生态农业，促进绿色产品、环保产品和绿色 GDP(扣除资源消耗和环境成本后的 GDP)的增长，提高城市产业发展和宜居环境质量。

(二)发展目标

通过 10～15 年的努力，使金昌市三次产业之间和和各产业内部结构实现从量到质的优化，达到产业结构高度化、产品结构新颖化、市场结构多元化、行业结构高技术化、组织结构规模化、就业结构市场化、区域结构特色化。基本完成经济发展方式转变和结构转型，逐步由“速度扩张型经济”转变为“效益增长型经济”，由“资源型经济”转变为能重复使用各种资源的“循环型经济”，由“第二产业带动的重化工型经济”转变为“第一、二、三产业协调带动的综合型经济”，由“环境缺失型经济”转变为“生态型经济”，由“大量投资注入矿产资源初级产品的资本输入型经济”转变为“知识、技能等要素推动型经济”，使依赖本地有色金属资源发展起来的产业结构得到调整，由资源开发造成的环境破坏得到修复，人民生活质量得到提高，城市整体竞争力显著增强，走上可持续的良性发展道路，由此达到经济和社会发展的新的均衡和协调。其中，第三产业增加值占 GDP 比重达到 45%，接续产业的发展由上升期趋向成熟，其产值增加值占工业总产值的比重达 50%，全市城市化率达 75% 左右，人均 GDP 达到 10 000 美元，城乡居民的可支配收入差由现在的 2.6 倍降至 1.5 倍左右，生态环境状况得到较大程度的改善和恢复。基本建成一个现代化的综合性区域中心城市。

三、经济转型和产业结构调整的重点

在我国经济体制和经济发展方式正在发生两个根本转变的情况下，以及受全球经济一体化、知识化、生态化的推动，金昌市为实现经济发展方式的根本转变，应选择若干重点领域，着力调整产业发展方向，集中力量发展接续产业和现代农业及第三产业，以此来带动经济结构和产业结构的优化，获得经济和社会的全面协调发展。

（一）控制有色金属冶炼和压延业规模

资源型城市的经济转型，从本质上来说，就是将现存的不可再生资源的开采和冶炼加工业转向其他产业，减少资源依赖度，从而规避衰败。金昌市的有色金属冶炼和压延加工业在工业产业中占主导地位，造成工业发展对资源依赖度大幅度增加，一方面扩大了资源采掘量，不利于资源的可持续利用；另一方面消耗大量能源，据 2006 年的数据，金昌市有色金属冶炼和压延业的原煤、油料（含汽油、柴油、燃料油）、电力消耗分别占全市规模以上工业消耗的 29.5%、97.3% 和 76.3%，由此造成较大的能源供应和环境压力。因此，金昌市在产业结构调整中必须把过高的矿产资源消耗和有色金属产品的生产规模降下来，由近 5 年的镍、铜、钴产量年均增长 17% 左右，逐渐降至 5% 左右，5 年后逐渐达到零增长甚至适度负增长的水平。在这种情况下，可把近年来发展起来的有色金属采掘和冶炼产能、技术等向省内外和国外转移，将金川集团公司发展成跨地区、跨行业的跨国企业集团，而在本地则把更多的人力和技术投入产业链的延伸，发展中、高附加值产品。

（二）以六大接续产业为重点，推动工业经济升级换代

金昌市传统的资源型产业虽然不会很快萎缩和衰亡，但随着结构性矛盾的日益突出和矿产资源的减少，它的地位将逐步降低。因此，需要用高科技加以改造和提升，延伸产业链，在更高技术水平上获得新的发展，形成多元化的

以知识型、生态型产业为主的接续主导产业，实现工业经济的升级换代。

1. 有色金属新材料和深加工

充分利用现有条件，积极参与国家有色金属新材料西部行动计划和兰白金国家有色金属新材料产业化基地建设，面向光、磁、电三大领域，大力发展新产品系列化开发，研制生产高性能金属功能材料、金属复合材料、金属结构材料，延伸镍铜钴金属材料产业链、贵金属加工产业链、二次电池材料产业链、镍铜钴及贵金属粉体材料产业链；开发生产纳米氧化物和纳米复合材料，在一期纳米镍粉工程建设的基础上，加快产业化进程，建成集纳米材料生产、研究、开发于一体的纳米科技产业园。

2. 无机化工

依托丰富的石油、煤、硫磺等化工资源和金川集团公司不断增加的基础化工原料，切实放大产业的边际效益，开发耗酸、碱、氯的延伸产品，大力发展硫化工、氟化工、油化工和镍钴盐类精细化工，延伸新型化工产业链；围绕煤炭资源开发，进行煤的气化、液化、焦化、联产发电、煤化工产品的开发；围绕两酸、两碱的开发利用，不断壮大化工产业发展，建成我国西北最大的无机化工生产基地。

3. 建材工业

发掘本地的萤石、石灰石、白云石、膨润土、花岗岩石材、陶瓷黏土、紫砂土、石膏矿等非金属矿产资源优势，围绕水泥及制品、新型建筑材料、膨润土产品的深加工、无机非金属材料等积极寻求和探索新的发展项目，发展防水材料、墙体材料、高分子耐火材料、萤石、墙体涂料、彩色瓷砖等装饰材料、石英及膨润土系列产品，并逐步实现产品的深加工。同时，加快水泥生产技术的更新改造，开发道路水泥、油井水泥、高抗硫水泥等特种产品，采用新型干法生产线，提高水泥生产的热效率和大型化、自动化水平，使水泥生产走上科技含量高、资源消耗低、环境污染少的新型工业发展道路。

4. 能源

能源工业在金昌市的经济发展中具有基础地位。今后要在永昌电厂基础上，加大对潮水盆地油气田和西大窑煤矿的勘探和开发力度，加快能源基地建设，争取涩宁兰输气管道向金昌市延伸供气。同时，要利用水力资源和太阳能资源、风能、生物质能，加大清洁能源的开发利用。全市有 10 万 kW 的水力资源蕴藏量，可装机容量 3 万 kW，可在流域沿线发展小水电；金昌市的太阳辐射能、风能及生物质能的可利用度极高，可大力推广使用太阳能热水器、太阳能小型电站、太阳能建筑、风力发电及沼气等。在广大农村和地处边远的牧区等推广使用这些可再生清洁能源前景广阔。

5. 轻工业

在金昌发展轻工业有农副产品和矿产资源开发提供原料的深厚物质基础，有可能尽快把轻工业产品的品种和规模搞上去。除继续深化粮食和食品加工、纺织品、服装、地毯、绒线、木材加工、玉石、玛瑙、水晶及草制工艺品、酒业和矿泉饮料等传统产业的发展外，应着重利用矿产资源开发新材料，以及利用高科技成果发展各种金属制品和非金属矿物制品，如镍箔、镍基合金线材，纳米银抗菌功能纤维、聚脲弹性体材料、镍氢电池、塑料管材、塑料型材、工业防腐塑料制品等。

6. 生物工程与制药

以生物医药产业园为基地，利用与科研院所和大学的合作，开展细胞工程、基因工程、农作物制种、牧草改良、牲畜配种和高产、耐旱、优质、抗病虫害农产品育种等试验研究；推广应用生物技术，发展高科技生物产业和无鼠害草场治理、生物杀虫剂等的生物化工；利用本地丰富的药材资源，研制生产清热解毒、活血化淤、抗风湿及补益类中成药、保健制品。

(三)以绿色农产品和肉羊产业为重点，加快农业产业化进程

目前金昌市的农业种植业和养殖业正在由自然经济向商品经济转变，形成粮 - 经 - 饲结构；农业经济由低效型向高效型转变，形成种 - 养 - 加结构；农村区域资源开发由内向型向外向型转变，形成贸 - 工 - 农结构。为加快这种产业结构的调整，需要进一步以市场为导向，依靠科技，全力扶持“优、新、特”绿色农产品的生产，发展以农产品精深加工为主的龙头企业，把分散的农户组织起来进行集约化生产，并与农产品专业批发市场相结合，延长产业链，形成产业群，推动农业产业化进程。

1. 优质小麦和啤酒大麦

在金昌中部绿洲地区推广种植优质小麦，培育小麦和玉米制种，提高高品质小麦产量，发展种粮大户，发展节水农业和组织标准化、规模化生产；扩大啤酒大麦生产及麦芽加工规模，提高科技含量，促进产业升级。

2. 无公害蔬菜及虹鳟鱼

以冷凉井泉灌区为基地，以胡萝卜、西芹、菜花、黄瓜、青椒、西红柿、西瓜、甜瓜、甘蓝、食用菌为重点，以施用优质有机肥为主，发展无公害精细蔬菜、彩色蔬菜，引进新品种，推广露地蔬菜、大棚蔬菜和设施农业、节水灌溉新技术，组织标准化生产，形成产、供、销股份制公司，拓展区内外市场，达到能周年均衡生产供应。以永昌得天独厚的条件，发展虹鳟鱼养殖。

3. 草产业和沙产业

按照粮－经－饲产业结构规划草产业的发展。在河灌区依托国有农场、专业公司、专业大户发展商品牧草，依靠科技改良牧草品种；在井灌区大面积种植优质紫花苜蓿，把牧草种植与退耕还林还草及流域治理紧密结合起来，建成种－养－加、贸－工－农一体化的多层次、高效益草产业经济联合体。草产业产品除供应本地畜禽饲料需要外，还可以高密度草捆、草粉和苜蓿草颗粒产品向外出口。在金昌北部沙荒地，把治沙和产业发展结合起来，发展沙产业，如种植黑麦草、柠条、枸杞、苜蓿、胡麻等，推广种植文冠果树、发展生物能源。

4. 肉羊产业

以规模养殖为龙头，以新西兰波得代、陶赛特优质肉羊品种为依托，推进与小尾寒羊的杂交，及时更换品种，运用杂交改良技术，实现父本纯种化、母本良种化、杂交品种一代化；配合推进舍饲养殖、异地育肥等措施，促进养羊业由粗放经营向集约化转变，由传统放牧向科学养殖转变，提高羊种优良化程度和产出水平。以"公司＋基地＋农户"等形式发展规模化羊产业，生产加工系列羊肉产品，打出特色品牌，并发展羊毛、羊皮加工等轻纺业和羊骨、羊杂、羊血等生物制药业。

（四）加快第三产业发展，建设服务业区域中心

第三产业是衡量现代社会经济发达程度的重要标志，是促进经济结构优化、提高经济增长质量、满足人们不断发展的物质和文化需求、缓解资源和资金供求矛盾、扩大劳动就业的重要途径，也是工业化社会向后工业化转型时期必然被带动并迅速发展的产业。

1. 大力推进传统服务业

在商贸、餐饮、运输和生活服务等领域着力培育一批大型现代化物流配送企业，建立日用百货、服装、饮食、建材等大宗商品的专业化、标准化加工配送中心，形成功能齐备、业种齐全、网点配套、方便迅捷的连锁经营体系。充分发挥区位、仓储、运输和市场优势，整合物流资源，建立规模化运作的市场体系。通过打开农村市场和区外市场以及改变大型企事业单位生活服务的事业型和福利型性质，实行社会化服务，进一步扩大传统服务业市场。

2. 积极发展知识型服务业

休闲旅游业的发展在金昌有特有的人文及资源优势。利用历史文化古迹唐代圣容寺塔、汉明长城、金川寺塔、明代钟鼓楼、北山岩画、云庄寺风景区、具有传奇色彩的骊轩遗址、乱墩子汉墓群以及西大河峡谷、戈壁、大漠、草原、森林等自然景观，打造人文历史景观与自然风情相融合的观光游和探险游；同时开放金川集团公司，开发中国最深矿坑——深达 310 m 的金川露天镍矿坑人文景观，组织工业游及镍都文化游，开发城市资源要素，展现城市文化特色，使金昌成为全国乃至世界都叫得响的河西走廊整体黄金旅游线路的重要组成部分。

其他如信息业、咨询业、技术服务、教育培训、房地产、法律服务、会计服务、中介服务（资产评估、行业代理等）等新兴产业都有很好的发展前景，应加以推动，加快发展。随着工业化程度的发展和人民生活水平的提高，都为这些新兴的知识型服务业的发展提供了广阔市场。

3. 规范和拓展金融业和保险业

抓住金融业这个推动经济发展的重要环节，充分发挥金融机构在资金筹措、吸储、转借、信贷等方面促进资金流动的功能。加强金融监管，创造良好的金融环境，规范信贷投向监测，防范信贷风险；树立贷款营销意识，强化贷款营销措施，拓展信贷市场，扩大农村小额信贷范围和对民间消费贷款的支持；在银行、企业和政府间搭建沟通联系的信息平台，进一步增加信贷总量，优化信贷结构，加大对经济发展的支持力度；加强利率管理，维护正常的利率市场，推进利率市场化进程；在银行业内部进行股份制改造，克服产权制度缺陷，形成完善的法人治理机制，实现产权多元化；提高银行资本运作的透明度，加强内控机制和资产质量管理，降低不良贷款占比，提高资本充足率；强化管理和服务意识，提高服务水平和服务质量；严格执行金融机构市场准入和退出规程。

保险业是完善社会保障体系的重要组成部分。随着体制改革的深入，金昌市的社会保险、养老保险、失业保险、医疗保险等业务都将得到迅速发展。问题是需要规范保险市场，完善保险费征缴和欠费清理评估的规程；加大对费源的监控力度，在地税、社保、医保、财政、银行等有关部门之间建立相应的工作约束和考核机制；积极推进现代化管理手段，为投保人提供快捷、高效的服务；同时要加大宣传力度，提高全民的参保意识，扩大险种，进一步使保险业获得拓展。

（五）强化生态环境建设

金昌市生态系统较为脆弱，自然环境恶劣，在工业尤其是有色冶金业快速发展的过程中，环境污染“存量”急剧增加，而“增量”又得不到有效控制的情况下，为保证经济社会发展不超越“环境容量”范围，使产业结构调整与生态环境承载力相适应，加强重点生态功能区的保护和建设、加大环境污染治理力度是必须长期坚持的一项重点任务。

1. 保护和恢复祁连山林区生态系统

祁连山水源涵养林是金昌乃至河西走廊可持续发展的重要支撑。要把祁连山生态与整个河西走廊联系起来，近期开发与长远建设密切结合，标本兼治。坡度25°以上的现耕地一律退耕还林还草、封山育林，严禁林木采伐和过度开垦，适宜禁牧的草原必须禁牧，适宜轮牧的草原要有计划轮牧，改变依靠天然牧场的放牧为舍饲养殖，草场围栏，逐渐恢复草原植被，以不断提高祁连山中部森林涵养水源能力。同时，限制祁连山自然保护区内的人口数量，实行生态移民；开展祁连山森林生态群落、草场恢复和生物多样性的调查研究，有计划、有步骤地恢复祁连山森林植被和野生动植物资源。

2. 在中部绿洲大力发展节水农业，建设农田防护林体系

根据中部绿洲独特的地理条件，高效开发和合理利用以水土资源为核心的农业资源，限制现有耕地面积扩大，按照不同地理特点制定农业区域规划，充分利用多熟种植、测土配方施肥、生物调节、水肥耦合、改变耕作方式等发展生态农业和节水农业，增大河流向下游输水能力和地下水含量；积极利用甘肃省河西走廊百万亩高效节水灌溉农业项目，抓好永昌县“百里生态长廊工程”，用9年时间建成集造林绿化、高效农业、节水灌溉于一体的生态示范区。同时，完善和建设农田防护林体系，实现农田林网化，在绿洲外围建立集固、阻、防于一体的防风固沙屏障，遏制风沙危害。

3. 建设绿洲型生态园林城市

以城市可持续经营为目标，以人与自然和谐相处和国家生态园林城市指标体系为依据，制定金昌生态园林城市建设规划，合理划分和配置城市绿化与物种资源；以治沙、造林、复草、净气四大工程为重点，在城市周围建设高标准农田林网和生态防护林带，选择耐旱、耐瘠薄、抗污染树种，乔灌草结合，增加植物群落稳定性和生物多样性；大力营造符合市民休闲、观光旅游、适宜居住的城市园林景观，利用城市中水完善金水湖和西湖景观，扩大湿地面积；以市区道路为骨架，以单位庭园、居民小区为绿化、美化点，形成城市绿地系统，将乔、灌、草、花等植物因地制宜地配置在一个个群落中，有复合的层次，有相宜的季相色彩，相互协调，各得其所，达到人文景观和自然景观的有机结合，美化生活环境，净化被污染的空气，提高城市品位和档次。

4. 加快北部沙荒地治理，恢复沙区生态

遵循科学治理原则，宜林则林，宜草则草，宜牧则牧，宜荒则荒。在宜林区域培育适合本地气候环境和水土要求的旱生、超旱生乔木和灌木，控制林地覆盖率，以防止地下水分的加速抽吸；在宜草区域选择宜生牧草和经济林，发展

沙区草产业和沙产业，同时依靠天然植被的自然恢复力，增加沙区原生植被覆盖度，禁止过载放牧，严禁垦荒造田破坏沙区地表；积极推进“三北”防护林建设四期工程和芨芨泉保护区生态工程，对重点风沙口实施生物和工程治理，遏止沙进人退趋势；限制沙生灌木中心区人口增长，有计划地开展生态移民，以减轻荒漠区人类活动对沙漠化扩大的影响；加强沙漠化发生发展规律和综合防治措施的研究，实施积极防护，促进沙荒地旱生、超旱生沙地生态系统的恢复。

5. 综合治理环境污染

一是要加大大气污染防治力度。以 SO_2 污染治理为重点，完成金川集团公司硫酸挖潜改造和 SO_2 烟气网络配气系统建设，应用烟气脱硫、脱氮工艺，提高硫资源利用率；积极推进热电联产、余热余压利用和油气替代等节能工程，发展集中供热网效能，减轻燃煤污染；创造条件在企业推进清洁生产，逐步做到从源头控制污染物的产生，使生产末端处于无废或少废排放状态，最终达到工业废气的近零排放；对全市重点工业污染源实行在线监控，确保各类环保设施正常运转。二是研究推广工业用水循环利用途径，提高重复用水率，对工业废水和城市生活污水进行集中处理，严禁污水排入河道或直接用于农业灌溉，开发中水利用，增加城市生态用水。三是以无害化、资源化为方向，强化固体废弃物污染防治。发展尾矿砂、冶炼渣、粉煤灰等的综合利用和资源回收产业，对城市垃圾进行无害化处理，提高资源循环利用率；加强医疗废弃物和放射源的管理，摸清其产生、处置、贮存和利用情况，进行动态管理和集中处理。四是做好农村环境的综合治理，包括农村饮用水源地保护、畜禽养殖污染防治、科学合理使用农药和化肥、控制面源污染；推广沼气使用等农村新能源，促进人、畜排泄物和生物质等的资源利用，清洁农村环境。五是通过管道建设工程和湿地围栏保护等措施，对金川河流域进行综合治理，防治上游水源污染，保障城市饮水安全。

第四节　采取积极有效措施，努力塑造和谐金昌

构建社会主义和谐社会，是我党在中国特色社会主义事业发展到一个关键时期提出的一项战略任务，也是金昌市转变经济发展方式，实现可持续发展应该达到的奋斗目标。要实现这个目标，以金昌市自身的特点，既存在发展机遇，也面临严峻挑战。为此，就必须针对存在的现实问题，认真研究和落实积极有效的政策措施，切实加强观念、制度、体制、知识、技术、管理、人文环境等

社会要素的变革,建立起符合经济社会和谐发展规律的长效运行机制,拓宽经济转型和塑造和谐金昌的发展途径与条件。

一、塑造和谐金昌,必须切实贯彻科学发展观

综观金昌市的经济社会发展过程,可以看出,虽然在产业的多元化发展方面出现了较好势头,但支配其发展的仍然是一种单纯的经济增长观。这种传统的发展观,把发展简单地理解为经济的无限增长。尽管金昌建立起了一个新兴的工业化城市,但它带给我们的是人与自然矛盾的激化,例如水源短缺、资源消耗、环境污染、生态恶化以及经济结构、产业结构的重重矛盾,从而有可能造成种种社会危机。这些矛盾的不断激化就已经在促使我们反思:在传统的单一经济增长观指导下经济社会发展还能走多远?在传统发展观及发展模式的熏陶下,人们形成的思想观念、行为方式还能不能适应未来城市可持续发展的要求?因此,金昌市要实现经济发展方式的转变和可持续发展,首先要解决的就是思想观念的转变。不仅高层领导的观念要转变,中层领导干部的思想观念也要转变,而且要围绕科学发展观,通过各种方式方法,向城乡广大干部群众普及有关知识,明确"增长不等于发展"、"富裕不等于幸福",我们所赖以发展的镍、铜、钴资源不是先辈留给我们的"遗产",而是我们正在消耗子孙的"租金"。要引导广大干部群众正确认识人与自然的和谐发展是人类社会中其他各种和谐关系的基础和条件,要用新的思想、新的观念、新的知识改变传统的思维方式、生产方式、生活方式,并使之成为广大干部群众贯彻科学发展观的自觉行动。其中要突出解决的是以下几个观念的转变。

(1)经济发展的立脚点从资源耗竭型转向知识、技术、智力推动型。自然资源特别是矿产资源无论怎样丰富,随着不断的开采利用终将走向枯竭,而知识、技术、智力等社会资源是可以复制、不断增长的无限资源,通过积极培育和聚集,转化为生产力,就成为新的经济增长点和经济发展的立脚点,从而对经济发展产生可持续的强力推动。

(2)树立绿色经济发展观。即生产发展不能以破坏环境为代价,要注意经济增长中的生态安全,保持水源涵养林、土地、地下矿产、各种动植物种群和大气环境的生态平衡,以利于资源的可持续利用、经济的长期稳定增长和人民生活质量的提高。

(3)从经济的单程式发展转向全面协调发展。金昌以镍、铜、钴资源产品占绝对主导地位的单程式经济发展,虽然带来了 GDP 的高速增长,但已经形成了畸形的经济结构,产生了对社会进步的阻碍。只有改变这种状况,把依靠

资源消耗获得的过高的GDP增长速度降下来，走多元化、全面协调发展的路子，才能从根本上达到经济的长期稳定发展和促进城市的持续繁荣。

二、塑造和谐金昌，必须创新体制和转变发展机制

金昌市在经济转型中现在仍然存在的许多结构性矛盾和问题，其根源在于没有摆脱传统工业化发展道路的影响，计划经济时期遗留的体制、机制仍在经济运行中发挥作用。如把产值的增长作为政府和企业的主要职能和衡量“政绩”的主要标志，政府部门对微观经济干预过多、稀缺资源配置的权力过大，劳动力、自然资源和资本等生产要素价格严重偏低等。其结果只能造成资源过度消耗，生态环境进一步恶化，经济发展粗放化，产业结构及所有制结构的单一化。因此，要保证金昌和谐协调的科学发展，必须从体制创新、转变发展机制入手，积极营造适合于经济转型和社会和谐发展的良好制度环境。

（一）深入开展行政管理体制改革，转变政府职能

在社会主义市场经济条件下，政府的主要职能是经济调节、市场监督、社会管理和公共服务。政府管理要由经济建设型转向公共服务型，由无限权力转向有限职能，由微观指挥决策型转向宏观协调型。为此，政府应逐步从竞争性领域撤离出来，摆脱对微观经济活动的全面控制和过度干预，避免人为地制造各种各样的“政治租金”和“经济租金”；政府不直接介入市场经济活动，但要创造良好、公平的市场环境，正确处理政府与市场关系，不利用权力、人际关系搞竞争；充分利用市场机制优化资源配置，增加竞争性，维护和保证公平竞争的统一市场；克服政策缺陷，有效解决财政转移支付和地区间公共产品、公共服务的差异性，提高民生服务质量和效果；鼓励公民、社会组织参与公共事务，提供有效的参与渠道，关心弱势群体共享经济增长的成果，以人为本，建设和谐社会；改革政府机构，裁减冗员，精简繁杂的日常事务，提高公务员素质，从“人治”转向“法治”，从不透明转向政务公开，消除政府干预过程中的“寻租”现象，使政府工作高效、廉洁、开放、透明；确保工作人员廉洁以及各部门、各级政府依法行政，对违规违法部门和人员进行有效处理，有错必纠，有法必依，惩治腐败。

（二）推进国有企业改革，理顺地企关系

金昌市的国有企业在经济发展中占主导地位，特别是大中型国有企业至今仍隶属中央或省政府，这种计划经济时期遗留下来的特有现象往往造成地企关系的不协调。城市功能在企业范围不能有效发挥，政府难以帮助企业实现转型；企业又难以对城市经济发展充分发挥辐射带动作用，公共事业管理的

包袱却越背越重;企业发展难以列入城市发展新环境,城市管理也因体制问题不能做到地企统筹,严重制约了城市的协调发展。因此,必须加快国有企业改革进程,同时理顺地企关系。

国企改革在金昌市已经创造了较为成功的经验,但改革仍然是不彻底的、不深入的。关键是要以产权制度为核心,积极推进股份制改造,实现产权清晰、责权明确、有独立经营权的企业法人治理结构,实行政企分开和科学管理的现代企业制度。要有效促进大中型企业吸收境外和各种所有制成分的资本,优势企业"强强联合",相互合作参股,优企先股、强企控股;制定企业管理人员和员工参股政策,使员工真正成为企业的主人,劳动和资本收益共享化;创造条件鼓励绩优企业上市发展,发行新股,减持国有股,规范股份制改造。对中小型国有企业,要通过改组、联合、兼并、租赁、承包和出售等多种形式实施规范化改制,鼓励由各类资本组成的股份制企业控股或购买国有中小企业,重组企业转入非公经济发展轨道,建立新的产权制度,同时深化企业内部改革,建立技术改造和企业管理的创新机制,为企业提供经营自主性和市场化发展的制度保证;对破产企业完善职工分流、安置和生活保障措施,积极支持二次创业;加快国有企业主辅分离、辅业改制进程,利用非主业资产、闲置资产和关闭破产企业的有效资产,把企业公共福利事业和城市管理职能从企业中剥离出来,改制或创办面向社会的独立核算和自负盈亏的法人经济实体,企业办的学校、医院、保安等机构交市政府统一管理。通过国企改革,使企业地位与地方政府的关系各得其所,由此理顺地企关系。

(三)全力推进民营经济的发展

至2007年,我国广义民营经济占国民经济的比重已超过65%,国民经济增量中民营经济占70%~80%,民营经济提供的就业机会占城镇就业比重的70%以上❶。民营经济的发展对支持经济增长、转换经济结构、增加就业、促进城镇化发展和社会和谐等方面的作用是不可低估的。在金昌要加快民营经济的发展,必须从转变企业管理体制和陈旧的经营观念入手,改变对民营经济在市场准入、投融资、税收、安排下岗失业人员、土地使用和对外贸易等方面的歧视性待遇,认真落实民营经济享有的各项优惠政策,保护民营企业的合法权益,对民营企业的股份制改造和现代企业制度建设等给予指导,充分发挥民营经济在发展产业链上的最终产品、农副产品资源转化、大企业配套产品、房地产、物流配送、社区服务、信息服务等领域的重要作用,着力提高民营经济在经

❶引自《21世纪经济报道》,2007年12月28日。

济发展中的比重。

（四）适度的产业调整和援助政策

对有利于结构优化和经济转型的新兴产业给予支持和政策倾斜；鼓励耗资源、高能耗、高污染、效益差的传统产业停产或转产，对其经济损失给予适当补偿；对符合经济转型要求的新兴产业在基础设施建设、贷款、引进技术和人才等方面提供优惠条件；对骨干企业的技术改造给予财政贴息、直接投资或税收利润分配上的留成，增强其延伸产业链的自我调节能力；有选择、有步骤地诱导外地企业进入金昌发展，给予土地利用、所得税减免等方面的优惠；鼓励大中型企业的技术、资金、人才向乡镇转移，创办骨干企业外延产品或配套产品的新企业，管理和技术人员可保留城市户籍及原企业工资待遇。

建立资源开发补偿机制[7]，一是要推进资源价格改革步伐、切实建立起反映市场供求、资源稀缺程度、污染损失成本和代内与代际公平成本补偿的价格形成机制，制定并实施有利于资源节约和生态安全的财税政策；二是推进资源税费制度重构，以矿产资源的有偿使用为前提，确立矿业的基础产业地位，提高资源所有者及城市建设和当地居民的价值补偿；三是提取企业年销售额的一定比例设立"资源企业可持续发展基金"，由政府统一监管使用，用于企业技改和研发或城市环境污染治理，使资源开发的外部成本在内部合理化；四是对资源型企业因产品价格的短期巨幅波动而获得的暴利，设立特别收益金，由政府财政专项支配，用于企业开拓市场和新产品开发。在目前国家没有出台有关政策的情况下，金昌市应积极争取成为建立国家有色金属资源开发补偿机制的试点城市。

（五）建立和完善开放、竞争、有序的市场体系

目前，无论省内还是国内都在加快步伐向经济全球化和区域化方向发展，把本地的经济发展和产业结构置于内外两个市场的大环境中，接受检验，从而变本地区的资源优势为经济优势。对金昌来说，营造这样一个开放、竞争、有序的市场体系，有利于发挥市场机制对资源配置的基础作用，引导产业结构的高速转换、优化和升级。首先，应该有一个完善的社会信用体系，规范各种合同的履约，形成健全的诚信网络；其次，要完善市场中介组织，使之成为规范市场秩序的主要力量；再次，要加大执法力度，运用经济、行政和刑事处罚等手段，严惩失信和犯罪行为；最后，严格市场监管，推进公平准入，通过行政监督、法律监督、舆论监督和群众监督，防止市场失灵，改善经济调节，营造安全、高效、相互关爱、诚信的社会氛围，从而形成结构合理、功能完善、运行规范、监督到位、调节有序的社会主义市场体系。

三、塑造和谐金昌，必须实现产业集聚和协调，增大产业关联度

经济社会的科学发展要求区域经济的协调和产业集聚、结构优化，以此来推进城镇化、产业化、集约化和提高产业关联度，发挥地方经济的增长极效应，达到经济社会的持续、健康和协调发展，这是金昌市作为资源型城市实现经济转型及和谐发展的关键步骤。针对金昌的发展基础和现实情况，应从以下几个方面增强产业集聚和协调发展力度，以发挥资源富集优势，形成产业特色，促进城乡和谐发展。

（一）强化“一线三点”经济带

经过多年发展，金昌市已经初步形成了以金（昌）永（昌）公路为轴线，以金川、河西堡、永昌为节点的“一线三点”经济带，该经济带全长约 40 km，集中了全市经济总量的 91.5%，在这个经济带上发展出了三个各具特色的经济区。

金川经济区：依托有色金属和化工两大产业的资源优势，以镍、铜、钴产品深加工为基础，进一步做大做深加工业，大力发展新材料产业和高新技术产业，建设国家级新材料产业化基地和化工基地，延伸产业链，增强产业关联度，为发展循环经济，实现资源节约和互补、产品互供、公共工程和科技要素共享，推动产业联合和企业扩展，提高企业内在竞争力创造了良好基础。

河西堡经济区：紧紧围绕化工、能源、建材、黑色冶金等产业基础，整合资源的优化配置，有利于形成资源互补利用的生态工业产业群，并可利用该地区的区位优势，加强城镇基础设施建设和现代物流业体系建设，有利于促进核心经济带的全面发展。

永昌经济区：依托位于绿洲地带的地理优势和农副产品加工业相对集中的产业特色，积极发展绿色经济，以啤酒麦芽、优质肉羊、专用面粉和蔬菜加工等龙头企业为骨干，组织相关农户，发展规模化经营，推进“一特两化”进程，形成特色农产品深加工基地和流通集散基地，有利于促进城乡协调发展。

今后，要进一步强化“一线三点”经济带的建设，统筹布局，增强产业聚集度和关联度，使三个经济区形成各具特色，又相互联系的一个整体，成为金昌市经济社会发展的核心区（带），从而为全市全面、协调和可持续发展提供强有力的支持。

（二）加强工业园区建设[8]

工业园区是聚集生产要素、优化整合资源，发挥辐射、带动作用，引导产业链延伸和接续产业发展，提升经济实力的有效载体。建设好以开发区为基地

的各类工业园区,对金昌的经济转型和产业结构调整将起重要的示范带动作用。

一是要完善园区电力、交通、通信、供排水和生活、市场、文化教育、培训、金融等基础设施;围绕合理布局产业、防治污染和环境优化的要求,规划园区道路和生产区、办公区、生活区,逐步形成以工业企业为主,辅以第三产业的格局;加强环境绿化、美化和“三废”治理,使园区成为一个服务功能较完善的新区。

二是园区内的企业应具有互补性和内在联系,便于建立和发展企业网络,形成相关或类似企业的集聚,以有利于在园区实现专业化分工协作,在生产、研发和市场营销中,开展有效的技术、知识、信息和产品交流,形成资源可互补利用的企业生态系统,发挥产业关联效应,发展资源节约型和环境友好型循环经济,从而获得单个企业无法获得的竞争优势;抓项目和招商引资必须符合园区产业发展要求,并以园区产业特点和资源优势为基础,做好项目的可行性论证和环境评估,完善各项配套服务和原材料的稳定供应,拓展良好的企业发展空间。

三是要指导园区企业制定发展规划,强化对企业经营者的培训,开阔企业经营者的思路,增强发展意识和创新意识,提高经营管理水平;按现代企业管理制度,引导企业以资本、技术、管理为纽带,加快企业发展,形成龙头企业和产业群,创出名牌,增强企业市场竞争力。

四是建立园区科技创业服务中心,为企业提供成果中介、技术孵化和中试服务,发挥工业园区的孵化器作用和辐射、带动功能,引导园区企业的成熟技术和产业链向区外延伸或由区外企业提供附属配套产品,共同推进主导企业的产业规模。同时,通过技术、资金和管理的辐射,带动城乡经济发展。

五是通过建立新兴支柱产业发展基金、高新技术产业创业风险基金、高新技术项目储备等方式,建立和完善有利于技术发展和技术创新、发展新接续产业的科技创新环境,不断壮大高新技术产业规模和实力。

(三)推进新农村建设和城镇化进程

在金昌有较高工业化水准的基础上,不失时机地加强农业产业集聚,推进新农村建设和农村城镇化进程,以改变农业生产方式、转移农村劳动力,提高农业组织化程度和农民收入,推动金昌城乡经济的全面协调发展。

(1)以农业产业化、集约化推进新农村建设和农村城镇化。以农产品资源优势和特色农业为依托,引导种植业和养殖业向种粮大户、养殖业大户方向发展,建立农村土地经营权流转平台,以土地入股等方式促进土地合理流转,增强农业组织化程度，形成规模，集约化经营，同时发展农副产品加工业，转移农村富余劳动力到工业企业就业。这样，不仅提高了种植业生产水平，还可利用工业成果反哺农业，提高农民收入，为城镇化发展提供基础。

(2)优化农村工业经济布局，发展城镇规模。要以县乡城镇和工业园区作为农村工业企业载体和发展平台，逐步聚集各种生产要素，提高产业集中度，形成城镇的技术、信息、市场等公共资源共享链。完善城镇基础设施，增强综合服务功能，提高农产品商品化、市场化程度，增强吸纳产业和人口的能力，发挥规模效应，吸引农民向城镇集中，或加入乡镇企业成为工人，或从事第三产业，提高城镇凝聚力、辐射力和带动力，发展城镇规模。

(3)消除各种体制性障碍，鼓励农民进城务工或创业。改变城乡分割的户籍管理制度，取消对农民工的歧视性、限制性政策，降低农民进城落户门槛，建立城乡劳动者平等就业制度，在子女教育、就业和社会保障、公共服务等方面制定相应配套政策，使进城务工农民享有与城市居民同等待遇，形成有利于农村劳动力向城镇转移和创业的良好环境。

(4)培训农民，提高农民素质。农村的贫困归根到底是智力贫困，农业的落后归根到底是农业生产力的落后。要改变这种状况，根本的出路在于加强对农民的培训，提高农民的知识和技能掌握水平，使农业经济增长方式由体力经济向智力经济转化。县(区)乡各级政府要加大投入，采用各种方式，有计划、有重点地实施农民培训计划。培训内容包括科学文化知识、种植业和养殖业技术、专业技术、科技信息获取及传播和利用技术、现代经营管理、市场规则和职业道德准则、卫生健康防疫知识等。培训方式要坚持学用结合、理论联系实际、教学与示范结合、学帮带结合的原则，采用多种途径进行。一乡一村要找准突破口和重点，因地制宜地把培训农民的工作切实放到重要位置。

(四)抓住产业集聚和城镇化发展的有利时机，大力发展第三产业

第一、二产业的相对集聚和城镇化建设进程的加快以及人民生活水平的提高，为第三产业的发展提供了广阔空间。应抓住这个有利时机，动员各方面的力量，以各种形式兴办第三产业，建设服务业区域中心。

(1)为创办第三产业提供宽松的发展环境。加强领导，在全市形成大力发展第三产业的舆论氛围和市场空间；进一步改革商贸、餐饮、供销、粮食、外贸、物资等企业体制，增加非公经济成分，完善劳动分配制度；改善法制环境，放宽第三产业准入门槛，规范市场秩序。

(2)动员社会力量兴办第三产业。鼓励私营企业、个体户、城镇下岗失业人员、农村富余劳动力在服务业各个领域施展才能，并在小额贷款、场地租用、税收减免等方面提供优惠政策,使生活服务、社区服务、餐饮、商贸流通、教育培训、咨询、中介等服务业延伸到城乡各个角落。

(3)国有企事业单位的公共福利事业一律实行企业化、社会化管理。中小学、医院、后勤服务等尽快从企事业单位主体中剥离出来,实行单位法人管理、独立核算、自负盈亏,除继续为原企事业单位职工提供服务外,还要面向社会,扩大服务领域,提高服务质量。

(4)吸收外来资本,扩展第三产业。从20世纪90年代中期开始,发达国家产业结构由以制造业为主转向以信息技术为核心、以第三产业为主,金融、保险、咨询、通信等服务业大量向外转移,对外服务业投资已占对外总投资的60%以上。因此,这是一个有利时机,可通过招商等办法,吸收外来资本和成熟的管理经验,到金昌创办第三产业,特别是应用信息技术的智力型第三产业,可独资或合资经营,提高第三产业发展水平。

(5)建设服务业区域中心,拓展第三产业发展空间。利用金昌的区位、资源、镍钴铜产品和特色农副产品的优势,积极建设物流、信息流、资金流服务网络,打破企业各自发展格局,以资本为纽带,通过资产重组,合理配置资源,组织若干个规模较大、运行规范、设备完善、服务周到、交通便利的专业市场,促进区内外的物资、商品、信息、资金流通,并向国际市场拓展,逐步形成服务业区域中心。

四、塑造和谐金昌,必须突出科技与教育,着力提升城市创新能力

当前,金昌市的发展正处于从中等收入水平向高收入水平过渡期,从资源型城市的转型要求和经济发展的驱动机制来看,正在由不可持续的"矿产资源开发"战略转向知识和技术发展战略,逐渐进入由主要依赖资本投入的"投资驱动"向主要依赖技术投入的"创新驱动"转变。今后10~15年正是金昌实现经济发展方式根本转变,完成全面小康及和谐社会建设的关键期,也是全面提高教育水平和发展科学技术的战略机遇期。因此,突出科技和教育,全面提升人的科学及文化素质和城市创新能力,就成为一项重要的战略支撑。

(一)重视教育和人才培养

在金昌,不论是在城市还是乡村,人力资本存量的增长将主要依赖于教育因素。通过进一步加强基础教育、职业教育和大规模的人力资本投资和有效的劳动力流动,努力建设一支宏大的高素质人才队伍,把培养高层次人才和紧缺人才作为工作重点的同时,注重人才队伍建设的整体推进和人才工作的协

调发展，才能为经济转型和实现可持续发展，建设和谐社会，提供坚强的人才保证和广泛的智力支持。

1. 金昌市的人才需求

第一，高层次的三类人才。即高素质的公务员队伍：一批忠诚中国特色社会主义事业，德才兼备，具有开拓精神和管理协调能力，作风正派，立志为金昌的经济转型和可持续发展服务，团结群众、艰苦奋斗的政府工作人员。优秀经营管理人才：一批具有现代企业管理知识和现代化经营管理水平，熟悉国际国内市场，战略开拓能力强，懂得市场经济运作规则的优秀企业家。各领域的高级科技专家：一批在有色金属、能源化工、新材料、农牧业和生态环境等领域，具有科学精神、创新能力强、科技成果处于国内甚至国际前沿水平的科技人才。

第二，熟练的技术工人队伍：具有本行业、本专业基础知识，有较高的技术操作能力，钻研精神强，能运用和吸收新知识、新技术进行技术革新，安心在本行业埋头苦干的各企业中的技术骨干。

第三，农村科技人才：在农业、牧业、林业、医疗卫生等领域，具有较高知识水平和技能，能适应农业产业化发展需要，开展技术推广、科技示范、治病防病、咨询服务的农村科技人员以及中小学教师。

2. 树立大教育观和大培训观，加强基础教育和职业教育

在提高全民思想道德素质、科学文化素质和身体健康素质的基础上，坚持学习与实践相结合，培养与使用相结合，重点培养人的学习能力、实践能力和创新能力。

一要按照“三个面向”的要求，加强和改进基础教育：强化政府责任，加大教育投入，重点扶持农村学校和薄弱学校，改变城乡教育的不平衡状态，在“普九”的基础上，全面普及高中教育，以素质教育为重点，着力提高教学质量和教育水平。

二要大力加强职业教育：适应经济转型和产业结构优化的要求，以企业和农村经济发展的需求为导向，扩大职业教育的专业设置和办学规模，5 年内使普高生与职高生的比例达到 1:1。

三是筹建 1~2 所高等教育院校：充分发掘本地大企业的人才优势，发挥高等院校作为人才培养重要基地的作用，创办一所以有色金属材料和无机化工为重点的综合性科技大学和一所以培训高级经营管理人才及高级技术应用人才为重点的职业培训学院。

四要整合教育资源：打破现有成人教育、普通教育、职业教育之间以及各

类办学机构之间各自为政的局面，优化整合各种教育资源、文化资源、学习资源，完善教育培训网络，形成具有高度开放性的教育大系统，构建全民终身教育体系，促进学习型社会的形成。

3. 深化人才制度改革，选好用好人才

贯彻尊重劳动、尊重知识、尊重人才、尊重创造的方针，以公开、平等、竞争、择优为导向，建立有利于优秀人才脱颖而出、充分施展才能的选人用人机制。以扩大民主、加强监督为重点，进一步深化党政干部选拔任用制度改革；以推进企业经营管理人才市场化、职业化为重点，坚持市场配置、组织选拔和依法管理相结合，改革和完善国有企业经营管理人才选拔任用制度；以推进法人代表负责制、聘用制和岗位责任制为重点，深化事业单位人事制度改革。

4. 完善分配激励机制

坚持按劳分配为主体，多种分配方式并存的分配制度。制定效率优先、兼顾公平，各种生产要素按贡献参与分配的指标体系，建立符合各类人才特点，体现工作业绩、鼓励创新的分配激励机制，增加津贴性工资收入；在企业可建立技术入股、技术革新和超产提成等激励机制；坚持奖励和惩戒相结合，奖罚分明，实现有效激励；建立健全人才保障制度，包括机关事业单位和企业的社会保障制度、重要人才国家投保制度、人才流动中的社会保险衔接办法以及福利货币化、生活待遇的改善等。

5. 制定优惠政策，引进人才

利用引进外来项目和技术，与科研院所、大学合作开发等机会或按项目需要进行招聘的方式引进外来人才。可在工资待遇、住房和生活补贴、提供项目启动资金和良好的工作条件、技术入股、来去自由等方面实行特殊政策，使外来人才能安下来、留得住。

（二）推进科技发展和创新

在未来金昌的城市发展中，随着生产对技术依赖性的增强，技术劳动在经济增长中的重要作用日益显现出来，知识和技术将最终成为决定经济发展的根本支撑。因此，必须做好以下几个方面工作，努力推进金昌市科技发展和创新。

1. 深入科技体制改革，创新科技发展机制

进一步发挥政府在科技发展中的引导和协调作用，建立科学的决策机制和相对集中统一的科技管理体制，加强对科技政策制定、科技立项、科技计划实施和科技基础设施建设的统筹；扶持公共科技领域及技术市场的发展，促进成果转化；发挥市场配置资源的基础作用，建立全市部门之间科技资源统筹的

协调机制，切实提高资源整合、组织重大科技活动的能力；加强知识产权保护和专利事务的管理及服务，设立专利申请专项补助资金，鼓励并推动技术创新活动；在相对独立的科技研发机构实行开放、流动、竞争、协作的市场化运行机制，赋予法人单位责权，既自主治理，又高度整合；改革科技成果评价和奖励制度，以公开、公平、公正原则，完善同行专家评审机制，建立评审专家人才库，加强对评审过程的监督；以激励创新为目的，针对不同性质科技工作，建立成果和人才的评价指标体系；完善和健全《金昌市科学技术进步奖励办法》，突出政府科技奖励重点，在对科技成果及项目奖励的同时，注重对人才的奖励，扩大奖励范围，提高奖励强度。

2. 建设以企业为主体的城市技术创新体系

知识与技术创新的源泉在企业，知识与技术成果的推广应用也在企业。要充分认识和加强企业在技术创新体系中的主体地位，把企业的创新发展切实引导到依靠知识和技术创新的轨道上来，所有大中型企业都要建立本企业技术中心，并加强对技术创新的投入，以努力提高企业自主技术创新能力；加强市属科研机构和工业园区科技开发机构的建设，在冶金新材料、能源化工、农牧业科技、防沙治沙等领域建立若干个重点实验室、试验站或工程技术中心，以形成具有本市特色的科技研发力量，同时加强与国内外科研院所、高等院校的合作，在科技创新活动中形成产学研相结合的长效机制；培育和发展社会化、网络化科技中介服务体系，积极促进和扶持科技咨询和评价机构、生产力促进机构、信息传播服务机构的建设，建设并维护好科学数据公共平台、科技文献资源共享平台、科技信息网络环境平台、成果转化公共服务平台等，使知识和技术创新成果能获得迅速扩散和传播，以降低创新成本、化解创新风险，促进科技成果产业化；充分发挥政府在技术创新体系中的管理、引导和协调功能，以保证技术创新体系中各个重要环节的畅通运转。通过5年的努力，建立起较完善的城市技术创新体系。

3. 建立多元化的科技投资体系，制定适度财税政策

根据科技事业发展的需要，逐步加大科技投入。进一步建立和完善政府投入为引导、企业投入为主体、社会融资为重要组成部分的多元化科技投资体制。政府用于科技三项费用及科学事业费的支出，逐年有较大幅度增长；企业的科技投入逐步提高到占年销售额的4%；同时，广泛吸纳社会资金，积极争取赞助、省部级科技发展基金、重大项目基金，以及以资金入股等形式扩大科技投入，使全社会用于科技研发的资金达到GDP的2.5%。同时，制定优惠、便利的金融和财税政策，支持和激励科技创新与发展。如对重大科技专项、高

新技术产业化发展、技术引进和自主技术创新项目等发放软贷款,用于项目的参股投资,或设立风险基金、利用担保和贴息等方式支持高新技术产业化;制定并完善税收优惠政策,如加大所得税抵扣力度,加速设备折旧,免征高新技术产品3~5年所得税或减免投资收益税收;鼓励社会资金对科技事业的馈赠,属于公益性馈赠可抵扣企业或个人所得税;建立多层次科技创新资本市场以及扶持中小企业技术创新和加快成果转移的税收优惠等。

4. 培养和造就一支高素质的科技队伍

实施科技创新人才队伍建设工程,加强科技人才队伍建设。充分发掘本地大型企业人才优势,发挥高等院校作为人才培养基地的作用,加快培养优秀高级工程技术人才,发展职业教育,以不断补充企业发展和技术推广应用所需的技术人才;建立科技人员继续教育制度,科技人员和技术工人每年应有一定时间脱岗接受在职技能培训或进行国内外考察、学习、调研,参加学术研讨会等,以不断更新知识,提高科技持续创新能力;有计划、有步骤地选派优秀中青年科技骨干出国进修或在职攻读硕士、博士学位,在大企业和工业园区设立博士后流动站等,重点培养学科带头人和项目首席专家;建立符合各类科技工作特点、体现工作业绩和鼓励创新的分配激励制度以及人才保障与人才流动中的社会保险衔接制度,提高科技人员生活待遇等;在科技活动中,发扬"勇攀高峰、奋发向上"的进取精神,提倡求真务实、团结协作、淡泊名利的工作作风,反对和抵制不良道德行为,发展学术民主和学术自由,激发创新思维,活跃学术气氛,努力形成宽松和谐、健康向上的创新科技文化氛围。

5. 全面推进国内外科技合作与交流

对外全面开放,进一步拓宽国际、国内科技合作与交流渠道,以充分利用国内外两种科技人才、两种知识技术资源、两种技术市场。鼓励并积极支持企事业单位与发达国家和国际组织建立长期合作关系,扩大与国内东中部地区科技机构和企业的双边与多边等多种形式的合作与交流,通过与合作单位共同参与重大科技项目的招标与竞争、共同开展科技研究与开发、共同进行资源利用与产业发展的战略合作,引进技术、引进管理、引进人才、引进资金。

五、塑造和谐金昌,必须以人为本,关注民生,实现法制和民主政治

坚持发展为了人民,发展依靠人民,发展成果由人民共享的理念,关注民生,努力发展好、维护好、充实好最广大人民群众的根本利益,实现法制和民主政治,推进人民生活幸福安康、和谐发展。

（一）大力发展公共社会事业，实现基本公共服务均等化

加快社会公益性和其他非竞争性、非营利性公共事业的发展，把更多政府财政资金投向教育、科技、公共卫生、文化体育、社会保障、就业服务、生态环境、公共基础设施、社会治安等与群众切身利益相关的领域，突出政府财政的公益性，逐步达到城乡居民无差别享受各项公共服务；支持教育事业发展，完善义务教育经费保障机制，调整和优化教育布局，着力改善农村中小学办学条件，启动生源地助学贷款；不断完善公共卫生保障机制，发展合作医疗、大病统筹、医疗救助"三位一体"的新型农村医疗保障体系和城市居民医疗保险制度，使全体城乡居民都能享受有效的医疗保障；健全就业服务体系，建立促进就业再就业服务中心，大力开发就业岗位，满足城市下岗人员再就业需求，通过培训和拓宽劳务渠道帮助农村富余劳动力输转；加快构建社会保险、养老保险、社会救助、社会福利等互相衔接的城乡一体化社会保障体系，推进廉租房和经济适用房建设，对困难群体发放租赁住房补贴，建立城乡统筹的帮扶基金，构筑城市低保户和其他生活困难群体及农村"五保户"帮扶体系，提高城乡居民最低生活保障标准等，实现基本公共服务的均等化。

（二）营造公平、公正的法治环境，健全民主政治

崇尚法治，强化法制观念，坚持"有法可依、有法必依、执法必严、违法必究"，推进依法行政，维护社会安定，是建设和谐社会的必要保障。要按照宪法原则，切实保障城乡居民的公民平等权、人身和财产安全，依法严厉打击严重危害人民群众生命及财产安全、破坏生产生活秩序、扰乱人心危害国家主权的犯罪行为，查处各种邪教组织和非法宗教活动；利用法律、法规化解各种利益争端和由城乡发展不平衡引起的不安定因素，维护社会和谐稳定，保障人民群众安居乐业。

进一步健全民主制度，丰富民主形式，保障公民的民主选举、民主决策、民主管理、民主监督的权利，扩大公民政治参与范围，让人民群众能充分表达自己的意愿和诉求。实行政务公开，广开言路，公推、公选领导人，在居民社区和农村乡镇实行自治，扩大基层民主。

（三）建立和完善市场经济秩序

社会主义市场经济是法制经济、竞争经济，也是诚信和实现公平交易的经济。要进一步完善和规范市场经济秩序方面的法律、法规，建立公平、公正的市场法律体系和社会信用体系，规范各种合同履约，形成健全的诚信网络，促进信用信息公开和信息共享，实现对失信行为的综合治理；要完善市场中介组织，使之成为规范市场秩序的主要力量；要加大市场秩序执法力度和技术力量,综合运用经济、行政和刑事处罚等手段,严惩犯罪行为;加强行政监督、法律监督、舆论监督和群众监督,从而形成结构合理、功能完善、运行规范、监督到位的市场运行和管理体系,发展良好的市场经济秩序,促进社会和谐。

六、塑造和谐金昌,必须提高市民科学文化素质,营造良好的人文环境,创新镍都文化

教育和引导市民树立正确的世界观、人生观和价值观,以“八荣”、“八耻”为准则,正确处理人与人、个人与集体、个人与社会的关系,努力营造融洽协调、相互尊重、相互理解、相互关怀的和谐氛围,发扬“尊重劳动、尊重知识、尊重人才、尊重创造”的优良风气,使人民群众的创造意愿得以实现,创造活动得到支持,创新能力得到发挥,创造成果得到肯定,在市民与社会之间架起共同发展的和谐之桥。要以坚持不懈的努力,大力普及科学生产、生态环保、卫生健康、防灾减灾等科普知识,组织科普讲座,开展科普宣传,用先进科学知识武装市民头脑,不断提高市民科学文化和思想道德素养。在城市社区通过建立公共服务体系,培育社区文化,建成和睦相处、相邻友好、管理有序、环境优美、文明祥和的和谐社区。在农村配合新农村建设,积极推进群众性文明创建活动,形成环境整洁、景观生态、尊老爱幼、家庭和睦、邻里互动、管理民主、村风文明的新村镇。

在创新镍都文化方面,要加强科技馆、文化馆、博物馆、图书馆、书画院、音乐厅、影剧院、体育场(馆)、展览馆、娱乐宫、儿童乐园、文化广场以及各种纪念碑和历史文化遗存等文化活动场所的建设。在公共活动场所,处处展现镍都人“艰苦奋斗的创业精神、奋发向上的进取精神、海纳百川的博大精神、追求卓越的创新精神”,并与发崛历史文化遗产、厘清历史发展文化脉络和戈壁园林城市文化融为一体,创新镍都文化,塑造出金昌市独特的、民族的和个性化文化风貌,提升城市文化品位,增强市民文化底蕴,形成良好的人文环境,使金昌以其浓郁的精神文化特色构成对内的强烈向心力和对外的巨大吸引力。

参 考 文 献

[1] 魏秀鸿,王在华. 金昌工业产业结构调整研究[M]. 兰州:甘肃科学技术出版社,1996.

[2] 陆武成. 中国西部资源型城市经济发展论(镍都经济发展问题研究)[M]. 兰州:甘肃人民出版社,1992.

[3] 李建华. 资源型城市可持续发展研究[M]. 北京:社会科学文献出版社,2007.

[4] 田德旺,朱捷. 中国经济可持续发展战略研究[M]. 北京:中国环境科学出版社,1999.
[5] 吴冠岑,刘友兆,付光辉. 可持续发展理念下的资源型城市转型评价体系[J]. 资源开发与市场,2007,23(1).
[6] 胡鞍钢. 中国:新发展观[M]. 杭州:浙江人民出版社,2004.
[7] 路卓铭,沈桂龙,于蕾. 短缺与可持续双重视角下资源开发补偿机制研究[J]. 财经研究,2007,23(9).
[8] 陆立军,裘小玲. 中国工业园区发展[M]. 北京:中国经济出版社,2003.

第四章 内蒙古乌海市乌达区工业经济发展战略研究

乌达区在新中国成立前是一片人烟稀少的荒漠之地。1958 年在国家经济建设高潮中，开始在这里开发储量丰富的煤炭资源，同年 11 月经内蒙古自治区人民政府批准，正式成立了阿拉善旗乌达镇，并于 1959 年 11 月升格为县级建制，1961 年 7 月经国务院批准，撤销乌达镇建立乌达市，1976 年 1 月在乌海市建立后，乌达市改制为乌海市三个辖区之一的乌达区。本区位于内蒙古西部，西靠贺兰山北段，东临黄河，北与阿拉善盟和乌海市海勃湾区接壤，南与宁夏自治区石嘴山市相邻，居宁蒙小区的中心地带，现(2005 年)有人口 13.1 万人，国土面积 220 $km^2$❶。

自 1958 年至今，经过 50 多年的开发建设，这座典型的资源型城区(市)，已经形成了以煤炭、煤化工、盐化工、建材、轻工等为支柱的工业体系和以城郊农业为主的产业结构。2005 年全区第一、二、三产业的构成为1.5∶69.0∶29.5，非农人口占总人口的 96%。在我国全面建设小康社会、加快资源型城市产业结构调整步伐、实现经济转型和可持续发展的进程中，如何在科学发展观的指导下，勾画乌达区工业经济发展，实现产业升级换代和结构优化，转变经济发展方式，在提高工业发展产能和效率的同时，达到经济、社会、环境效益的协调发展和最大化，就成为乌达区迫切需要解决的首要问题。本章围绕乌达区中长期工业发展规划的制定，对乌达区工业发展的环境条件、中长期工业发展战略设想、工业结构布局调整框架和政策模拟等进行了研究。

第一节 乌达区工业发展的环境条件分析

一、工业发展的基础和有利条件

乌达区经过 50 多年的发展，特别是在党的改革开放政策和十一届三中全会以来一系列方针的指引下，乌达区工业建设步伐加快和经济总量快速增长，

❶本章所用资料、数据来源于乌达区统计局、科技局的汇总与调查。

形成了未来工业发展的良好基础和一些有利条件。

(一)工业发展基础

1. 丰富的自然资源

乌达区有丰富的煤、石灰岩、硅质黏土、铝页岩(高岭土)等矿产,已探明储量并有开采价值的有30余种,其中,煤炭探明储量6.6亿t,主要是肥煤、焦煤;耐火黏土储量10亿t以上;硬质高岭土储量1.1亿t;石炭岩保有储量200亿t。此外,还有一定数量的白云岩、硅石、石英砂岩和褐铁矿。黄河乌达区河段河长50 km,年均水量321亿m^3,为工农业生产提供了较好保证。乌达地处中纬度,年均气温9.3℃、日温差较大,年均降水量168 mm,年日照3 000~3 300 h,高于同纬度华北地区500~700 h;风力资源也较丰富。同时,还可以利用周边丰富的盐矿资源、煤炭资源。

2. 较为雄厚的经济实力

乌达区生产总值由1995年的5.72亿元增加到2000年的9.06亿元,2005年达到33.56亿元,“十五”期间年均增长28.0%,其中,工业增加值1996年为3.49亿元,2000年达到5.69亿元,2005年达到了20.66亿元,“十五”期间年均增长35.0%;财政收入也由1996年的2 825万元达到2001年的3 785万元(其中地方财政收入为2 345万元)、2005年的2.39亿元(其中地方财政收入为1.06亿元)(表4-1)。这就为工业发展和技术创新提供了较雄厚的经济支持。

表4-1 乌达区1996~2005年GDP、工业增加值、财政收入 (单位:万元)

项目	1996年	1997年	1998年	1999年	2000年	2001年	2002年	2003年	2004年	2005年
GDP	60 078	72 135	78 483	86 612	90 600	104 511	117 200	146 900	227 360	335 600
工业增加值	34 927	45 125	48 601	53 329	56 908	63 611	74 500	99 701	168 678	206 600
财政收入	2 825	2 297	2 736	2 968	3 308	3 785	4 660	6 761	11 772	23 900

3. 形成了各类企业互补和有一定规模的企业管理、科技开发和产业工人队伍

据不完全统计(2005年),乌达区现有规模以上企业67家,其中私营和股份制企业占65.6%,大中型企业7家,小型企业60家,在企业体制上达到了互补。在这些企业中,共有企业职工24 899人,其中管理人员155人,高级管理人员43名;科技人员1 567人;技术工人1 992人,高级技工482名(表4-2)。这是支持工业经济持续发展的较好人力资源基础。

表 4-2　乌达区 2005 年规模以上工业企业职工人数分布

项目	职工人数	管理人员				科技人员				技术工人			
		高级	中级	初级	小计	高级	中级	初级	小计	高级	中级	初级	小计
人数(人)	24 899	43	58	54	155	137	281	1 049	1 567	482	620	890	1 992
占比(%)	100				0.6				6.3				8.0

(二)有利条件

1. 工业经济主导产业已经形成,特色明显,为新型工业化发展提供了有力支撑

乌达区的工业经济在前几年快速发展的基础上,煤炭、电力、化工、硅铁等主要产品已形成一定生产规模,尤其是南部工业园区建成后,建立和发展了华电、海吉氯碱、兰泰制钠、慧通实业、神华乌达矿业等一批骨干龙头企业,特色明显。同时,利用本区的比较优势,通过已建成的一些项目,延伸产业链,发展精细化工和接续产业,增加产品高技术含量及附加值的空间和潜力十分巨大。

2. 区位优势和开放的政策措施创造了适宜的发展环境

乌达区地处"宁蒙经济小区"的中心地带,交通、通信便利,随着城市基础设施和综合服务功能的完善,将在加快"小三角"、"宁蒙陕晋"区域经济合作步伐,推进区域经济一体化进程中,发挥明显的区位优势,有利于扩大对外开放,加强区域经济技术合作,实现区域资源的合理配置。加之,区委、区政府制定了一系列扩大开放的政策措施,为充分利用国内外两种资源发展经济创造了适宜的创业环境。

3. 国际、国内的外部环境为乌达区工业发展提供了难得的机遇

当代经济全球化和科技革命的迅猛发展,世界性产业结构调整和国际货币的大规模跨国转移以及我国已经形成的工业化基础和广阔的国内、国外市场,使乌达区的工业发展可以更多更好地利用国际、国内两个市场和两种资源,可以更多地利用信息化为先导的当代科学技术和管理成果,跨越发展,实现工业经济高起点的发展。同时,我国改革开放后,不断形成的邓小平理论、"三个代表"重要思想以及党的十六届三中全会提出的科学发展观,为乌达走新型工业化道路指明了方向。国家继续实施西部大开发战略,全面落实科学发展观,加强区域协调,促进少数民族地区经济发展的大环境,为乌达加快发展步伐提供了良好的政策保障。

二、工业发展的结构性缺陷及制约因素

乌达作为典型的煤炭资源型城区，目前工业发展仍处于粗放经营和单程式数量增长的发展阶段，其结构性缺陷十分明显，同时还存在若干影响工业发展的制约因素。

(一)结构性缺陷

1. 资源指向型特征将严重影响可持续发展

乌达区的工业部门主要由煤炭及煤电、焦化、盐化工和冶金、建材等耗资源工业企业组成。据2005年对规模以上67家工业企业的统计，上述几个重要工业部门的产值占工业总产值的98.3%，其中煤炭及以焦化为主的化工产业产值占81.0%（图4-1）。可见资源指向型特征非常明显。由于矿产资源的不可再生性，如果仅靠资源消耗发展工业，不改变重化工业特重的状况，将严重影响工业可持续发展。

2. 粗放型经营带来的是高投资、高能耗、高污染

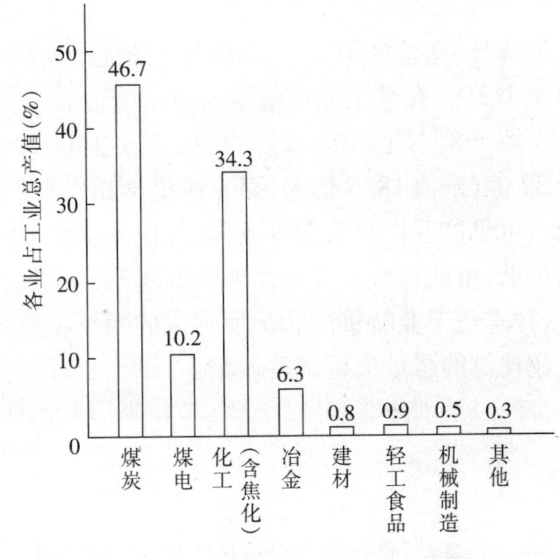

图4-1　2005年乌达区规模以上企业产值的产业构成

乌达工业的产品构成主要是能源（煤炭、电力）及经初级加工的原材料（焦炭、电石、烧碱、PVC、硅铁等），呈粗放式经营状态。由此造成资源的高消耗，目前已消耗煤炭总储量的44.0%；工业生产投资额从1999年以后出现了超高速增长，1998年全区工业投资总额为4 839万元，2000年便是1998年的约5.1倍，至2005年已达到20.76亿元，7年间增长了41.9倍，而总投资中80%以上为固定资产投资（表4-3）。因此，“十五”期间工业经济的高增长，是由超高投资换来的。同时，由于主要靠资源消耗发展工业，造成了高能耗和高污染，2005年万元产值能耗为16 t标煤左右，相当于上海的16倍；工业粉尘和SO_2排放严重超标，属重度污染，如不采取有力措施，污染物排放量还将不断增长。这种高能耗、高污染的状况，不仅过度消耗资源，而且严重威胁企业和居民的生存发展。

表 4-3 乌达区 1995 ~ 2005 年工业生产投资额

项目	1995 年	1996 年	1997 年	1998 年	1999 年	2000 年	2001 年	2002 年	2003 年	2004 年	2005 年
a. 总投资（亿元）	0.85	0.71	0.51	0.48	1.96	2.46	1.91	4.18	13.55	19.51	20.76
b. 固定资产投资（亿元）	0.46	0.24	0.20	0.33	1.22	1.49	0.69	3.35	11.74	17.41	18.00
b/a(%)	54.1	33.8	39.2	68.8	62.2	60.6	36.1	80.1	86.6	89.2	86.7
c. 技改投资（亿元）	0.39	0.47	0.31	0.15	0.74	0.97	1.22	0.83	1.81	2.10	2.76
c/a(%)	45.9	66.2	60.8	31.2	37.8	39.4	64.0	19.9	13.4	10.8	13.3

3. 轻重工业比例严重失调，产业链延伸程度低，高附加值产品少

据统计，乌达区 1995 ~ 2003 年工业总产值中，轻工业所占比重从 11.9% 下降至 1.3%；在重工业产值中又以采掘业和原材料业为主（占90% ~95%），加工工业严重不足（图 4-2）。在化工工业中，2005 年乌海市有基础化学原料企业 37 家，产值 18.5 亿元，而专用化学品（精细化工）企业仅 2 家，产值 3 418 万元。可见产业链没有深度延伸，高附加值产品极为稀少，工业发展的高级化程度很低，由此造成资源型产业的双重利润流失，工业生产效益难以提高。另外，这种重化工业特重的状况所形成的畸形工业结构处在极不稳定的状态，轻重工业比例的严重失调亟待调整。

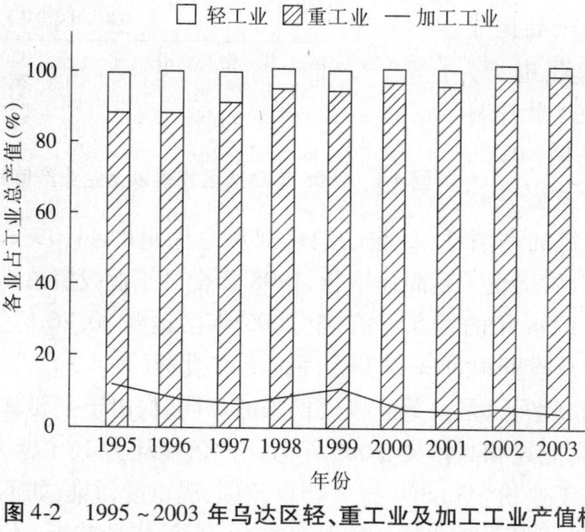

图 4-2 1995 ~ 2003 年乌达区轻、重工业及加工工业产值构成

注：轻工业所占比重（%）= 100% - 重工业所占比重（%）。

4. 与周边地区产业结构雷同,工业发展具有明显的脆弱性

在乌海市范围内,三个城区之间虽确定了一定的产业协调和分工,但总体上都以煤、电、化工产业为主,而与乌达相邻的阿拉善盟、鄂尔多斯市和宁夏石嘴山地区也皆以煤炭资源及其转化的开发为主,发展能源和煤化工,虽然产品结构上有微小差异,但雷同度非常高,甚至相邻的工业园区,都在进行相同产业的发展。由此,容易造成产业项目的重复建设,生产要素的闲置和资源浪费,无序竞争及工业发展的脆弱性。

(二)制约因素

1. 体制和制度的阻碍

乌达区经过 20 多年的政治和经济体制改革,取得了不少进步,打破了不少旧体制的束缚。但目前仍未完全摆脱计划经济管理模式的制约,如把保持产值的高增长作为政府的主要职能,各级政府官员拥有过多的配置稀缺资源的权力以及产业结构调整中的政策偏离、公共服务和公益事业建设的滞后等。因此,政府职能的越位、缺位、错位现象仍不同程度地存在。

2. 科技落后,生产设备陈旧,人才匮乏

2005 年,整个乌海市 22 家大中型企业中科学家和工程师人数为 281 名,从事研究与试验发展的科技人员只有 185 人,全市专利授权数仅为 3 件,所筹集的企业科技活动经费总额为 4 448.6 万元,仅占当年工业产值的 0.5%。由此表明,整个乌海市的科技实力和投入及科技发展力度都很弱。在乌达区 67 家规模以上工业企业中专业科技人员虽有 1 500 多人,但仅占职工总数的 6.1%,而且绝大部分企业没有自己的技术研发中心,其中 3 家设有研发中心,规模都很小(只有 2 ~ 5 人),形不成研发能力。在生产设备上虽然有几家大中型企业较为现代化,但绝大多数中、小型企业设备陈旧,有相当一部分企业仍停留在 20 世纪六七十年代的生产水平,产业层次低。因此,产业升级换代任务重,同类产品付出的成本较高,新产品、新技术难以推广和发展,更谈不上发展具有自主知识产权的产品,造成大多数企业及产品在国内外市场上缺少竞争力。

3. 生态环境脆弱

乌达区西依贺兰山北段,地处内陆,气候干燥,年降水量 170 mm 左右,而年蒸发量高达 3 500 mm 左右。受乌兰布和、库布齐沙漠包围,荒漠化程度严重。境内山地、丘陵面积约占 2/3,流动沙丘、裸岩等无法利用土地占 35%,地面植被稀少,大部分地区植被覆盖率不超过 5% ~10%。土壤多为沙质,结构松散,水土流失较为严重,常有沙尘天气。因此,环境容量将制约乌达区的工

业发展。

4. 资源的约束

乌达区的煤炭资源经过多年的开采,加上开发利用过程中的浪费,现存的煤炭资源按照目前的开采速度,20 年后将走向枯竭,因此必须从现在开始加强煤炭资源的限制性开采,以延长资源的利用年限,为经济转型赢得时间。土地资源是乌达区面临的另一个发展约束条件,总面积只有 200 多 km^2,1998 年建设的南部工业园(经济开发区)只有 12 km^2,可供今后入园企业利用的土地不多。虽然,黄河穿乌达区而过,但是供该区使用的水资源数量有限,加上干旱少雨,因此工农业发展以及城区用水也面临严峻的形势。

第二节　乌达区中长期工业发展的战略设想

一、指导思想

以邓小平理论和"三个代表"重要思想为指导,全面贯彻落实科学发展观,坚定不移地以科学发展观统领工业发展全局,把工业经济切实转入全面、协调、可持续发展的轨道;坚持以人为本,不断深化改革,转变发展观念,加快产业升级和结构调整步伐,创新发展模式;以科技进步和信息化为动力,提高自主创新能力,转变工业经济增长方式,扩大产业规模和组织化程度,提高产品附加值和产品质量;在保持经济较快、健康、持续增长的同时,促进资源的综合利用,降低资源和能源消耗,减轻环境污染,保护生态安全,建设一个各产业协调发展、人民生活幸福度不断提高的新型工业城区。

二、发展目标及阶段任务

(一)发展目标

利用资源优势和自治区率先启动建设乌海及周边地区重化工基地的契机,以较高速度加快工业发展和产业升级。在未来 15 年内,通过稳定煤炭开采,提高煤炭回采率;强化资源转化,壮大和提升基础化工和特色冶金等主导产业;延伸产业链,积极培育精细化工、建材、轻工食品、机械等接续产业,实现产业转型;以企业内循环和共生企业间外循环等形式,大力发展循环经济,建立资源节约型和环境友好型产业群;以科技进步和信息化带动技术创新及结构优化。在乌达建立起一个资源优势得到充分发挥、结构较为合理、产业配套较为完整、经济效益和生态环境效益良好的城市工业经济体系。2020 年工业生产增加值比2005年翻三番。概括起来就是“发展、升级、转型、翻三番”和建设一个较完整的工业经济体系。

具体目标是：

(1)适度控制煤炭开采，提高煤炭资源利用率，煤炭回采率达到85%；积极开拓煤炭资源转化，发展壮大煤化工、盐化工、特色冶金等主导优势产业，在适应市场发展需要、保持较快增长的同时，充分利用现代科学技术，使80%以上企业得到技术更新和产业升级，同步完成企业信息化建设。

(2)建材、精细化工、轻工、食品、机械制造等接续产业的发展和高新技术应用在2010年以前取得突破性进展，其产业增加值占工业总增加值的比重，2010年达到6%，2015年达到12%，2020年达到20%。

(3)大中型企业内部和相关企业之间的生态工业产业链覆盖全区主要工业产业部门，使全区企业生产的资源消耗和能源消耗指标达到或超过21世纪初发达国家同类产业的水平，工业“三废”综合利用率达到80%以上，单位产值能耗每年降低5%左右。

(4)企业自主创新能力得到全面提高，科技因素对工业增长的贡献率达到60%，80%以上的大中型企业具有原创性核心技术。

(5)创造浓郁的商业文化内涵和自主创新的核心技术，完善产权保护体系和产品质量、信誉保证体系，创建5～8个国内外知名产品品牌，进一步打开国内外市场，促进产品营销。至2020年力争有20%以上产品用于出口。

(6)保持工业生产较高的年增长水平。2006～2012年年均增长率达到15%以上，2012年工业增加值比2005年翻两番；2013～2020年年均增长率保持12%左右，2020年工业增加值比2012年再翻一番。

(二)分阶段任务

为积极有效地在未来15年内达到工业发展的预期目标，宜按五年规划的发展模式，把未来15年划分为三个阶段。其分阶段的任务是：

第一阶段(2006～2010年)：适度控制原材料工业发展规模，大力发展煤化工、氯碱化工、硅化工及镁合金四大系列产品，延伸产业链，积极扶持和培育接续产业发展，建立煤－电－高载能－精细化工－建材一体化发展模式；单位产值能耗五年内降低25%；30%以上大中型企业具有原创性核心技术，对外技术依存度减小25%；至2010年工业增加值超过80亿元，年均增长20%；培育年产值30亿元以上企业3家，10亿元以上企业5家；国内外知名产品品牌2～3个；建设好南部工业园区(约12 km^2)和北部绿色产业园区(约6 km^2)，促进产业集聚。

第二阶段(2011～2015年):巩固、壮大优势主导产业,全力推进高技术含量、高附加值终端产品生产,精细化工、建材、轻工、食品、机械制造等接续产业在工业增加值中的比重达到12%;建立5～6条循环经济生态产业链,工业“三废”综合利用率达到70%以上,单位产值能耗比2010年降低20%;50%以上大中型企业具有原创型核心技术;培育年产值50亿元以上企业5家,国内外知名产品品牌4～6个,有15%以上工业产品用于出口。到2015年工业增加值超过150亿元,年均增长14%左右。

第三阶段(2016～2020年):2020年工业增加值超过220亿元,年均增长10%左右;基本建立体系相对完整的创新型工业发展模式,完成中长期工业发展规划所要求的总目标,基本实现三个转变,即从以资源、资金投入为主向以知识、技术投入为主的转变;从高耗能、高污染工业结构向生态工业、循环经济模式转变;从结构单一、追求数量增长的低效益向结构优化、产业多元化均衡发展、资源配置良性互动的高效益转变。在乌达实现工业可持续发展,工业、农业、服务业相协调,环境优美、生态安全、人民生活富裕幸福的社会新貌。

三、重点工业领域发展的战略设想

(一)保持能源工业的主体地位,以适度增长控制资源的过度消耗

以煤炭、焦炭、电力生产为主的能源工业在乌达占据工业发展的主体地位。今后15年能源工业的主体地位仍将保持。但由于国家产业政策的调整以及煤炭资源的不可再生性和地区环境条件的制约,应以提高煤炭资源利用效率为重点,保持并稳定能源工业的适度增长,以控制煤炭资源的过度消耗。同时,积极探索可再生能源的开发利用。

1. 煤炭开采

我国是世界第一煤炭生产大国和消费大国,今后将稳定煤炭产能,逐渐减小煤炭在能源构成中的比例(由目前的70%减小到2020年60%左右),而转向强化煤炭转化和提高回采率、利用率。乌达应以国家能源政策和节约资源为导向,全面淘汰落后的生产方式、生产工艺和设备,集中发展乌达矿业集团等大型企业,采用先进技术和保护性开采工艺,提升技术装备水平和安全生产等级,提高精煤、洗煤等产品质量。2010年以后煤炭产能稳定在600万～800万t,煤炭回采率达到85%以上。

2. 焦炭生产

前几年,由于我国钢铁等冶金产量的急剧增长,提高了对焦炭的需求。今后,我国钢铁产能将趋于稳定,焦炭的国内需求量将有所下降。乌达焦化业的

发展应采取“稳定、提高”的方针，稳定原料煤资源，优化配煤技术，提高生产工艺水平和焦炭质量，注重煤焦油化学品的集中深加工和焦炉煤气的有效利用，逐渐关闭炭化室在6.0 m以下、年产60万t以下的焦化厂，发展大型焦化项目，建设1~2家年产100万t的大型焦化企业。

3. 电力

充分利用中煤、煤矸石、焦炉尾气及周边地区动力煤发电是乌达煤炭资源转化的有效途径。在煤电发展中，要以大型火力发电机组为重点，不断改善发电机组的燃煤和用水结构，提高电厂的热电利用效率和中水利用率。2010年以前完成华电乌达热电2×60万kW扩能，2012年前完成乌达发电公司的技术改造，建成40万kW联合循环发电（IGCC）工程，努力促进乌达矿业公司、君正科技、海吉氯碱等企业自备电厂项目建设。至2020年，每千瓦时电的耗煤降低到280 g以下，中水利用率达到95%。

4. 开发利用可再生能源

充分利用本地丰富的太阳辐射能和风力资源，开发自然能源的应用途径。2010年左右在乌兰乡建1座0.5万~2万kW的风电场和1座500 kW的太阳能PV电站；推广应用太阳能建筑、太阳能热水器，建太阳能温室和风力提水、风力致热装置；积极探索可再生能源的综合利用，如以可再生能源发电技术为核心，发展优质燃料生产和养殖业等。

（二）以基础化工和特色冶金业为两翼，壮大企业规模，提高经济效益

基础化工和以硅铁、镁合金为主的冶金业已成为乌达的特色产业。随着国内外市场需求的增长，今后应进一步壮大企业规模，扩展产品品种，采用先进技术，降低产品能耗，增加技术含量和产品附加值，拓宽市场，提高经济效益。

1. 基础化工业

在我国石油消费存在大量缺口以及能源洁净化、高质化要求和减轻环境压力的情况下，大力发展基础化工，实现资源转化，缓解高油价冲击，给乌达基础化工业带来新的发展机会。

（1）煤气化：新建大型气流床煤气化－合成氨装置，推进“煤代油”技术改造，扩展生产能力，培育年产合成氨30万t企业1~2家，淘汰低水平、高能耗、污染大的小型企业；组建以煤为原料的甲醇生产企业，利用先进的煤气化、煤气净化、催化合成技术形成大规模的甲醇生产体系，发展以石油替代品（合成汽油、二甲醚等）为主的甲醇下游产品。

（2）煤液化：引进成熟技术，以生产汽油、柴油、航煤及石脑油、丙烯等具有市场潜力的产品为主,在2015年左右完成1座年产烃类和醇类洁净燃料100万t的煤直接(或间接)液化工程建设,以形成煤炭高技术转化新型产业。

(3)盐化工:提高氯碱经营集约化程度,与石油化工、精细化工、军工结合,做大做强海吉氯碱企业,至2020年力争烧碱年产量达到80万t,液氯40万t,PVC 95万t,电石200万t。扩大泰达制钠厂生产能力,至2020年,年产金属钠8万t,液氯10万t,氯乙酸10万t。

(4)电石化工:积极发展电石乙炔法生产石油替代化学品和利用双氰胺发展精细化工中间体等,建设2万kVA电石炉生产线。延伸电石产业链,大力发展电石的下游产品。

2. 特色冶金业

为适应经济社会发展的要求,要以各种先进冶炼技术和成型技术建设及改造冶金企业,扩大基础原材料、新型结构材料和高新技术功能材料的生产能力,使特色冶金业成为乌达的重要工业支撑。

(1)推进镁合金产业化项目,大力发展金属镁及镁合金,支持中润镁业集团研究开发镁合金板材、用于移动装置的新型结构材料和部件,建设国家级镁及镁合金产业基地,至2020年镁及镁合金产量分别达到40万t。

(2)提高硅铁冶炼技术和发展水平,建设有机硅、多晶硅、工业硅、硅合金等系列产品,积极发展硅酸钠及其延伸产品。至2012年硅铁合金生产能力控制在60万t左右。

(3)建设乌达铝业集团,发展金属铝、铝合金及下游产品制造业。2010年初步形成铝业生产能力,2020年铝及铝合金产能达到40万t。

(4)稳定钢、铁生产,在2010年左右生铁和钢产量分别达到双百万吨的基础上,推进技术升级,扩大特种钢和合金钢的生产。

(三)加快精细化工、建材、轻工食品、机械制造等接续产业发展,延伸产业链,促进产业转型

以"一主两翼"形成的主导产业为出发点,提高产业链条的延伸力度,强化产业关联作用,发展经过深加工、能提供更多生产和生活资料的产业,由初级加工产品的输出过渡到高质能、高技术含量产品的输出,尽可能减少资源消耗和产品利润损失,同时带动相关产业(如轻工食品业)的发展,达到工业发展的高度化。

1. 精细化工业

发挥基础化工产品优势,延伸产业链,大力发展为各工业部门提供辅助材料和生产人民生活直接消费品的精细化工中小企业,与基础化工大型企业形成一体化生产体系及多品种技术优势，提高产品竞争力和附加值。

(1)开发生产耗碱、耗氯产品，如合成盐酸、过碳酸钠、层状硅酸钠、气相法白炭黑、次氯酸钠、三氯乙烯、四氯乙烯、甲烷氯化物、环己酮、环己醇等。发展清洗溶剂、萃取剂、无磷洗涤剂、氧化剂、中间有机溶剂、致冷剂等产品。

(2)利用煤化工产品发展各种含氧化合物(醋酐、醋酸、甲酸甲酯等)以及有机酸类和乙烯、丙烯等烯烃类产品、玻璃纤维制品、商用预涂膜、胶粘剂、合成纤维、染料、有机溶剂、农药、医药、涂料、日用化妆品等。

(3)从煤焦油中提炼有机化合物的混合物，发展有机化工和精细化学品的生产。

2. 建材工业

(1)发展水泥生产：充分利用工业固体废弃物、炉渣及水泥灰岩、石英砂等资源，在全行业推行新型干法生产，节能、降耗，控制粉尘和有害气体排放，提高水泥质量，开发特种水泥产品。至2020年生产能力达到200万t。

(2)发展新型材料：全面淘汰黏土砖生产，发展利用煤矸石和粉煤灰生产新型耐火材料、高强砖砌块等，研究应用无焙烧新技术生产墙体材料、道路地面砖等，同时，加快以高岭土为原料的特种陶瓷业发展。

(3)利用PVC和聚甲醛等塑性树脂加工上、下水管道及建筑用管道、塑钢型材等。

3. 机械制造业

(1)扩大矿山设备、无缝钢管、压力容器、起重机械生产能力，开发生产机电加工设备，提高自动化、标准化生产水平，加快产业升级步伐，使工业产值2010年达到0.6亿元，2020年达到1.5亿元。

(2)筹建风力发电机械制造和太阳能热电利用设备生产企业，力争在2015年左右形成规模生产能力。

4. 轻工、食品业

(1)以塑料制品、日用化工和玻璃制品、包装装潢、家具等为重点，适度发展各种膜、革加工、金属制品、民族用品、工艺美术品等的生产，实行多元化发展战略，提高工艺质量，加快轻工业发展。

(2)以本地优质葡萄和奶牛养殖为基础，开发葡萄酒或果汁饮料和乳制品，建立乳品和葡萄生产加工基地；积极开发风味食品、方便食品、功能食品。

(四)大力发展循环经济，建设资源节约型和环境友好型产业群

在煤电、煤化工、氯碱、镁合金、建材等行业，积极推进企业内部的清洁生产和资源循环利用(内循环)，建立共生企业(或产业)间的生态工业网络以及整个社会的废物回收和再利用体系(外循环)。2010 年建立 1 ~ 2 个循环经济发展典型,2015 年形成 5 ~ 6 个具有乌达特色的生态工业链,发展资源节约型和环境友好型产业群。2020 年建成乌达区工业循环经济体系,由此达到废弃物排放最小化、资源利用最大化、经济和生态环境效益最优化。

1. 推行清洁生产

(1)根据不同用途,进行煤炭的筛分、洗选和合理配煤,采用煤炭的炉前成型技术,减少灰分含量。

(2)采用先进技术改造生产工艺和流程以及其他有效措施,减少工业"三废"排放,各个排污企业都要做到达标排放。

(3)对工厂烟尘和余热进行回收,发展水的循环利用和废水的无害化处理,集中处理工业废渣(填埋或再利用)。

2. 建设生态工业链

在 5 ~ 15 年内,逐步建设以下 5 条资源循环利用生态工业链。

(1)以煤 - 电 - 高载能工业为核心,延伸形成基础化工原料 - 精细化工深加工 - 轻工、装饰材料等子系统。

(2)以煤 - 焦化 - 特色冶金工业为核心,延伸形成有机化工深加工 - 镁、铝深加工 - 合金铸件 - 功能材料、结构材料子系统。

(3)以煤 - 电为核心,形成热电联产 - 高附加值建材等子系统。

(4)以煤 - 液化、气化为核心,形成能源转化 - 石油化工 - "三废"综合利用等子系统。

(5)工业有机物、农作物秸秆、人畜粪便、生活垃圾回收 - 气化、液化、固化 - 新能源,形成再生资源利用系统。

第三节　乌达区工业结构布局调整框架和政策模拟

在乌达区工业经济由粗放经营向集约化发展过程中,由于受社会经济制度、生产力发展水平、自然资源赋存、生产性和非生产性社会需求变化及国民经济其他部门发展状况的影响,由工业发展的区位特征、部门组成及其在再生产过程中建立的技术经济联系和比例关系构成的结构布局,将不断变化和发展。正确分析和规划乌达区工业发展的结构布局,有利于适时地有效调整不合理的产业结构和工业布局,实现资源优化配置,取得工业发展和环境生态效益的双赢,最终促进工业经济乃至整个国民经济稳定、协调、可持续发展。

一、调整工业结构布局的指导原则

以科学发展观为指导，在规划工业结构布局时遵循以下原则：

（1）以可资利用的自然资源为基础，但不以牺牲资源和资源的过度消耗为代价，确保自然资源的可持续利用。

（2）以经济发展的持续、较快、健康、稳定增长的目标，但不以牺牲环境为代价，确保经济效益、社会效益、环境效益的协调同步增长。

（3）优化资源配置，调整高耗能、高资源消耗产业结构，延伸产业链，增加低能耗、低资源消耗产业比重。

（4）发展资源和能源的循环利用产业，建立共生企业间的工业生态产业链，增加产业链中中、高端产品比例。

（5）既要大力发展规模经济，提高规模经济效益，抓大做强大企业集团，又要放活面广量大的小企业。把提高优势大企业的聚集度与提高中小企业的组织程度有机地结合起来。

（6）发展高新技术和原创型技术产业，增强知识型、效益型工业经济规模，增加产品附加值，拓展国内外消费市场。

二、中长期工业结构布局调整框架

未来 5 ~ 15 年乌达区的工业结构布局应遵循上述指导原则，以市场为导向，以现有产业、产品为基础，以发挥区域比较优势为前提，以提高产品附加值和科技含量，实现工业可持续发展为目标进行调整，以优化工业的区位布局、产业结构、产品结构、组织（规模）结构、原料结构和市场（消费）结构，不断提升工业发展水平和效益。

（一）区位布局聚集化

根据现有产业及产业发展前景，在乌达区 220 km^2 的范围内，合理布局工业发展园区，利用园区内特定位置、特定空间里的资源状况，对企业生产和销售带来成本优势，为企业的发展提供以区位为表征的外部经济环境，并结合城市空间发展规划的实施，产生良好的生态环境效应。在乌达集中表现为两个工业产业园区的建设（图 4-3）。

（1）南部工业产业园：位于乌达区盛行风下风方，工业污染对市区影响较小；紧靠乌海铁路西站及 110 国道，交通运输方便。在南部产业园区，以矿产资源为依托，重点发展资源转化产业及相关的能源、基础化工、特色冶金和建材业，容易形成区位与产业组织的紧密结合。

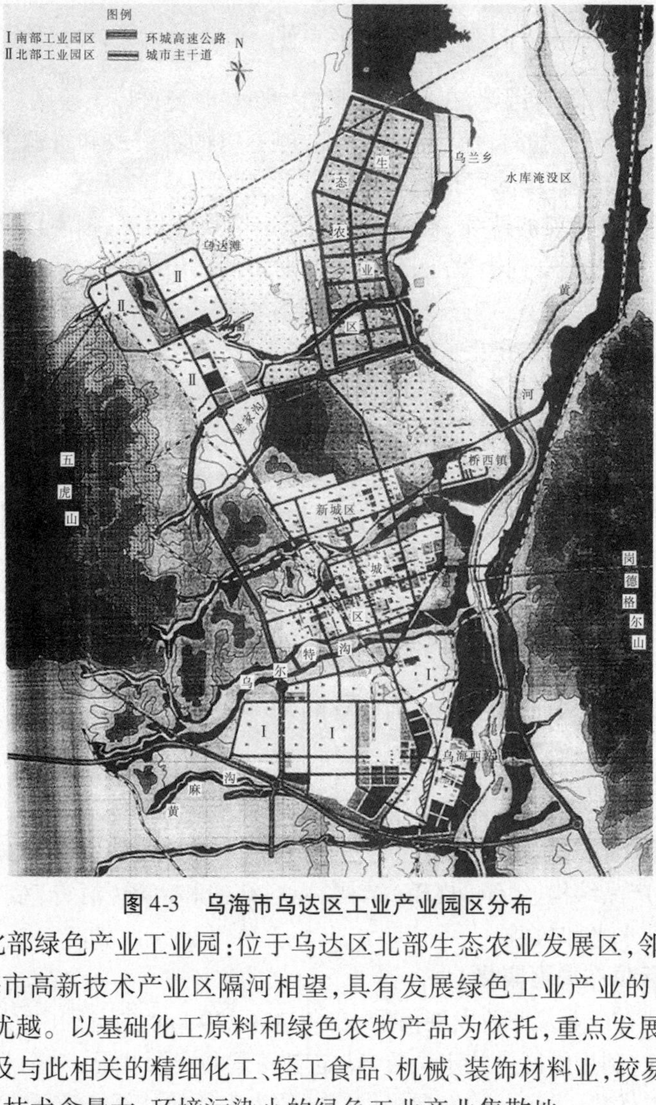

图4-3　乌海市乌达区工业产业园区分布

(2)北部绿色产业工业园:位于乌达区北部生态农业发展区,邻近黄河河滩,与乌海市高新技术产业区隔河相望,具有发展绿色工业产业的良好条件,地理位置优越。以基础化工原料和绿色农牧产品为依托,重点发展基础化工下游产业及与此相关的精细化工、轻工食品、机械、装饰材料业,较易形成产品附加值高、技术含量大、环境污染小的绿色工业产业集散地。

(3)两个工业产业园区的联系:南部园区为北部园区的发展提供原材料,北部园区延伸南部园区的产业链,生产中、高端产品,两个工业产业园区互为发展的依托,互为依存,并通过乌达环城高速公路取得紧密联系,从而形成乌达区较完整的特色工业发展体系。

(二)产业结构高度化

乌达区的工业经济在“十五”期间得到了超高速增长,但仍处在资源密集型和资金密集型的粗放经营发展阶段，初级加工产业比重高，高资源和高能源消耗、高污染的状况严重存在。根据国家产业发展政策和实现可持续发展的目标，今后5～15年必须在不断提高整体素质和发展水平的前提下，加速产业结构升级和优化，加大技术密集型和知识密集型、附加值高产业所占比重，实现工业产业结构的高度化，使工业发展由粗放型进入集约化、效益型的成熟和稳定发展期。

(1)限制和稳定煤炭采掘业：由于煤炭资源的不可再生性及煤炭消耗带来严重的环境压力等原因，煤炭作为我国主导能源（目前占能源消费的70%左右）的状况将发生改变，煤炭资源消耗将受到限制（发达国家煤炭消耗占能源的比例仅为10%～20%）。今后乌达区的煤炭采掘业要采取限制和稳定发展方针，关闭小煤窑，提高规模化生产水平，年煤炭开采量稳定在600万～800万t，煤炭回采率达到85%以上。

(2)强化资源转化，提升和壮大基础化工和特色冶金业：煤炭资源的转化是提高能源供应洁净化、高质化程度的有效途径。可利用本地资源优势，强化资源转化产业，包括发展煤电及煤的气化、液化、焦化等。在此基础上进一步推进基础化工和特色冶金业的发展，包括煤化工、盐化工、有机化工及镁合金、铝合金、硅铁、黑色冶金等。由这些产业构成乌达工业发展特色，并向规模大型化、技术综合化、产品联产型方向发展，组建3～5个具有国际竞争力的大型企业集团。

(3)延伸产业链，积极培育接续产业，实现转型：在乌达要实现工业的可持续发展，必须在今后5～15年内延伸基础化工和特色冶金产业链，加大由此产生的接续产业发展力度，包括精细化工、轻型建材、轻工食品、机械行业等。这些产业在工业产值中的比重应由现在的4%左右分别提高到2010年的8%，2015年的14%，2020年的20%。

(三)产品结构多样化

产品结构是工业产业结构调整的切入点。在乌达现有的产品结构中，一般产品多，名牌产品少；粗加工的初级产品比重大，经深加工的高附加值终端产品比重小；同类企业产品趋同性强、竞争激烈。因此，产品结构调整的关键是推进科技进步，提高产品质量，抓好新产品研制开发，增加产品的多样化，发展一批高技术含量、高附加值、具有市场竞争力的优势产品，适应市场需求。

(1)确定一批具有特色的重点工业产品给予扶持：近期(5～10年内)可选产品有精煤、电石、液氯、纯碱、镁合金、工业硅、水泥、PVC、金属钠、焦炭、铝合金等；远期(8～15年)可选产品有甲醇、白炭黑、层状硅酸钠、塑性树脂、商用预涂膜、无磷洗涤剂、合成纤维、优质葡萄酒及保健饮料、矿山设备、无缝钢管等。这些重点工业产品的产值在2015年以后应达到工业总产值的60%以上。

(2)适应市场需求,推进技术进步:加快产品质量和技术的升级换代,扩大产品规格品种,大力提高高效节能、环保型产品的自我开发能力,实现规模化和标准化生产,使产品结构适应市场需求结构的变化。

(3)积极推进名牌战略:创造浓郁的商业文化内涵和自主创新的核心技术,完善产权保护体系和产品质量、信誉保证体系,在今后5~15年内培植和发展5~8个国内外有一定知名度的名牌产品。

(四)组织(规模)结构多元化

工业产业的组织(规模)结构反映产业的专业化分工协作程度、资源配置效率、生产能力的集约化程度和经济效益的集中度水平。它主要表现在大企业集团的规模效应、中小企业的扩散效应及多种经济成分(所有制结构)的共同发展等几个主要方面。目前乌达区工业组织结构存在的主要问题是:绝大部分企业规模不大,分散,生产能力小,重复建设现象严重,资源配置效率低,企业间联系程度差,专业化分工协作的组织化水平不高。今后5~15年须进一步推进多元化、组织化发展战略,实现大中小企业互补、多种经济成分共同发展的良性格局。

(1)做大做强支柱产业,推进支柱产业壮大工程:在煤炭、电力、焦炭、氯碱、基础化工、特色冶金等领域,发展壮大5~7个年产值超过50亿元的大型企业集团。在发展战略、产权结构、产业定位、运行机制和企业规模等方面进行科学系统的调整和重组。

(2)创造条件,推进中小企业创业工程:在精细化工、轻工、食品、机械和其他高新技术等接续产业领域开拓创业,发挥中小企业量多面广、投入较小、经营方式灵活,具有延伸大型企业产业链、能提供多样化物质产品和服务、扩大就业的优势,引导中小企业形成合理有序的社会化分工体系,在技术创新、产品更新中发挥积极作用。

(3)调整所有制结构空间:在乌达区,目前规模以上国有企业有6家,但工业产值却占全区工业总产值的50%以上,职工人数占71.3%,在国民经济中发挥着主导作用。应从战略上特别重视国有经济布局,积极推进国企改革,加快以资本为纽带的股份制改造,促进机制转换,提高国企发展活力和市场竞争力。同时,大力推进混合经济和私有经济的发展,对非公经济的成长提供广阔空间,创造有利于多种所有制企业发展的体制环境,坚持所有制结构的多元化。

（五）原料结构循环化

在乌达区的工业生产中，采掘业和原材料业一直占据绝对主导地位，其在工业总产值中的占比从1995年的87.8%，增加到2005年的95.5%，可见，工业生产的原料主要来自矿产资源，结构比较单一。为遏制矿产资源的过度消耗和防治环境污染，应结合产业结构和产品结构的调整，对工业原料结构进行较大幅度的调整，走综合利用再生和可再生资源的循环化道路。

（1）限制并逐渐减少矿产资源消耗：在工业生产中直接以矿产资源作为原料的比重由95%左右降低到2010年的85%，2020年的70%以下。

（2）大力发展循环经济：充分利用工业"三废"等再生资源作为工业原料，在主导产业产业链的延伸和接续产业发展中，建立大型企业集团内部清洁生产机制和共生企业间的循环生产体系，使再生资源的利用率至2020年达到80%以上，再生资源在工业原料中所占比重提高到2010年的8%，2020年的20%。

（3）积极推广可再生资源的利用：发展轻工、食品、饮料和可再生能源工业，使工业生产中，农副产品原料和可再生能源（太阳能、风能、水力能）利用占工业原料的比重由现在的1.3%增加到2010年的2.0%，2020年的5.0%。

（六）市场（消费）结构扩大化

以适应市场需求作为出发点和立足点，把握消费需求特征，不断创造市场、开拓市场、扩大市场。既要开拓国内市场，实现国内市场的扩大化；又要扩大国外市场，不断优化国际贸易结构，大力发展外向型经济，实现国际化经营。

（1）国内市场扩大化：未来15年，我国处在基本小康型社会向全面小康的富裕型社会发展阶段，需求结构升级较快，消费水平和消费质量将显著提高，随着城乡消费大市场的形成，为扩大国内市场范围和市场占有率提供了良好环境。今后5~15年乌达工业产品不仅要满足本地和西北地区的市场需要，更要打开我国东部和中部市场，进一步提高特色产品在国内市场的占有率。

（2）国际市场扩大化：我国加入WTO以后，目前正进入后过渡期，以后我国将全面取消关税限制，达到对外完全开放，使我国经济发展融入国际化发展轨道。这就为乌达的工业企业及其产品进入国际市场提供了难得机遇。尤其是基础化工原材料和精细化工产品在拉美、非洲、澳大利亚、中东欧等国家和地区有广阔的市场空间。今后5~15年要进一步打开国际市场的大门，不断扩大工业产品出口份额，至2020年乌达区的工业产品中要有20%~30%用于出口,使乌达产品在国际上享有一定声誉。

三、工业结构布局调整的政策模拟

工业结构布局的调整是一个持续变化发展的过程。为使乌达区的工业经济不断朝着结构优化、布局合理的方向发展,获得健康、持续、较快增长,拟按照工业结构布局调整的要求,对管理、制度、知识、技术、环境等一系列社会要素的变革作出安排,为结构布局的调整提供政策引导和良好的发展软环境。

(一)转变政府职能,深化体制改革和制度创新

彻底摆脱旧体制的遗产,深化体制改革,转变政府职能,通过市场机制调整产业结构和实现资源的优化配置,调整产业政策,提供能产生高附加值的服务活动,创造良好的制度环境。

(1)转变政府职能:改变政府对企业经济活动的过多干预,建立科学化、民主化决策机制,加强宏观管理;政府的主要精力放到为市场主体提供公平竞争的环境和为企业发展创造条件、搞好服务上来,创造公正、公平的市场环境,依靠市场调节优化资源配置,建立和维护公平竞争的统一市场。使政府由经济管理强势型转向公共服务型,真正成为宏观经济的决策者、市场机制的调节者、社会公平的责任者、公共资源的提供者。由此处理好政府与企业的关系,使企业在市场机制的调节下,具有创新发展的广阔空间。

(2)制定适度的产业调整政策和援助政策:对有利于结构优化和产业转型的新兴企业给予支持和政策倾斜;"关、停、并、转"耗资源、效益低、污染严重企业,对其经济损失给予适当补偿;对骨干龙头企业的技术改造,给予财政支持,增强其延伸产业链的自我调节能力;有选择、有步骤地扩大招商引资力度。

(3)全力推进企业制度改革:以产权制度为核心深入推进企业改革,建立产权结构多元化、企业经营市场化、劳动和资本收益共享化、法人治理结构科学化的现代企业制度;积极推动混合经济和非公经济的发展,改变对非公经济的歧视性待遇,保护民营企业合法权益,充分发挥非公经济在发展产业链上的终端产品、农牧产品资源转化、流通和公共服务领域的作用,提高非公经济在工业发展中的比重。

(4)努力营造和完善开放、竞争、有序的大市场:把握经济全球化和区域化的发展机遇,全面开放本地市场,把工业结构布局的调整纳入国内外两个市场的大环境,引导工业结构高速转换、优化和升级。

（二）加强工业园区建设

乌达区的两个工业园区不是各个企业的简单聚合地和生产加工基地，要把园区建设成产业集聚、区域内部具有自我增长动力的“企业生态系统”。

（1）有效促进园区的产业聚集：紧紧把握南、北两个工业园区的产业特征，并与产业聚集、工业布局有机结合起来，严格把握入园企业条件，禁止技术设备落后、环境污染严重、不符合国家产业政策和园区规划的企业入园。入园企业都要进行可行性论证和环境影响评估，以保证园区集聚产业在研发－设计－生产－营销链条上的良性发展，使工业园区成为生产要素在空间聚集和区域发展的“增长极”。

（2）发展以园区为核心的产业网络和社会资本：重视与产业发展相关的研发机构、中介机构、金融体系、营销网络、文化环境与制度体系的培育与发展，提供与园区成长相适应的各种专业化服务，实现基础设施与文化设施的共享，营造与优化高等社会要素聚集的环境。

（三）以企业为主体，大力推进科技创新

把依靠科技进步切实放到支撑产业结构调整、产业升级和优化、提高产品附加值、实现工业可持续发展的主导地位，以企业为主体，大力推进科技创新，提高工业发展水平和质量。

（1）明确科技发展目标，制定科技发展规划：以工业发展中的科技需求为导向，紧密结合产业结构调整的实际，明确今后15年乌达工业科技发展目标，以提高自主创新能力为主线，在煤化工、盐化工、精细化工、特色冶金、轻工食品、建材等重点领域选择突破，实现科技的超前发展和跨越发展，至2020年，使科技进步对工业发展的贡献率得到迅速提高。

（2）加大科技投入：全社会用于科技研究与开发的科技投入占GDP的比重由现在的不足1%，达到2010年的1.4%，2015年的1.8%，2020的2.5%；企业作为科技投入的主体，要逐步使科技投入提高到占销售额的5%～10%，其中技术改造的投资占工业生产总投资的比重，要由现在的15%左右，逐步提高到40%～50%。

（3）建设乌达技术创新体系：以企业为主体，进一步推进与高等院校和科研院所的合作，以联合进行科技攻关、组建实验室及人员、技术交流等形式，发挥产学研结合优势，提供新知识、新技术成果；加强各类中介机构建设，以促进科技成果的扩散和传播；政府则通过产业政策、财税政策、创新政策的引导、协调和激励，实现技术成果的创新和转移。由此，建设一个乌达特色的技术创新体系，从根本上提高自主创新能力，至2020年，在工业技术中有50%以上具有自主知识产权。

(4)积极引进技术:采取技术友好政策,通过各种途径引进国内外先进技术,加快企业技术改造,新建企业要尽量采用先进适用技术,并在引进的基础上消化、吸收、再创新,实现跨越发展。

(四)加快信息化建设,推进企业信息化进程

在信息技术与信息化飞速发展的条件下,工业结构的调整如果不与信息化建设结合起来,工业发展的质量和结构优化就难以保证。因此,在加速工业发展的同时,必须积极推进企业信息化进程,加强信息基础设施建设,构筑信息平台,开发应用信息技术,大力发展高速信息网络,在企业管理、生产经营、公共服务、社会生活、政府调控等方面都要充分运用数字化、网络化技术。争取3~5年完成全区信息化系统建设,并在此基础上,不断以信息化发展的最新成果,全面改造、带动产业升级与优化,建立快速反映市场的业务流程和组织结构,加强信息流与物流、资金流的集成管理,实现高效率的电子商务运作,达到信息化建设与现代企业管理相互促进,形成信息化与产业结构布局调整的良性互动。

(五)以人为本,培养和造就大量高素质劳动者和优秀人才

发挥人力资源优势是工业结构调整和优化的根本保证。必须坚持以人为本,大力推进教育创新、扩大教育资源,努力提高基本劳动群众的科技文化素质,同时培养和造就一大批拔尖创新人才。

(1)扩大教育资源,提高劳动者素质:强化政府责任,加大教育投入,5年内使公共财政对教育的投入提高到GDP的6%,3年内在乌达区普及高中阶段教育,同时针对工业发展需要扩大职业高中招生规模,使在校普高生与职高生的比例达到1:1。筹建一所职业技术学院,建立企业职工继续教育制度,不断更新职工知识技能,提高职工素质。

(2)培养造就优秀人才:有计划、有步骤地发展大专学历教育和继续教育,并通过委托培养、合作研究等途径,全面提高经营管理人员和科技人员及技术工人的业务能力。5~10年内培养造就或引进100名懂管理、会经营的企业管理精英,300名科技带头人(其中30名左右在国内有一定知名度),5 000名熟练技术工人。

(3)创造人才成长的良好环境:进一步完善分配激励机制,鼓励技术革新和创造发明,完善知识产权保护和奖励制度,对有重大发明创造者给予重奖,并以乌达良好的社会环境和优越的工作环境留住人才、吸引人才。

(六)加快第三产业发展

工业发展为第三产业提供了广阔的发展空间，第三产业的发展又可为工业发展创造良好的发展环境。要在全区形成发展第三产业的舆论氛围和市场空间，促进信息流、物资流、资金流、商品流和通信、交通、培训服务、法律服务、中介服务、社区服务、旅游业等的快速发展，同步提高第三产业在国民经济中占有的比重，力争在2020年达到45%。以第三产业的发展，推动国民经济产业结构的调整，提高工业经济效益和生产效率，扩大就业，提高居民生活质量和健康水平，全面改善工业发展环境。

(七)加强区域经济合作，同时扩大国际交流

宁蒙小三角经济区地跨内蒙古乌海市、鄂尔多斯市、阿拉善盟和宁夏石嘴山市。在该地区具有资源赋存雷同、产业特色相似、地理位置独特、工业经济均处在初加工向深加工发展的阶段。为避免重复建设、资源过度消耗和无序竞争，建议建立宁蒙经济协作区，在协作区管委会的领导下，建立工业发展协调机制、生产技术及研发交流促进机制以及同类产品在国内外市场的营销网络，以获得整个地区经济合作发展的极化效应和经济社会的共同发展。

抓住经济全球化和我国加入世贸组织的机遇，进一步扩大国际交流，采取更有力的政策措施，在更大范围、更广领域、更高层次上，全面提高国际合作水平，更好地利用“两个市场、两种资源”，拓宽工业结构布局调整及优化资源配置的空间。同时，积极、合理、有效地利用外资，引进国外先进技术和管理，提高企业生产技术水平和管理水平，提高资源利用效率，降低生产成本，增强企业和产品的国际竞争力；鼓励和支持有条件的企业走出去，拓宽国内外市场，提高企业在国内外的知名度。

第五章　甘肃资源型城市经济转型中的科技发展

国际和国内资源型城市兴衰的经验教训表明：一个资源型城市能否保持持续繁荣和可持续发展，其决定性的因素不仅是这个城市的资源赋存量和可采量，而主要取决于城市内部经过整合了的知识和技能能否不断地在城市产业结构的调整中发挥有效的支撑和引领作用。尤其是在经济全球化和现代高科技迅猛发展的环境下，城市持续发展的主体已经从资源型经济的单程式结构转变为由知识和技术推动、以动态和高效的协同管理为基础的多元结构。因此，在资源型城市内部矿产资源日渐衰落和外部生存环境瞬息万变的条件下，城市要保持持续发展和综合经济力的竞争优势，唯一不应变化的应对策略就是实现持续的知识和技术创新，由此来推进资源的可持续利用和产业结构的优化升级[1]，从而从根本上改变依靠资源和资本的高投入发展经济的传统经济发展方式，实现以知识和技术为基础的经济增长。

本章以甘肃省资源型城市的科技发展及其战略和相关内容作为研究对象，分析了甘肃资源型城市经济转型中的科技需求，提出实施科技带动战略、发展目标、科技发展重点领域及前沿技术和若干推进资源型城市科技发展的对策意见，期望在科技发展的基础上，能充分发挥和利用知识和技术创新成果，实现资源型城市的可持续发展。

第一节　资源型城市经济转型中的科技需求

在资源型城市积极推进经济发展方式的转变、努力建设资源节约型和环境友好型和谐社会的转型期，对科技的需求主要表现在矿产资源和水资源的可持续利用、多元化高附加值产业和非矿产业的发展、能源的转化和有效利用及生态恢复和环境治理等几个方面的科技支撑和发展要求。

一、矿产资源的可持续利用

甘肃是一个矿产资源大省，资料显示[2]：到目前为止，甘肃已发现矿产种类156种，占全国已知矿种的91%，其中保有储量居全国前五位的有29种矿产，镍、钴、铂族金属及硒矿的保有储量居全国之首。新中国成立后的50多年来，矿产资源的开发已成为甘肃经济的主要支撑，2005年矿业及相关原材料加工业总产值占全省工业总产值的62.61%，今后，矿产资源仍然是甘肃尤其是资源型城市经济发展的主要基础。但甘肃探明储量的矿产为81种，仅占全国探明储量矿种的52%，尚有75种矿床未能探明储量，一些大宗支柱性矿产由于勘探程度低，可利用储量不足探明储量的60%。因此，现有已得到开发的铁、煤、有色金属等矿产资源将逐渐面临枯竭，同时，大量金属和非金属矿产资源有待勘探开发。

省内一些主要资源型城市的情况，同样不容乐观。如白银市铜矿资源锐减，导致该市主导产业面临衰退，白银也由此进入全国18个资源枯竭城市之一；金昌市的镍铜矿自1959年开采以来，已累计消耗资源量的40%，且目前基础储量中贫矿占72%，有色金属矿产的勘探开发面临严峻局面；嘉峪关市钢铁业赖以发展的镜铁山铁矿，由于地处高海拔，储量级别较低，可采量比重小，矿石品质差、破碎严重，开采成本高等原因，要保证这座自备矿山能为“铸就百年酒钢”持续提供满足需要的矿石原料，已成为嘉峪关市持续发展中必须面对的一个重要“瓶颈”；白银市的靖远煤业公司，由于技术不到位和小煤窑的破坏等原因，矿区资源浪费业重，公司所属7个矿井中资源枯竭矿井就有3个，目前尚无任何后备资源补充等。

由此，甘肃全省特别是资源型城市，要保持经济的持续增长、发挥矿产资源的经济优势，就必须加大地质勘探和矿业科技开发的力度，在增加矿产资源赋存的同时，把规模性开发逐步改变为规模水平与经济结构调整相适应的综合开发，应用现代科技成就，提高资源回采率和回收全部有益成分，进一步发展综合化、精细化产品的深加工，使深加工产品能与最佳市场需求紧密结合，具有高科技含量和高附加值，从而实现资源利用的节约化、效益化和可持续化。

二、缓解水资源短缺的要求

甘肃省地处内陆，全省多年平均降水量仅为276.9 mm，多年平均自产水资源总量约290亿 m^3[3]，其中内陆河流域约61.3亿 m^3，黄河流域约127.8亿 m^3，长江流域为100.9亿 m^3。按照国务院确定的各流域分水方案，甘肃省实际可耗用地表水量只有约每年100亿 m^3，人均水资源量仅1 111.8 m^3，为全国平均水平的1/2，亩均水资源量仅411.9 m^3，为全国亩均的1/5。在全省各行业的用水中，农业用水占80%，工业用水占13.8%，城镇公共用水占

1.2%，居民生活用水占4.8%，生态环境用水仅占0.2%。随着工业化、城镇化的发展和人民生活水平的提高以及生态环境保护力度的加大，水资源的供需结构将发生改变，水资源短缺的状况将日益严峻。

从水资源的地域分布特征看，省境长江流域水资源占全省的35%，但该地域高山峻岭多，耕地和人口只占全省的10%左右，且水低地高，水资源开发难度大；黄河流域人口占全省的70%以上，人多地少，干旱缺水，而水资源仅占全省的45%；河西内陆河流域地区的人口和水资源量均占全省的20%左右，但由于气候变暖，祁连山雪线上升，内陆河径流量近30年来大幅度下降以及地域辽阔、荒漠化发展、水资源的过度消耗等，水资源短缺已迫在眉睫。

甘肃的资源型城市大多分布在内陆流域和黄河流域的严重缺水地区，其水资源的紧缺就更为突出。如金昌市的水资源利用程度已高达148.9%，每年供水缺口达1.8亿 m^3；在嘉峪关市和玉门市，由于发源于祁连山的陶勒河、疏勒河、党河来水量已较20世纪50年代偏枯2~3成，水资源紧缺已成城市和产业发展的严重制约。

水资源是经济社会发展的基础性自然资源，更是资源型城市建设资源节约型和环境友好型社会，实现可持续发展不可替代的必要条件，在甘肃，由于自然条件对水资源的刚性限制，要解决经济社会发展中水资源短缺的矛盾，其关键的途径只有依靠科学技术，发展节水型产业，通过对水资源的保护、开辟水资源来源新途径、应用节水措施和"虚拟水"技术[4]等，以降低单位GDP的耗水量，提高水资源利用效率，才能保障资源型城市经济社会可持续发展的水资源需求。

三、现代加工业和制造业发展的技术需求

由甘肃省资源型城市发展壮大形成的冶金工业、煤炭工业、石油开采业、石油化工等支柱产业，其工业增加值占全省规模以上工业增加值的71.01%（2005年），成为甘肃工业发展的主导力量[5]。但在工业内部结构上呈严重的资源指向型和重化工特征，以消耗资源和能源（2005年工业万元产值能耗达4.66 t标煤）、生产初级加工产品的传统产业占主导地位，如几乎所有的煤炭企业只出产原煤，没有延伸产品的深加工。由于以产品深加工为依托的现代加工业和制造业发展滞后，高新技术产业总量小，如金昌市和白银市2005年的高新技术产业产值占工业总产值的比重均小于10%，致使现代加工业和制造业尚未在资源型城市的产业结构调整中形成强有力的带动和支撑作用。如不改变这种状况，资源型城市的产业发展将进一步促使资源的快速消耗、环境

污染加大、生产成本上升和利润的双重流失，对城市的可持续发展造成严重威胁。

为改变这种状况，甘肃省的资源型城市正在进行深入的产业结构调整，促进工业经济由资源消耗型向节约资源的精深加工转变，由资源、资本驱动型向知识、技术创新型转变，逐步形成以高新技术为支撑、具有高附加值产品的现代加工业和装备制造业集群。在这些产业结构的调整过程中，对科技发展的需求主要表现在以下几个方面：

(1)大力发展新材料技术。包括有色金属功能材料、复合材料、结构材料、特种钢和合金钢构件以及以环境友好为重点的生物工程技术、电子信息技术和先进能源技术，以煤炭、石油、天然气为原料的能源转化技术、精细化工和生物化工技术、化工原材料深加工和合成技术等。

(2)现代制造业共性技术。着力解决网络化、数字化、智能化设计、制造与可靠性技术关键，开发成套设备系统化技术和机－电一体化自动控制技术，突破特大型机械装备及关键部件的焊接、热处理和加工技术，全面提升制造业发展水平。

(3)循环型工业生态系统的技术支持。积极推进企业内部清洁生产技术和资源循环利用(内循环)技术以及共生企业(或产业)间的生态工业网络技术，发展整个社会系统的废物回收和再利用(外循环)技术，为实现深加工业和制造业的绿色化、信息化、经济社会发展和生态环境效益的最优化提供技术保障。

四、现代农业的科技支撑

甘肃的资源型城市(县)大都是在矿区所在的农牧地区甚至戈壁荒滩上发展起来，成建制市(县)以后往往包含一个或几个以农业经济为主的县(区)。因此，虽然这些城市(县)目前的经济构成均已达到了以工业为主导的工业城市，但农业(或农村)经济仍占一定比例(表5-1)。由表5-1可以看出，除嘉峪关市农业产值占地区总产值的比例较小外，其他市(县)的这一比例虽低于全省平均水平，但大都在6%～16%。尤其是农业人口的比例都比较高，除嘉峪关市以外，其他均在55%以上。因此，发展农业，促进农业产业化和现代化，转移农村人口和增加就业，是资源型城市改变城乡经济二元结构，加快城乡一体化进程的一项紧迫而重要的任务。同时，农业和农村经济的发展也为资源型城市减少经济社会发展对矿产资源的依赖，增加种植业、养殖业、食品业等非矿产业的构成，优化产业布局创造了良好的条件。

表 5-1　2005 年甘肃省资源型城市农业产值及农业人口占比　　（%）

项目	嘉峪关市	玉门市	金昌市	白银市	华亭县	庆城县	全省平均
农业产值/GDP	1. 42	5. 82	6. 13	14. 35	14. 54	8. 71	15. 71
农业人口/总人口	17. 47	55. 13	54. 52	76. 16	66. 76	78. 98	69. 98

注：据《甘肃年鉴(2006)》。

甘肃省资源型城市的农业发展，在自然条件比较严酷、水资源贫乏、自然灾害较多、农业基础落后的条件下，发挥生物资源丰富、光热充足、农业栽培历史悠久、农作物品种多样的优势，建立了各具特色的农牧业发展区[6]，如河西走廊灌区农业制种和高原无公害蔬菜区，陇中、陇东旱作农业的马铃薯、中药材、小杂粮、羊羔肉及肉牛生产区，陇南地区的亚热带特色农业和中药材基地、甘南及河西牧区的牛羊繁育及生产基地等。由于在这些地区普遍推行品种改良和先进农业技术，使科技进步对农业经济增长的贡献率达到了 45% 以上。这表明，在资源型城市发展特色农业和现代农业已经具备了得天独厚的基础和条件。但从总体上讲，资源型城市中的农业仍是弱质农业，大部分地区粗放经营的状况仍未根本改变，农村仍是较为落后的区域，农民仍是弱势群体。尤其是面对国际上农业生态化、绿色化、多元化和农工贸一体化发展的要求和我国加快现代农业发展、建设新农村和资源型城市经济转型的目标，不失时机地推进农业现代化，已成为保障资源型城市可持续发展的重要一环。

在资源型城市发展“高效、优质、低耗、持续”的现代农业中，无疑对环境型、生态安全型、节水型和抗逆型农业科技提出了更高的要求。其中包括：①以生物工程技术的突破和应用为核心，配合应用信息技术、新材料技术，实现传统农业的改造和优化升级；②以提高农业单方水产值为核心的节水农业精细栽培与灌溉技术，发展抗旱、节水农业；③实施工厂化种植、养殖的设施农业技术和保护性耕作技术及病虫害生物防治技术，发展绿色（有机）农业与农畜产品生产的产业化；④农畜产品的深加工和标准化、规范化技术，推进具有地域特色的名、特、优农畜产品的品牌优化及技术控制。

五、第三产业发展的技术需求

从 20 世纪 60 年代起，在计算机技术、网络技术和通信技术发展的推动下，主要发达国家的服务业（第三产业）发生了根本性的变化，一大批基于知识基础的现代服务业，包括金融、物流、信息流、教育培训、保险、电子商务、房地产、卫生保健、社区服务、旅游等迅速发展起来，同时带动了传统服务业的升级[7]。至20世纪60年代中期，发达国家服务业增加值占GDP的比重超过了50%。目前服务业增加值占GDP的比重世界各国平均达到56%，其中34个低收入水平国家为34%，48个中等收入国家为50%，22个高收入国家为65%，美、英、德、法、加等国的服务业增加值比重均上升到70%～80%，我国香港则高达86%。由于现代服务业的带动，全球产业结构呈现出“工业经济”向“服务型经济”转型的总趋势，经济发展由此转入以知识资源为基础取代以物质资源为基础的知识经济时代。因此，现代服务业的发展水平已成为衡量城市现代化和综合竞争力的重要标志。

甘肃省资源型城市目前大都处在工业化发展的初中期阶段，第三产业的发展普遍赶不上工业经济的增长速度。如表5-2所示，2000～2005年一些主要资源型城市第三产业增加值占GDP的比重普遍较低，2005年除白银市的这一比重大于35%以外，其余各市(县)均小于20%，比全省平均水平低21～28个百分点。在资源型城市第三产业的发展中，存在总量偏小，与第一、第二产业发展不协调，内部结构不合理(现代服务业发展滞后)、总体水平不高、社会化程度低等问题。由此，严重影响国民经济和社会发展的信息化改造，极不利于产业结构的优化升级和有限资源的合理配置，对转变传统的市场机制和经营模式、建立规范的高效率市场秩序必将形成越来越大的阻碍，最终导致城市可持续发展能力和综合竞争力的下降。

表5-2　2002～2005年甘肃省资源型城市第三产业占GDP的比重　(%)

年份	嘉峪关市	玉门市	金昌市	白银市	华亭县	庆城县	全省平均
2000	20.51	19.86	17.00	32.30	30.77	20.62	41.52
2004	12.87	16.69	12.76	30.09	25.49	22.68	40.99
2005	19.71	17.09	16.66	35.13	18.17	12.78	40.93

注：据《甘肃年鉴(2006)》。

面对资源型城市发展第三产业主要是发展现代服务业的需要，其科技需求表现为：①利用现代信息技术对传统服务业的改造和提升，提高电子商务、物资交换、劳务培训、政务活动的管理水平和效率；②通过网络技术、多媒体技术和虚拟技术、信息共享技术，发展教育服务中间体，建立全民终身教育体系；③以信息基础设施建设为重点，加速发展数据及多媒体通信、数字移动通信技术，优化网络结构，有效利用网络资源，提高金融、咨询、科技开发、教育、法律、会计、物流、旅游、卫生医疗等网络服务的技术含量和服务效率，促进现代服务业的发展；④通过计算机软件技术、企业信息化过程，全面提高企业管理、产品设计、生产流程管理和产品营销的工作效率和管理水平，推进企业技术创新。

六、生态保护与环境治理的技术支持

甘肃地处我国西北干旱区、青藏高原东部边缘和高原季风区的交会部位，是青藏高原、黄土高原、蒙新高原会聚区，又分布着黄河、长江上游和四大内陆河，其生态系统和自然环境极其独特，多样性和脆弱性共存。最近几十年来，由于全球气候变化的影响和现代人类经济社会活动的破坏，造成生态系统全面恶化、生物多样性锐减，许多动植物处于濒危状态，草场退化、高山森林萎缩，水源涵养功能下降，内陆河径流补给比 20 世纪 50 年代减少 1/2，水土流失、土地荒漠化面积不断扩大，旱灾、沙尘暴、滑坡泥石流等自然灾害严重。加之矿产资源开发和石油化工、金属冶炼、建材、煤电等能源原材料工业的快速发展，大量排放工业“三废”，使结构性污染十分突出。近年来，虽然加大了环境污染的治理力度，但从表 5-3 可以看出，2000 ~ 2005 年，除废水排入量有所减少外，其余 COD、工业废气、SO_2 的排放量及固体废弃物产生量均在明显增加，而固体废弃物的综合利用率只有 30% 左右。由此导致生态系统和环境容纳能力的衰减，严重影响经济社会可持续发展能力的提高，并威胁到居民的健康。这些全省性的生态环境问题在资源型城市表现得尤为突出[8]，如金昌、白银等城市的大气污染，特别是 SO_2 和光化学污染都达到较为严重的程度，金昌市还在 2004 年被列入全国十大污染城市之一。又如地处河西地区的玉门、嘉峪关、金昌等城市，1950 年以来共发生 6 次特大沙尘暴，强和特强沙尘暴达 20 多次，近 10 年来每年都发生 10 ~ 15 次强度不等的沙尘暴袭击。

表 5-3　甘肃省 2002 ~ 2005 年“三废”排放量

项目	2000 年	2004 年	2005 年
工业废水（万 t）	23 795	18 293	16 798
COD（万 t）	13.84	15.84	18.23
工业废气（亿 m^3）	2 800	3 690	4 250
SO_2（万 t）	36.86	48.40	56.25
固体废弃物产生量（万 t）	1 704	2 139	2 249
固体废弃物综合利用率（%）		32.60	29.43

注：据《甘肃年鉴（2006）》。

生态系统和自然环境是资源型城市赖以存在和持续发展的先决条件。为促进资源型城市的可持续发展，必须十分重视生态系统恢复和环境保护，坚持长期不懈的努力，以不断优化生态环境条件。其中面临的科技需求是多方面的，也是十分紧迫的：①生态系统和环境状况的全面评估。在对市域内生态环境现状详尽调查、分析评估的基础上，提出生态恢复和环境治理的全面规划，针对不同的自然生态地理环境和不同尺度的生态环境状况，制定生态恢复和环境治理的科学方案。②确定不同地理区域水资源和环境承载力的最大和最小阈值，使城市发展建立在区域生态环境可承受的范围，而不致由于盲目发展使生态环境遭到新的破坏。③建立市域内生态恢复的技术支持系统。如适地种树和草场繁育技术，水源涵养林栽培技术，节水保墒技术，动植物抗逆、抗旱、抗病虫害技术及其他生物工程技术等。④环境保护和污染治理技术。一类是干旱、荒漠化、沙尘暴和泥石流等自然灾害的控制和预报、预防；另一类是工业"三废"的排放控制和污染治理。包括工业生产过程中的零排放技术、污水处理和防治技术、废气的回收分离和空气污染治理技术、固体废弃物的处理和综合利用技术、农村面源污染控制与土壤改良技术等。

第二节　抓住机遇，实施科技带动战略

为适应资源型城市在经济结构调整过程中提出的各种科技需求，必须充分认清当前加快科技发展的良好局面，抓住机遇，不失时机地实施资源型城市的科技带动战略，提高城市科技发展水平和创新能力。

一、资源型城市的科技发展机遇

当前，世界范围的科技革命方兴未艾，科技进步正以超常速度快速发展，科技因素对经济社会发展的贡献已经上升到主导和突出的地位。同时，我国正处在经济高速增长和全面实现小康社会、建设创新型国家的战略机遇期，为我国科技发展提供了前所未有的强大动力。甘肃省作为重要的资源型省份，国家和省委、省政府对资源型城市的经济转型和科技发展十分重视与关注，采取了一系列政策措施给予重点支持。无疑，结合资源型城市几十年来的发展基础，都为资源型城市的科技发展提供了难得的发展机遇。

（一）现代科技发展的新特点提供的机遇

在现代信息技术和一系列最新科技成就的带动下，现代科技发展出现了以下三个方面的新特点[9]：

（1）知识和技术创新周期日益缩短，在过去的20年中，知识更新周期缩短到了3～5年，知识和技术的融合度进一步加深，以致信息科学、能源科学、

生物工程、材料科学、化学化工、先进制造业等领域的高新技术及产业群飞速发展，技术创新周期缩短到了1~3年，由于技术进步速度的加快，推进了全球生产要素的流动和产业转移。

(2)科技创新成本与技术引进吸收成本差距拉大。由于科技创新的复杂性加大以及技术发展中各种关联因素的增多，出现了各种大科学和大工程项目(如国际基因组图谱计划等)，使科技创新成本大大提高，其风险也相应加大。但引进和吸收新技术的成本却相对较低，如对美国化工、医药、电子与机械等行业的48种产品的调查发现，引进吸收的成本平均为创新成本的65%，不同产品之间虽有较大差异，但它们之间的成本比值平均不会超过1∶0.6。因此，欠发达地区有可能花较小的成本，通过引进吸收发达国家的新技术而使自己的技术进步跨越某些阶段达到较高的技术水平，从而显示欠发达地区的追赶效应。

(3)新技术的扩散速度加快。由于互联网的出现及通信技术的发展，现代信息传递的速度越来越快，一个创新企业或创新国家能够独占或垄断一项科技成果的时间越来越短。如对美国10个产业所做的调查显示，一个创新产品从企业成功开发到该产品生产技术被竞争对手获取的时间少于1年的占70%，对工艺革新来说，这一比例为39%。由于新技术扩散和转移速度加快，为资源型城市发挥“后发优势”，通过再创新推进科技的跨越发展提供了机遇。

(二)我国科技、经济社会发展提供的良好发展环境

目前，我国在改革开放方针指引下，经济社会发展取得决定性成果的条件下，将进入深化产业结构调整，转变经济发展方式、提高经济和环境效益，实现社会和谐发展，朝着创新型国家目标迈进的全面小康社会建设期。在这个时期特别需要科学技术的强有力支撑，而且也只有充分发挥科学技术在经济社会发展中的主导作用，才能使国家走上又好又快的可持续发展轨道。因此，党和国家对科学技术的重视程度提高到了前所未有的高度，加大了科技体制改革的力度，以较大强度增加了对科技发展的投入，国家用于R&D的经费占GDP的比重由“九五”时期的0.65%增加到2005年的1.34%，投入国家科学基金和大科技工程项目的资金有了成倍增长。

近期，在国家2006~2020年中长期科技发展规划纲要中确定了“自主创新，重点跨越，支撑发展，引领未来”的指导方针，提出了至2020年我国科学技术创新发展的宏伟目标和若干重点领域及前沿科技，明确了推进科技发展的若干配套政策。由此，充分显示出未来我国科技发展的良好环境和大好前景。

同时,国家继续推进西部大开发战略,把西部的资源有效开发与生态环境的保护与恢复有机地结合起来,积极支持西部在大开发中走新型工业化的发展道路。因此,特别重视和支持资源型城市的经济转型,建立了兰白金有色金属新材料产业化基地,在嘉峪关、金昌、白银等城市支持发展高新技术并确定为发展循环经济的试点城市,在农业发展中特别重视特色农业、生态农业和河西绿色产业带的发展。为促进资源型城市的经济转型,在政策上为科技发展提供了较为宽松和优惠的政策支持。

(三)资源型城市经济、科技发展的良好基础

甘肃省资源型城市经过矿业开发、产业发展和结构转型等几个发展阶段,目前除少数几个矿区由于资源枯竭而走向衰落外,嘉峪关市、金昌市、白银市、玉门市、庆城县、华亭县等有一定规模的资源型城市(县)都处在发展的最佳时期。其中,白银市和玉门市适应资源衰减的局面,通过发展特色接续产业和高新技术产业,挖掘资源潜力及开发新的资源优势等方式,走出了资源困境,开始走上可持续发展道路;嘉峪关市和金昌市正处在资源开发利用的成熟期,虽然资源消耗量已达40%以上,但采取缩减本地资源消耗(引进和采用境外资源量占资源消耗量的50%左右)、发展非矿产业、延伸产业链和资源的综合利用等,使城市呈现欣欣向荣的面貌;庆阳油田和华亭煤矿的开发利用,使庆城县和华亭县虽处于资源开发的初期阶段,但由于有对资源利用的长期规划及发展资源转化产业的综合部署,城市的发展一开始就走上了较为健康的发展道路。因此,由表5-4所示,这几个城市(县)的地区生产总值,从2000年以来都有较快(高于全省平均水平)甚至成倍的增长。增长率最高的嘉峪关市达到323.48%(等于5年再造了两个嘉峪关市),增长率最低的白银市5年中也达到60.26%(高于全省平均增长率近7个百分点)。2000~2005年,这几个城市(县)的人均地区生产总值也均高于全省平均水平,其中2005年嘉峪关市人均达到5 500美元,最低的白银市约1 100美元,而全省平均为900美元左右。由于经济总量的迅速扩大,带动了地方经济实力的迅速增长。如金昌市,2005年大口径财政收入为18.7亿元,是2000年的2.8倍,地方财政收入达到4.3亿元,是2000年的1.44倍;嘉峪关市5年中,大口径财政收入和地方财政收入年均增长都在20%左右,2005年分别达到15.5亿元和4.04亿元,比2000年均翻了一番多。这些城市(县)的较为雄厚的经济实力,为资源型城市的科技发展和创新及接续产业和高新技术的产业化提供了强有力的支持。

表 5-4　各地生产总值、增长率及人均生产总值

地区	地区生产总值（当年价，万元）			增长率（%）（可比价）		人均生产总值（万元）		
	2000 年	2004 年	2005 年	2005 年/2000 年	2005 年/2004 年	2000 年	2004 年	2005 年
玉门市	253 981	454 921	541 642	83.29	16.36	1.37	2.42	2.87
嘉峪关市	179 311	444 385	813 093	323.48	80.27	1.00	2.42	4.47
金昌市	350 746	855 262	1 158 685	200.38	32.22	0.78	1.85	2.50
白银市	770 319	1 263 304	1 465 388	60.26	13.30	0.46	0.73	0.84
华亭县	74 662	125 991	175 649	105.28	36.71	0.44	0.73	0.99
庆城县	194 580	300 996	387 551	69.20	26.06	0.63	0.95	1.27
全省	1 052.88	1 688.49	1 933.98	53.71	11.84	0.41	0.64	0.75

注：据《甘肃年鉴(2006)》。

在经济实力增长及经济社会发展需求的推动下，资源型城市的科技发展取得了长足进步。如金川集团公司建有国家级技术中心，并通过坚持不懈的科技联合攻关，在有色金属、贵金属采选冶及其盐类化工和相关新材料技术领域形成了一批具有国际或国内先进水平且有自主知识产权的核心技术和生产设备，目前技术进步对金川集团公司经济增长的贡献率已达60%。金昌市在“一特两化”农业发展中，坚持用现代科技改造农业，节水灌溉、杂交制种、设施农业、牛羊胚胎移植、蔬菜丰产栽培、沼气技术等得到了较全面的推广应用，科技因素对农业发展的贡献达到了45%；科技体制改革取得了重要进展，以企业为主体，以项目建设为中心，按市场化运作原则，在若干大中型企业和经济技术开发区建立了技术中心，并按产学研结合机制，与国内外40多所高校和科研院所开展了广泛合作，对实现科技与经济对接，促进生产力发展发挥了重要作用；在科技队伍方面，至2004年底，金昌市有各类科技人员8 582人（不含中小学教师），每万人拥有186名，在全省各地州市中居第二位，科技人员组成结构趋于合理，专业构成涉及260多个学科、技术门类，形成了一支可以进行集团攻关的较强科技队伍。嘉峪关市在产业发展推动下，特别是酒钢集团公司等现代化企业，在积极利用国内外先进技术的基础上，有效开展自主创新，带动了全市科技事业的发展，目前在钢铁冶炼领域和城郊农业科技中，80%以上采用了国际或国内先进技术，并产生了一批较成熟的自主创新成果，市级安排的科技项目（课题）数、专利申请量、省部级以上科技成果数均在逐年增长。由此，促进了科技人才的聚集和成长，2005年嘉峪关市各类专业技术人员达1.35万人，其中高、中级人员占37.4%，每万人拥有科技人员234名，居全省各地州市的首位。这些已有的科技发展成就是资源型城市未来进一步提高科技发展水平和创新能力，推进科技跨越发展，为经济持续、健康、较快增长和社会和谐进步作出积极贡献的重要基础。

二、实施科技带动战略

（一）什么是科技带动战略

所谓科技带动战略，是指坚持科学技术作为第一生产力的基础地位，充分发挥科技对经济社会发展的引领和带动效应，在科学发展观的指导下，密切结合资源型城市产业结构调整和可持续发展的需求，积极培育技术引进基础上的再创新、集成创新和具有自主知识产权的原始创新，使资源型城市的科技发展达到适应和超前经济社会发展的较高水平。这是从战略上体现科技对经济社会发展起带动和支撑作用、实现经济转型和转变经济增长方式、使资源型城市得到可持续发展的根本战略。

（二）科技带动战略的内涵

科技带动战略的内涵包括以下几个方面。

1. 以产业发展的需求为动力，提高科技发展的前瞻性

科技发展要紧紧围绕资源型城市转变经济发展方式和产业结构调整中产业发展的科技需求，把经济社会发展中迫切需要解决的关键科技问题及其产业化作为推进科技发展的不竭动力。引导和组织科技工作面向产业发展的主渠道，超前部署和安排科技项目，预见未来产业发展的“瓶颈”。通过不断解决产业发展的核心技术问题，提高科技与经济社会发展的耦合度，以支持和引领产业优化和结构调整。

2. 优势引导，重点突破，发挥科技带动效应

根据资源型城市几十年发展中积累起来的产业优势和技术优势，结合各个城市内外环境造就的科技特色，以这些优势作为引导科技发展的基础，进一步强化和拓展自身科技特色。贯彻“有所为，有所不为”的方针，选择有较大产业带动作用及发展潜力的技术领域，瞄准科技发展前沿和最新科技成就，组织攻关，重点突破，积极推进产业发展的高技术化和结构优化。在重点突破中，发挥科技的带动效应，促进与主导产业科技相关的信息业、服务业、环保业等领域的科技发展，达到全面提高城市科技发展水平的目的。

3. 引进吸收与自主创新相结合，实现跨越发展

一些发达国家或地区，在产业发展过程中率先达到了某些先进技术和高

新技术的应用,促进了生产力的发展。在现代信息传播全球化、高速化的条件下,有利于克服知识和技术吸收利用的“马太效应”,适时引进发达国家或地区的先进适用技术;有利于节省技术创新成本和超越某些科技发展阶段,加快通过新技术应用发展生产力的步伐,这是后发展地区实现跨越发展的一条有效途径。但是,由于真正的核心技术是买不来的,要取得技术和产业发展的自主权,必须逐渐摆脱对发达国家或地区的技术依赖,积极推进引进、消化吸收、再创新、集成创新和核心技术的原始创新,提高自主科技创新能力,使科技发展深深植根于本地“土壤”,打出自主品牌,从而获得科技发展的主动权和旺盛生命力,实现整体意义上的跨越发展。

4. 整合各种科技资源,提高科技攻关和集团创新能力

在几十年的城市科技发展中,特别是我国实行改革开放政策以来,甘肃省的资源型城市大都拥有中央、省属大企业及本市的各种科技资源,同时又与国内外不少高等院校、科研院所建立了较为密切的科技合作关系。对这些科技资源应突破体制障碍,打破部门限制,在市场化机制的作用下,进行有效整合,进一步创新科技发展机制,强化各行业的联合攻关和产学研结合模式,开拓良好的科技协同合作发展环境,培育科技联合攻关、科技成果共享和扩散应用的社会氛围,在实行有效的科技资源耦合中,提高具有城市特色的科技攻关和集团创新能力。

5. 以人为本,培养和造就一支强有力的科技队伍,激励科技创新

“科技发展,以人为本”。通过各种人才培养和深造途径,造就一支适应科技发展需要的高素质科技人才队伍,这是实施科技带动战略的根本保证。同时,要采取以人为本的激励措施,进一步深化科技体制改革,优化科技发展机制,建立公平、公正的创新激励制度,把科技人员的工作业绩与奖惩和分配制度挂起钩来,以良好的科技发展环境和工作生活环境吸引人才、留住人才。

(三)科技带动战略的实施要点

实施科技带动战略,要有一个周密的部署,其要点如下。

1. 统一认识,加强领导

要充分认识资源型城市的经济转型和产业结构的优化升级,只有走上以科技为支撑的轨道,才能得到健康和可持续发展。科技进步是推动资源可持续利用和资源转化及建设人与生态环境友好相处的和谐社会的唯一可靠途径。要切实改变依靠资源、能源消耗,以牺牲环境为代价的粗放式生产力发展方式,走资源节约型、生态效益型的新型工业化道路,也只有加强科技投入,通过科技发展的支持和引领,才能使经济社会达到持续繁荣,从而避免“矿竭城

衰”的被动局面。因此，要下定决心，坚定信念，把城市的发展转移到以科技进步为主要推动力的根本上来。在统一这些认识的基础上，加强对实施科技带动战略的领导，由市（县、区）一把手挂帅，协同各主要工作部门和企业（集团），统筹安排科技带动战略涉及的各个方面的工作，并成立科技带动战略实施办公室，负责对各个方面工作的指导、监督和检查，建立项目责任制度和实施结果的检查、评估验收制度。

2. 制定规划，分步实施

实施科技带动战略对一个资源型城市发展的战略转移来说，是一项长期的任务，不是一朝一夕就能完成的。因此，在战略目标确定以后，要制定中长期（10～15年）发展规划，并按照中长期规划的要求和部署，制定五年规划和年度工作安排。这样既有较长期的目标、任务，又有较短期的计划安排，就会使科技带动战略经过这种分步实施的努力，逐步达到由科技支撑经济社会发展实现战略转移的目的。

资源型城市中长期科技发展规划应在充分分析本地经济、社会、科技发展现状及存在问题的基础上，有针对性地调查了解相关产业及科学技术的发展趋势，把科技发展及可能产生的创新成果与本地产业转移、结构调整和接续产业发展的要求结合起来，从科技发展的有利和不利条件、中长期科技发展目标、指导思想、分阶段任务以及重点科技领域、重大工作项目和规划实施的保障措施等几个主要方面进行科学谋划。制定这样的中长期科技发展规划是一项重大的战略性措施，涉及的领域比较多，所需要了解和分析研究的问题比较广、战略性比较强，必须动员和组织广泛的力量，经过多次上下结合的征询、调研、讨论过程，有的甚至要召开一些专题研讨，才能产生一个既切合实际，又有预测和远见、较可操作的中长期科技发展规划。规划一经制定要有法律效力，同时它又是滚动性的，随着时间的推移和客观情况的变化，每三五年需要进行适当而必要的修订。

3. 精心组织，分工协调

落实科技带动战略和中长期科技发展规划，需要经济社会各有关部门和企事业单位的积极参与，要在市（县）的统一领导下，分解科技带动战略实施中的各项任务，按产业、科技、教育、工程项目、财政、金融、组织人事、社区等指定各项任务的负责单位（部门）、协作单位，分工负责，各自制定相应的实施方案和落实措施。通过精心组织、分工协调及政策性措施，有步骤地把科技带动战略的实施落到实处，这是一项战略性系统工程，必须引起足够重视。

4. 落实财政和政策性支持

由于现代科技，特别是创新科技的发展需要有较大的科技经费投入，而这种投入所产生的经济效益与社会效益之大是任何在其他方面的投入所无法比拟的。因此，各级政府和企业要切实转变观念，大幅度地提高科技发展的财政投入，并在政策上提供支持。

甘肃省资源型城市虽然对科技发展一直较为重视，但与经济转型对科技发展的需求相比，仍显投入上的不足，以致企业技术改造和创新的需求得不到满足，许多科技发展项目和科技基础设施建设无法落实，严重阻碍着科技的创新与发展。为实施科技带动战略，要根据实际需要并参照较发达国家（地区）的科技经费投入力度，落实财政支持额度，同时可采用多种形式吸收社会资金或引进外资等用于科技发展。在政策方面，要在科技体制改革、机制创新、人才培养、科技激励制度、知识产权保护、科技成果评选和奖励、投融资扶持等方面，提供一系列符合市场化运作规范的政策措施，以形成实施科技带动战略的良好社会氛围和政策环境。

第三节　资源型城市的科技发展目标

这里讲的科技发展目标是指资源型城市科技发展的中长期（10～15年）目标或称战略性目标。

一、确定科技发展目标的指导原则

（1）适应性原则：紧密结合经济社会发展的总体目标及对科技的需求安排科技发展，使科技发展与经济社会发展相适应，体现经济建设和产业发展依靠科学技术、科学技术为经济建设和产业发展服务并提供推动力的方针，努力增强科技与经济社会发展的耦合度。

（2）前瞻性原则：在预见经济社会可能达到的发展程度基础上，瞄准世界科技发展前沿，以最新科技成就支持经济社会的发展。体现在发展目标上要有对科学技术前沿的预见，前瞻性地加强科技基础设施建设，增加科技发展投入，在科技人员的数量和质量、科技突破和科技创新能力、科技因素对经济增长的贡献率等方面设定较大幅度的提高等。

（3）引导性原则：在当代，科学技术已经成为推进经济社会发展的主导因素，因此在经济社会发展中，科学技术要超前安排，一旦经济社会对科技出现某种需求时，科技发展能及时提供某种成就，使这种需求很快得到满足。这样，科技在经济社会发展中的引领和引导作用就会明显地表现出来。

(4)协调性原则：资源型城市产业发展的协调、经济社会发展的协调和人与自然环境的协调将在科学发展观的指导下得到更深刻的体现。因此，科学技术也应该在有重点、有特色的前提下，各个相关科技领域取得协调发展。对一个城市（或地区）来说，不应闭关自守，要取得与其他城市（或地区）的科技互补，但也要有自己相对完整的科学技术协调发展体系。

二、科技发展总体目标

根据上述指导原则和经济社会发展的要求，甘肃省资源型城市科技发展的中长期总体目标是：加强科技发展自主创新能力建设，按照产学研结合模式，建设若干市属或企业科技研发机构（研究所、工程技术中心、重点实验室、农作物培育中心等），培养和造就一支有一定数量的高素质科技队伍，逐步建成城市技术创新体系，科技综合开发能力和自主创新能力显著提高，科技与经济的耦合度达到0.85左右，科技因素对经济增长的贡献率由现在的30%～40%提高到50%～65%；在有色金属和钢铁冶炼、石油化工、新材料、能源、现代农业和生态环境保护等科技领域突破一批重点关键技术，其中在引进的先进技术与适用技术中，再创新成果达到40%～55%，对外技术的依存度降到50%以下；在自主创新的科技成果中，有20%以上达到或接近世界先进水平；专利申请量和授权量明显提高，在建立严格的知识产权保护制度的条件下，科技成果的转化率由现在的10%左右提高到50%左右；建立和完善与产业结构调整相适应的科技开发与技术示范基地，积极推进与产业升级换代相关的高科技产业，在促进城市经济转型、社会进步和创新型城市建设中，充分显示科学技术发展的支撑和引领作用。

三、若干重要方面的分项目标

(1)有色金属、贵金属、钢铁采选冶和石油化工、稀土材料、新材料、能源及能源转化等主导产业科技领域，在引进技术、吸收消化、再创新方面有新突破，主要工业产品中至少各自掌握2～3项自主创新的核心技术，自主创新的技术成果占企业高技术应用的40%以上；有关企业和企业集群普遍推行清洁生产和生态工业发展模式，其资源综合利用和主要产品的能耗、物耗指标达到或超过全国同行业较高水平，工业用水重复利用率达80%～100%。

(2)生态农业或城郊农业的发展取得突破性进展。在因地制宜发展特色农业的过程中，普遍采用现代良种繁育和栽培技术、节水农业技术、设施农业技术、生物工程技术，农作物、高原无公害蔬菜、牛、羊、猪、禽等良种率达到并持续保持在90%以上，农业灌溉用水利用率达到0.5～0.65；在种植场和养殖场发展废弃物的综合利用，结合新农村建设普遍推广沼气应用等绿岛式循环经济发展模式，确保粮食、蔬菜及畜禽产品的无公害、优质优势地位和环境、食品安全。

(3)轻工、食品、饮料、药材加工等非矿产业领域，普遍采用现代生物技术、新材料技术，淘汰落后生产设备，发展规模化生产；应用信息技术工艺流程，提高产品质量和生产效率，食品、饮料等产业推广应用生物技术和标准化技术，发展特色、优质产品，以高科技含量打造优质品牌。

(4)生态环境保护和恢复重建取得积极效果。开发流域治理技术，恢复河流上游植被覆盖率，山地及森林水源涵养功能明显改善；水土保持和防护林建设持续发展，水土流失和沙化土地面积扩大的趋势得到遏制，湿地和水库生物多样性得到恢复；应用乔、灌、草、花合理布局技术发展城市园林，城市绿化率达到25%～40%；城市及工业"三废"处理技术达到国内先进水平，污水处理率达到100%，固体废弃物处理和综合利用率达到60%～80%，城市空气质量二级及以上天数占65%～80%。

(5)信息技术的开发应用达到较高水平。加强城市信息系统基础设施建设，应用数字化、网络化技术、多媒体技术、地理信息系统(GIS)技术等，发展企事业单位信息资源共享和开发利用的信息系统，建成覆盖国民经济和社会发展各部门的信息网络系统，实现国民经济信息化目标。

(6)建立若干科技研发机构，发展科技人员队伍，自主研发力量显著增强。适应城市发展、经济转型和产业结构升级优化的需要，每个城市都应有重点地建立3～5个科技研发中心，80%以上的大中型企业均设有企业技术发展中心；科技专业人员占就业人员的比例有较大幅度提高，其中直接从事科学研究、技术开发及服务人员应占30%左右，高级科技人员在科技人员中的比例逐步达到15%～20%，企业中高级技工占技术工人的比例达到20%。

(7)科技投入明显增长。全社会投入科学研究与技术开发的经费逐步提高到GDP的2.5%左右，企业的科技投入逐步达到年销售额的3%～5%。

第四节　资源型城市科技发展重点领域及前沿技术

按照科技带动战略确定的指导思想和科技发展目标提出的要求，宜选择具有比较优势、能满足产业结构调整和转变经济发展方式的需要，有利于实现资源节约和可持续利用、环境友好、技术水平较高的科技领域重点发展。

一、矿产资源的深度勘探开发与选冶技术

甘肃是一个矿产资源较为丰富的省份，资源型城市的矿业开发，对有效保障经济建设和社会发展的矿产资源需要，促进区域经济发展，加快城市化进程，推进新型工业化过程中有色金属、钢铁、能源、化工原料等基础产业的发展，使资源型城市的资源优势变为产业优势和经济优势都具有十分重要的基础地位。为此，需把矿产资源的深度勘探开发和提高选冶技术水平作为一项重点工程予以安排。针对资源型城市在矿业开发中存在的问题，需改变矿山浅部资源枯竭、深部资源不清，本矿资源枯竭、外围资源不清，已知矿床资源枯竭、新类型共生伴生矿床前景不清以及采选冶技术科技含量不高、效益增长缓慢等状况。积极改善和发展矿产资源的深边部勘探开发技术，改进、改革采矿方法，提高选矿、冶炼工艺技术水平，努力探索矿产资源综合利用新方法、新工艺、新技术。

主要前沿技术有：

(1)深边部地质勘探找矿技术。使用物化探综合立体勘查、高灵敏度探测器和野外快速数据采集和数据解译技术，发展深边部探矿和复杂矿体探矿；研究矿区深部岩石力学变异规律，掌握地质构造特点，发展国内外深部厚大矿体地压控制技术，创新采矿工艺。

(2)贫矿开采和矿产资源综合利用技术。提出贫矿开采的可行性经济技术指标和最优采矿工艺，确定合理开采区域和各项选矿指标，利用大型无轨采矿设备等高技术提高回采率和出矿品位；深入研究矿区矿石的物质组成及工艺矿物学特性，发展高效自动化选矿工艺，采用原地浸出、生物氧化等先进技术，提高选矿扩能技术水平和资源综合利用率。

(3)有色金属及钢铁冶炼技术。包括镍精矿蒸汽干燥工艺及闪速炉优化控制技术，贵金属回收工艺，铜自热炉低压富氧吹炼技术，钴溶液深度净化技术，伴生矿生物氧化及浸出技术，高效、大型和提高精炼化的钢铁冶炼技术，洁净钢生产技术等。

二、水资源保护与开发利用

水资源作为资源型城市经济社会发展的命脉和必要条件，面对水资源短缺对城市产业结构调整和可持续发展造成严重制约的严峻形势，必须从水资

源生态经济学的角度出发，加强不同环境条件下水资源保护、开发利用和合理配置的科学技术研究，依靠科技进步，实施水资源的有效保护，扩大水资源的有效补给，发展节水技术，以先进的管理理念，寻求经济社会发展的水资源保障和实现水安全的可靠途径。

主要前沿技术有：

(1)水资源系统与经济社会发展的耦合机制。研究区域水资源承载力和开发利用潜力，通过调水工程、节水技术和水资源保护技术的应用，模拟区域经济社会发展可能得到的水资源满足程度，建立水资源系统与经济社会发展耦合机制，为合理配置水资源、调控水系统、调整产业结构和经济社会发展模式提供科学决策依据。

(2)水资源系统与生态环境系统的耦合和相互作用机理。在调查了解不同地理区域水资源系统和生态环境系统历史演变的基础上，研究水资源系统与生态环境系统的相互作用和反馈机制，包括水系统循环变化对生态系统演替的影响、生态环境系统变化发展对水循环规律的影响、干旱地区生态水文学和不同植被覆盖条件下的耗水规律、生态环境系统需水量和植被覆盖与水资源的平衡模式等。

(3)内陆河流域水生生态系统保护与综合治理工程。对发源于祁连山的河西内陆河流域进行综合治理，包括研究祁连山水源涵养地发展变化规律，利用自然条件，配合人工措施，恢复祁连山森林生态系统的水源涵养功能；采用合理林分结构，选择适地树种，扩大防护林体系，提出水库和湿地维护与生态系统修复方案，以提高地表水和地下水资源量；通过工程措施，建立流域节水体系，并实施水资源的合理调配。

(4)节水技术。综合运用低压管道输水、滴灌、喷灌、覆盖栽培、生物调控等技术，研究膜下滴灌作物节水机理和灌溉模式，建立适地节水农业体系；发展冶炼厂冷却水循环利用技术和煤电厂的水热综合利用，对工业污水进行无中和处理和循环利用；治理城市污水，利用中水绿化环境，节约生态用水，开发节水器具和生活用水的多途径利用等。

(5)跨流域调水工程。通过国家南水北调西线工程、引洮工程、引大入秦工程、引硫济金工程等，实施跨流域调水，补充水资源的不足。同时，分析调水对水生生态系统和河谷陆地生态环境系统的影响，避免调水的负面影响以及扩大调水的可行性。

(6)人工增雨技术。探索大气环流和局地气象条件的变化规律，针对有利的降雨条件，研究适合冷云(<0 ℃)和暖云(≥0 ℃)雨滴的不同凝结核催

化剂,确定人工增雨点的合理布局,选择不同催化剂的播撒方法,开展人工增雨作业,并对人工增雨效果进行有效检验。

(7)虚拟水技术。借鉴约旦王国利用虚拟水技术满足了本国高达60%~90%水资源需求的经验,压缩本地耗水产业规模,通过贸易手段和从外部调入方式,补充本地耗水产业产量,达到借用水资源丰富地区的外部虚拟水来满足本地水资源的需求[10]。

三、新材料技术

依托资源型城市的资源优势,特别在铝、镍、铜、铅、锌等有色金属及钢铁冶炼加工方面已形成的产业特色,扩大原材料的深加工,进一步延伸原材料加工业的产业链,发展高密度储存材料、生态环境材料、碳-碳复合材料和高性能纳米材料、结构材料、合金材料、功能材料等,以提高产品科技含量和附加值,扩大资源利用率,实现产业结构的优化升级。同时,这些体积更小、更加智能化、多功能、环境兼容和可定制的新型材料,还将对制造业、物流的发展和人民生活水平的提高产生重要影响。因此,发展材料科学技术就成为资源型城市开拓接续产业、提高新型材料业发展水平的重要一环。

主要前沿技术有:

(1)铝、镍、铜、钴等有色金属盐类分解技术及分解动力学研究,结合表面科学工程,开发高密度储存材料和电池材料。

(2)有色金属合金线材、棒材、管材及储氢材料的工艺路线、技术指标及生产线分步发展的最佳途径研究。

(3)氧化物粉体材料开发技术。深入研究金属元素理化结构与晶体生长规律,开发超细粉体材料、纳米材料和包覆粉末制备技术。

(4)钢铁构件深加工技术。如各种型钢、型材、管材的优化生产线、联合机组生产线,不锈钢、碳钢及其他合金钢的深加工产品生产技术和工艺设计,钢材的在线与离线深加工工艺等。

(5)非金属新材料技术。以纳米材料技术及其应用为基础,发掘非金属矿产理化性能,开发高性能陶瓷材料、墙面和装饰材料、生态环境材料和生物功能材料;以提高水泥生产热效率和发展各种特种水泥产品为重点的水泥生产大型化、自动化生产技术等。

四、先进装备制造技术

先进装备制造技术是整个制造业的技术核心。目前,先进装备制造技术呈现精密化、智能化、系统化的特点,其中智能集成制造系统、高速精密加工设备和绿色制造技术的发展和应用,将为资源型城市的产业升级、发展材料深加工提供重要的基础技术和设备,并可创造产品的高附加值。在资源型城市发展先进装备制造技术,虽技术基础较差,但有较大发展空间。

主要前沿技术有:

(1)设备及零部件精密制造技术。大型及特殊零部件成型和加工技术,通过部件设计制造技术和高精度检测仪器仪表等,提高工作母机、重大成套技术装备、关键器材和零部件自主设计制造能力。

(2)数字化设计制造集成技术。开发产品生产全过程数字化、智能化设计方法和技术,计算机辅助设计与工艺设计技术,设计、制造和管理的集成技术,实现高档机床数控化、精密化。

(3)工艺流程的绿色化、自动化及装备制造技术。开发充分利用资源的高效清洁工艺流程和装备,基于生态工业的系统集成和自动化技术,智能化检测控制技术,装备制造和特种传感器件的工艺流程等。

(4)高性能复合材料及大型、超大型复合构件的制备技术。

五、能源和节能技术

甘肃省资源型城市具有较丰富的能源资源,计入全省100强的企业中有兰州石化、玉门油田、长庆油田、庆化集团、甘肃电力公司、华能平凉发电公司、华亭煤业、靖远煤业及发电公司等能源企业。同时,资源型城市所在地区大都具有丰富的太阳能、风能、生物质能等,有可再生能源发展优势。在世界性能源短缺及保障我国能源安全的环境下,发展能源科学技术及节能技术,已成为国家优化能源结构、调整产业政策、提高能源利用效率的必然选择。资源型城市特别是以能源资源为主导产业的城市,依靠科学技术,发展能源的可持续利用及节能降耗技术,应该成为科技发展的首选目标。

主要前沿技术有:

(1)煤炭及油气资源勘探开发技术。包括煤田地质科学技术,大型和特大型煤矿开采技术,露天煤矿建设和利用技术,煤矿安全生产技术以及陆相地层油气资源勘探技术,提高老油田采收率技术,深层油气藏勘探开发技术等,不断提高煤炭及油气资源的地质储量和可采收率。

(2)煤炭资源的高效、清洁利用技术。煤电厂扩能改造和脱硫降耗技术,煤的气化、液化、热电联产和联合循环发电(IGCC)技术等。

(3)可再生能源的低成本、规模化开发利用技术。包括大规模风电场设计、风力发电设备零部件制造技术，以沼气利用为核心的生物质能利用技术，推广使用太阳能 PV 电站、太阳能热水器、太阳灶、太阳能建筑等，研究生物质能、风能、太阳能在同一地区的互补和综合利用；在不破坏生态环境条件下，发展流域梯级水力发电等。

(4)节能技术。包括冶金、化工、材料等高耗能产业的节能改造，机电产品节能技术，高效、长寿命节能产品开发，能源梯级综合利用技术，城市管理和农村节能及生活节电技术等。

六、化工科学技术

化学工业是国家经济建设的基础产业，具有影响种类多、相关性强、带动性大等特点，其中新型化工产品又广泛应用于能源、环保、生物医药、建筑、化纤助剂及日用化妆品等领域，与国民经济和人民生活水平密切相关，市场前景十分广阔。因此，化工科学技术水平在一定程度上代表了一个国家或地区的科技实力和经济发展水平。资源型城市具有丰富的化工原材料，具备发展化工产业的独特优势，应以化工产业为依托，切实放大边际效应，在发展化工科学技术的基础上，促进化工产业链的延伸，大力发展为各工业部门提供辅助材料和居民直接消费品的精细化工，推进精细化工和化工新材料产业的发展，提高产品科技含量和附加值。

主要前沿技术有：

(1)煤的气化、煤气净化和催化合成技术。发展以集成先进技术为支撑的较大规模甲醇生产体系，先进粉煤气化技术、高效催化合成技术和反应器、新型节能及环保技术、甲醇下游产品生产技术等。

(2)以煤气化为基础的多联产系统开发技术。在煤气化的基础上，以氢能、电力和联产化工产品为方向，实现二氧化碳的隔离、埋藏和综合利用，开发新型高效、洁净煤基化工—能源系统技术。

(3)精细化工科学技术。以氯、碱、氢平衡为核心的氯碱精细化工技术，发展氯碱产品深加工；低能耗、无污染、环保型化工技术，发展电子化学品、胶粘剂、环保类高技术化学品；精细化工中间体、功能高分子合成、饲料添加剂等的开发技术；精细磷化工、氟化工技术等。

(4)复混肥及专用肥生产技术。钾肥及硫基氮磷钾复合肥原料配比、生产技术，以氯化铵为基料的复混肥、专用肥生产技术，各种农作物和不同土壤条件下的氮磷钾比例选配技术。

(5)新型催化剂技术开发。铂族金属催化剂及稀土汽车尾气三效催化剂基本工艺流程研究等。

七、现代农业及生物技术

农业是国民经济的基础。在资源型城市充分利用土地资源和丰富的光热条件及不同区域的地理特征,发展农业和农村经济对实现资源型城市的城镇化和可持续发展,同样具有十分重要的基础作用。目前,全球农业在经历了常规农业到工业化农业的发展以后,逐步确立了经济效益、社会效益、生态效益并重的"可持续农业"发展方向,走现代生态农业发展道路。当前,资源型城市农业的发展处在一个关键时期,即在具备一定规模和特色、产生较好生产效益以后,能否跨越传统农业发展的某些阶段,使农业发展产生质的变化,尽快实现现代农业的发展,就成为资源型城市面临的一个紧迫问题。

世界各国和地区从传统农业向现代农业的发展历程表明,科学技术的突破和创新是推进农业持续、良性发展的根本动力[11]。因此,"高效、优质、低耗持续"及环保型、生态安全型、资源节约型农业科技被推到了现代农业发展的前沿。对甘肃省资源型城市来说,就需要把农业科技与生物工程技术结合起来,加强农作物及畜禽育种繁殖技术、特色农副产品深加工技术、农田耕作及土壤改良技术、病虫害的生物防治技术等的研究与应用,以不断提高现代农业发展水平,使农业真正成为资源型城市可持续发展中的重要支柱。

主要前沿技术有:

(1)农作物、蔬菜及饲草种质资源培育与种植技术。包括高效、多抗、耐旱优质小麦、啤酒大麦、玉米等制种培育技术;高原无公害蔬菜新品种及设施农业技术、标准化生产技术;以苜蓿为主的牧草品种选择、大面积栽培及抗逆转基因技术;中药材的人工栽培、繁殖技术和优质林果反季节栽培、病虫害的生物防治技术等。

(2)畜禽优良品种选育与规模化养殖技术。开发冻精、胚胎移植等畜禽良种保存和繁育技术、定向杂交与转基因育种技术,发展舍饲圈养和规模化养殖,普遍应用检疫、免疫技术,实施畜禽流行病的预测、预警。

(3)肉类、果蔬、乳品、饮料、中药材等的深加工技术。应用现代电子技术、生物技术和新材料技术,把握食品加工方便化、工程化、功能化和专用化发展趋势,开发肉类排酸保鲜技术、生物发酵技术、酶技术以及胡萝卜、洋葱等果蔬储存、保鲜、加工技术;研究中药材的现代加工、制药技术及苜蓿茎叶分离提取叶蛋白技术等。

(4)保护性农业耕作及土壤改良技术。包括沙田免耕、少耕、覆盖耕作、草田轮作、沟垄种植等,以保护性耕作节水、防风蚀、防沙尘,尽可能减轻对土壤结构、养分和天然生物多样性的破坏,防止土壤侵蚀和退化,提高土壤团粒结构,改良土壤和作物生地条件。

(5)农畜产品标准化技术。加快农畜产品生产的标准化、规范化技术研究推广,加强标准化体系建设,扩大标准化生产基地,形成一批无公害、绿色和有机农畜产品,发展和保持特色农畜产品的优质及品牌优势。

八、生态恢复及环境治理技术

生态环境系统是支持人类生存发展的基础和先决条件。当前,生态恢复、环境优美、空气清新、饮水卫生、食品安全等所构成的环境安全,已成为世界各国不亚于国防安全的重大国家安全问题。在资源型城市,要改变生态系统退化、环境污染日益严重的状况,为城市的可持续发展提供良好的自然环境,必须加强生态恢复和环境治理的力度,针对高寒山区、森林草原、河谷水系、干旱高原、荒漠化地区的不同生态群落,开展综合治理,制定长期规划,合理部署和配置生产力结构;全面遏制水土流失和荒漠化的发展,治理和限制工业“三废”和城市垃圾的排放,引导和支撑城乡发展循环经济和废弃物的综合利用,实现资源利用最大化、废弃物排放减量化、生态环境效益最优化。经过坚持不懈的努力,建设人与自然环境和谐发展、山川秀美、空气清新的生态环境安全体系。

主要前沿技术有:

(1)不同生态地理区域生态环境系统功能定位及恢复重建的技术支持模式。对各生态环境系统的尺度范围、水资源承载力、森林植被的分布和立地条件进行全面调查分析,建立动态监测系统,研究不同区域生物多样性特征及恢复、治理途径,按照因地制宜、分类指导原则,建立不同生态环境系统功能恢复和持续改善的技术支持模式。

(2)高抗逆优良树种、牧草繁育的生物工程技术。针地不同土壤特性、气候及水资源状况,应用生物技术、新型保水材料技术,培育生长快、抗逆性强的优良苗木和牧草品种,发展种子包衣技术、保墒节水技术、苗木稼接技术。

(3)生态环境系统与水资源承载力的耦合与相互作用研究。确定生态环境恢复重建的需水量,根据可供水资源,合理配置生态环境建设规模和布局结构,以保证生态环境系统的可持续维持。

(4)工业污染治理技术。包括低浓度二氧化硫烟气中硫资源回收的工程化技术,冶炼炉化学烟尘处理工艺和技术,含氯、氟等废气排放的治理和回收技术，酸性废水的无中和处理及有价金属的回收技术，焦炉煤气脱硫、脱萘技术等。

（5）尾矿砂、冶炼渣及粉煤灰的综合利用技术。包括尾矿砂再造工艺、药剂研究，从尾矿砂中回收有价金属和非金属；冶炼渣中镍、铁及二氧化硅的提炼技术；粉煤灰加气混凝土砌块制砖技术，尾矿的化学浸取和粉磨技术等。

（6）荒漠化和水土流失治理技术。研究荒漠化发生发展和水土流失的自然因素和人为因素，评估其对生态环境变化的影响；模拟在荒漠化和水土流失条件下，生态环境系统演变结构，建立荒漠化和水土流失防治工程体系。

九、电子信息技术的应用和开发

目前，以微电子技术、计算机技术、通信网络技术为核心的电子信息技术的迅速发展和应用，正在极大地改变着人们的生产方式、经营方式和思维方式，由此提供的高效知识生产平台和海量信息传播、扩散空间，将引发经济形态和社会结构的巨大变革。在国内，在通信网络和计算机技术发展的条件下，2003 年科技部提出“缩小数字鸿沟——西部行动”计划，甘肃省研究确定用 10 年左右时间缩小与我国东部地区的“数字鸿沟”，大力发展电子信息技术的应用和开发。资源型城市必须抓住这个良好机遇，加快城市数字化、网络化建设，利用和开发电子信息技术改造与促进企业技术升级，积极发展生产过程自动化、管理方式系统化、营销活动电子化、扩展企业运行效率和市场空间，并通过政务网、经贸网、科教网、农经网等，加强信息技术集成，全面提高信息采集、传输和利用能力，提升政务和政府调控、经济活动、生产经营、企业管理、公共服务、文化教育等方面的管理效益和服务水平，由此带动产业结构调整和经济增长方式的转变，发展现代服务业，实现国民经济信息化。电子信息技术是资源型城市在经济转型时期，实现新型工业化目标的最重要的共性和支撑技术。

主要前沿技术有：

（1）信息网络技术。以数字化、宽带化、光纤化、分组化为发展方向，建设光纤为主、微波和卫星通信为辅的基础传输网络，依托数据及多媒体通信、数字移动通信等骨干网络技术，优化网络传输结构，发展和提升本地网、接入网与支撑网。

（2）数字化、智能化信息处理与设计制造技术。包括基于多种传感信息的智能化处理技术，实时信息处理系统，大容量信息存储和传播技术，信息安全保障技术以及网络环境下数字化、智能化设计方法与技术，数字化、智能化设计制造平台、计算机辅助设计与工艺设计技术，设计、制造和管理的集成技术。

(3)现代服务业信息支撑技术。包括高可信网络软件平台及大型应用支撑软件,网络计算平台与基础设施,软件系统集成的关键技术,多媒体与虚拟现实技术,超大规模信息共享技术等。

(4)开发信息技术的应用研究。结合经济社会发展的实际需要,开发适合各行业需要的系统设计软件,如企业工艺设备的自动化改造,教育服务中间体技术,多方位综合交通网络整体优化技术,旅游电子商务综合服务技术等。

(5)地理信息系统(GIS)技术。将分布于一定空间(如市域范围)的各种资源状况、环境状况、社会及人文经济现象的空间分布特征,以各种图表、数据、统计结果按地理坐标组织起来,通过数据输入、存储、检索、运算、分析等步骤,为城市资源和环境的综合评价、定量分析、管理和辅助决策服务。这是一种跨学科的技术系统,它在资源与环境监测、评价、工程建设、灾害预报、经济规划、社会活动等多方面有广泛应用,经济、社会效益十分明显。目前,我国的GIS 技术发展和应用已达到国际先进水平。

第五节　采取积极对策,推进资源型城市科技发展

甘肃省资源型城市的科技发展,虽然取得了较大进步,尤其是依托大型国有企业的科技力量,在某些领域(如有色金属采选冶技术)取得了具有国际水平的成就,并在省内具有人才数量等方面的比较优势。但从整体上看,仍存在科技人员结构不尽合理,高素质技能人才紧缺,科技投入不足,科技体制、机制的深层次问题没有根本解决等问题,以致科技成果转化率和产业化率不高,城市技术创新体系建设不力,科技创新和持续发展能力不强。因此,要在资源型城市经济转型、实现可持续发展和建设全面小康及创新城市目标的过程中,充分发挥科技的带动和支撑作用,使科技进步真正成为推进经济社会发展的主导力量。必须在思想上重视科技发展的同时,在科技体制机制、科技政策、加大科技经费投入、人才培养、城市技术创新体系建设和国内外科技合作等方面采取积极有效的对策措施,并为落实这些对策措施做出持续不懈的努力,才能使城市科技事业获得新的发展,并达到较高的科技发展水平。

一、深化科技体制改革,创新科技发展机制

科技体制,作为科技事业发展的一项根本性制度安排,在调动各项科技要

素的积极性、优化科技资源配置、实现科技效益的最大化等方面，发挥着至关重要的作用。甘肃省资源型城市在全国、全省科技体制改革的大环境下，正在从计划经济体制下的科技体制向适应社会主义市场经济要求的现代新型科技体制转变[12]，为资源型城市科技事业的发展提供了良好基础。当前，面对资源型城市经济转型和可持续发展的新需求，必须继续深化科技体制改革，创新科技发展机制，在解决若干制约科技发展的深层次问题上取得突破，才能使科技发展获得更为健康和稳定的发展环境。

（一）确立政府在科技发展中的引导和协调地位

政府要认真维护和执行科技进步法等各项与科技活动相关的法律法规，针对本地特点，建立一些必要的科技活动规范，以维护科技活动的正常秩序；同时，要建立科学的科技决策机制。政策的制定、规划和项目的确定等都要经过充分调研、专家咨询、方案论证等过程，以保证政府决策的科学性、可行性；建立相对集中统一的科技管理体制。改变科技工作多头管理、科技资源分散使用、管理混乱低效的状况，建立相对集中统一的科技管理部门，统筹全市相关部门的科技资源，切实提高资源整合、组织重大科技活动的能力；通过科技发展规划、财政投入、金融税收政策、科技成果奖励政策等引导科技发展方向及科技资源的优化配置；扶持公共科技领域及公益性研究的发展；加强知识产权保护和专利事务的管理及服务，鼓励并推动技术创新活动。

（二）相对独立的科技研发机构一律实行自主管理

市属或相对独立的科技研发机构一律实行自主管理，赋予法人单位责权，既能自主治理，又能高度整合，建立“开放、流动、竞争、协作”的市场化运行机制，以人员、项目（课题）、经费等的开放性、流动性和管理的自主性、科学性提高科技研发机构的活力和工作效率。

（三）建立科技资源配置和成果转化的市场化运行机制

科技项目招标、科技攻关、产学研结合等应打破行政性分割的界限，全方位对外开放，通过全新的市场化运作建立有效的科技资源配置和成果转化机制，推进各企事业单位之间、区域内外的科技交流和合作，动员各种社会资源积极投入科技发展。

（四）改革科技成果评价和奖励制度

以公开、公平、公正原则，完善同行专家评审机制，建立评审专家人才库，加强对评审过程的监督；以激励创新为目的，针对不同性质科技工作，建立成果和人才的评价指标体系；完善和健全科技进步奖励办法，突出科技奖励重点，并注重对优秀人才的奖励，扩大奖励范围，提高奖励强度。

二、加快建设以企业为主体的城市技术创新体系

甘肃省资源型城市在产业发展中应用的新技术，绝大部分是从国外或国内其他地区引进的。引进先进适用技术，作为实现跨越发展的一个重要途径，固然不可否认，但仅靠引进就会增大对外技术的依存度，而无法最终掌握产业发展的自主权，造成企业利润的流失。事实表明，在引进技术的同时一定要有消化吸收再创新、集成创新和核心技术的原始创新，这是资源型城市转变经济发展方式，获得可持续发展的必由之路。但从各个方面看，甘肃省资源型城市的自主创新能力都比较弱。从表 5-5 可以看出，作为衡量一个国家或地区自主创新能力的主要指标——发明专利数量，2000～2005 年，白银、金昌、嘉峪关这三个资源型城市的专利发明量合起来只有 56 件，仅占全省总量的 5.3%，这在全国是一个相当落后的指标，在全省也处在较后进的水平，而且在发明专利总量中，非职务发明（38 件）占 2/3 以上，说明作为社会物质财富主要创造者的企业，并没有真正成为技术创新的主体。因此，加强以企业为主体的城市技术创新体系建设，迅速提高 R&D 活动的产出水平和原始创新能力，就成为推进城市科技发展的一项紧迫任务。

表 5-5　2000～2005 年甘肃省发明专利地区分布

地区	非职务发明（件）	职务发明（件）	合计（件）	占全省总量比例（%）
兰州	271	563	834	78.8
天水	42	3	45	4.3
陇南	34	2	36	3.5
酒泉	22	5	27	2.6
金昌	14	10	24	2.3
白银	17	4	21	2.0
平凉	14	0	14	1.3
张掖	7	4	11	1.0
嘉峪关	7	4	11	1.0
庆阳	7	3	10	0.9
定西	8	2	10	0.9
武威	8	0	8	0.8
临夏	4	1	5	0.5
甘南	2	0	2	0.2
合计	457	601	1 058	100.0

注：数据来源于中国专利全文（光盘）数据库，2006。

技术创新体系作为国家创新体系的一部分，它是政府、企业、高校和科研院所、中介机构等为了一系列共同的经济社会发展总目标，通过建设性的相互作用而构成的机构网络，其主要活动是启发、引进、创新和扩散新技术，创新是这个体系变化和发展的根本动力。研究表明，在把投入转化为产品的技术开发过程中，各种人员和机构之间的相互联系、相互作用和相互影响，对技术成果的创新、转化和产业化发生着至关重要的作用。因此，要全面提高科技创新能力，发展新技术应用，并为建设创新型城市提供支撑，就必须十分重视技术创新体系中各个相关机构和人员之间的合作和协调，并把企业放到技术创新体系的主体地位，以加快城市技术创新体系的建设。

（一）充分认识和加强企业在技术创新体系中的主体地位

知识和技术创新的源泉在企业，知识与技术成果的推广应用也在企业。要把企业的创新发展切实引导到依靠知识和技术创新的轨道上来，所有大中型企业都要下决心把本企业技术发展中心建立起来，并加大对技术创新的投入，不断寻求企业发展对技术的需求，力求通过技术创新获得突破，努力提高企业自主技术创新能力。

（二）加强科技研究与开发机构建设

科技研究与开发机构（研究所、实验室、工程技术中心等）是知识和技术创新的主要场所，要加强这类机构的建设，以培育知识和技术的原始创新。资源型城市应创造条件，针对城市产业发展的需要，建立一个综合性市属科研院所和若干重点产业领域的重点实验室、工业园区技术中心等，以形成具有本市特色的科技研发力量。同时，加强与国内外科研院所、高等院校的合作，在科技创新活动中形成产学研相结合的长效机制，共同进行科技攻关或组建实验室，以借用相关力量，共同承担知识和技术创新任务。

（三）积极培育和发展中介服务体系

中介服务体系是知识和技术传播、扩散应用的桥梁和纽带，在技术创新体系中担负不可或缺的功能。应积极促进和扶持科技咨询和评价机构、生产力促进机构、信息传播服务机构的发展，建设并维护好数据公共平台、科技文献资源共享平台、科技信息网络环境平台、成果中介转化公共服务平台等，推进和发展科技中介服务体系的社会化网络，使知识和技术创新成果能获得迅速扩散和应用，以降低创新成本、化解创新风险，促进科技成果转化。

（四）发挥政府的管理、引导和协调功能

政府在技术创新体系中的作用是管理、引导和协调，通过政策措施维护市场化运作秩序，引导技术创新体系的发展方向，协调各个方面的利益关系，以

保证技术创新体系中各个重要环节的畅通运转。

三、加大科技投入，制定适度财税政策，支持科技创新

科技的发展，尤其是现代高新技术的发展需要有较大的经费和财政支持，而这种支持比投资一些基本建设项目的效益要好得多，因此应该把科技投入作为重要的战略资源加以对待。这是改变财政资源分配、促进城市可持续发展的根本举措。

（一）建立并完善多元化的科技投融资体系，加大科技投入

根据科技事业发展的需要，逐步加大科技投入，进一步建立和完善政府投入为引导、企业投入为主体、社会融资为主要组成部分的多元化科技投融资体制。政府用于科技三项费用及科学事业费的支出，逐渐增加到占年度财政总支出的3%～4%；企业的科技投入逐步提高到占年销售额的3%～5%；同时，充分利用科技活动的外部经济特点和公共物品的性质，广泛吸纳社会资金，积极争取各种赞助、民间科研基金、省部级科技发展基金、重大工程项目国家基金，以及国外捐助和以资金入股等形式扩大科技投入，使全社会用于科技研发的经费有较大幅度提高，逐步达到占GDP的2%～3%。

（二）制定适度财税政策

优惠、便利的金融和财税政策，有利于支持和激励科技创新与发展。如可对重大科技专项、高新技术产业化发展、技术引进和自主技术创新项目等发放软贷款，用于项目的参股投资；利用建立风险基金、“担保换股权”、“担保分红”和贴息等方式支持高新技术产业化；制定并完善税收优惠政策，如加大所得税抵扣力度，加速设备折旧，免征高新技术产品3～5年所得税或减免投资收益税收等；建立多层次科技创新资本市场，扶持中小企业进行技术创新，对成果转移所得的税收优惠和属于公益性馈赠可抵扣企业或个人所得税等。

四、培养和造就一支高素质的科技队伍

努力建设一支适应经济转型和社会发展需要、具有较强创新能力和国际竞争力的高素质专业人才队伍，是实现科技发展目标、建设全面小康社会的根本保证。但从甘肃省资源型城市科技队伍的现状看，虽然科技人员的相对数量占有一定优势，但其中存在的问题也是明显的。首先，科技人员分布极不均匀。在资源型城市中，科技人员的60%以上集中在中央或省属大中型企业（金昌市有68.7%的科技人员集中在金川集团公司），地方各部门科技人员严重不足，尤其缺乏高精尖制造业及信息产业专业人才。例如，2004年白银市

从事 R&D 活动的人员仅 54 人,2005 年嘉峪关市从事科学研究、技术服务等科技人员也只有 90 人。其次,科技人员平均素质不高。据对金昌市和嘉峪关市的统计(2005 年),在科技人员中副高职务以上人员仅占 8%,大专学历以下人员占 73.7%;工人中技工人数只占工人总数的 30% 左右,高级技工仅为工人总数的 6% 左右。由此,造成高技术吸收、应用和创新的技能障碍,很难形成较强的技术创新能力。因此,为满足科技和经济社会发展的需求,必须采取有力措施,全力推进人才发展战略,以迅速培养和造就一支数量充足、素质比较高、结构和分布合理的科技人才队伍。

(一)加强高等教育和职业技术教育

充分发挥本地大中型企业的人才优势,发挥高等院校作为高级工程技术人才培养基地的作用,根据城市发展的需要,积极创办高等技术学院或职业技术培训学院,也可与外地有关院校合作,在本地建立分校,招生对象主要以本地和省内为主,以不断充实本地高科技人才队伍。同时,适应产业优化升级和转变经济增长方式的要求,以企业和城乡一体化发展的需求为导向,调整中等职业教育的专业设置,扩大办学规模,逐步使职高和普高在校生的比例达到 1∶1,以不断充实企业和农村技术推广应用所需人才,扩大技工队伍。

(二)建立科技人员继续教育制度

随着现代科技的发展,知识和技术更新周期加快,要使科技人员持续保持旺盛的创新能力,必须坚持科技人员的继续教育,并建立制度予以保证。应规定科技人员和技术工人每年有一定时间(如 15 ~ 20 天)带薪脱岗接受新知识、新技能培训,或进行国内外科技考察、学习、调研、参加学术研讨会等,以使自己的知识和技能得到不断更新,开阔视野。同时,要有计划、有步骤地选派优秀中青年科技骨干在职攻读硕士、博士学位或出国进修,重点培养他们的科技创新能力,以提高重点领域学科带头人、领军人物和项目首席专家的工作能力和水平。

(三)大力引进和吸收外来科技人才

利用引进技术和项目,加强与高等院校、科研院所的科技合作,或按项目需要招聘等方式引进外来人才,通过在大企业和工业园区设立博士后流动站及办好人才交流市场等,积极拓宽吸收外来科技人才的渠道。对引进和吸收的人才,要在工资待遇、职务补贴、津贴、提供科技研发启动资金和良好的工作、生活条件方面实行优惠政策,完善人才流动中的社会保障和保险衔接制度,以使他们能“进得来,留得住”。

(四)建立人才激励机制,形成创新科技文化氛围

贯彻“尊重知识、尊重人才、尊重创造”的方针,以“公开、平等、竞争、择优”为导向,建立有利于人才脱颖而出、充分施展才能的选人、用人机制;建立符合各类科技工作特点、体现工作业绩和鼓励创新的分配、奖励等激励机制,提高科技人员生活待遇。在科技活动中,倡导“求真务实、团结协作、淡泊名利”的思想和工作作风,反对和抵制不良科研道德行为,发展学术民主和学术自由,激发创新思维,活跃学术气氛,努力形成宽松和谐、健康向上的创新科技文化氛围。一个良好的科技发展软环境,同样对提高科技人员综合素质和创新能力有十分重要的作用。

五、全面推进国内外科技合作和交流

对外全面开放,进一步拓宽国际、国内的科技合作与交流渠道,以充分利用国内外两种科技资源、两种科技人才、两种技术市场,是资源型城市引进智力和技术、弥补不足、发挥后发优势、减少研发成本、提高科技创新能力的有效途径。资源型城市在过去几十年的发展中,通过引进技术设备、开辟原料来源、共同开发科技项目等途径,大都与国内外科研院所、高等院校及相关大型企业(集团)和国际组织建立了科技合作与交流关系,要进一步深化与扩大这种合作与交流,通过与合作单位共同参与重大科技项目的招标与竞争、共同开展科技研究与开发、共同进行资源综合利用与产业发展的战略合作,组建若干高新技术联合研究组、实验室或工程技术中心,支持企业技术创新,增强企业集群工程化和规模化能力;针对本地经济社会发展特点,在若干重点产业领域,加强与国内东中部地区的区域科技合作,建立较紧密的双边与多边合作关系,形成地区间既有竞争、又有合作,相互促进的合作关系,以促进本地优势产业自主创新能力的提高;以提高资源型城市有效吸纳国际科技资源和创新能力为主线,采用不同模式,发展与发达国家和发展中国家企业、研究与教学机构、国际组织的合作与交流,掌握国际市场信息和科技发展动向,引进技术、引进管理和人力资源,促进科技创新能力的提高和产业发展。

六、加强科普工作,提高全体市民科学文化素质

持续不断地开展以提高市民科学文化素质为目的的科普宣传教育,提高全体市民的科学文化素质,以营造有利于科技创新和发展的社会环境。建设好科技活动中心、展览馆、图书馆、博物馆等公共科技文化活动场所,在街道社区和乡镇设立科普活动站,健全科普宣传教育网络,组织专家学者经常性地开

展科技技能培训，开设科技知识和卫生健康等方面的专题讲座；加强企业和农村科普工作，结合企业技改和农业科技推广项目的实施，使每个企业工人和农业从业人员每年都有接受 1～2 次科技培训和教育的机会，逐步建立提高工人和农民职业技能的培训体系，全面提高普通工人和农民接受新知识、掌握新技术的自觉性和积极性；加强政府部门、教育机构、企业和社会团体等在科普工作中的优势集成，促进合作，并鼓励经营性文化产业的发展，形成科普事业的多元化、公益性良性发展机制，激发科普工作活力，提高科普工作社会效益；结合本地资源状况，可持续利用能力、节能减排等内容和政策措施，加强对各级干部和公务员的科技培训，提高对资源型城市实施可持续发展战略的认识；在全体市民中提倡尊重科学、尊重知识、反对封建迷信、反对伪科学的高尚情操，大力弘扬科学精神，在全社会形成积极向上的科学文化氛围。

参考文献

[1] [德] Arie De Geus. 有生命力的公司——企业成长战略[M]. 北京：中国人民大学出版社，1999.

[2] 甘肃省统计局. 2004 年甘肃省国民经济和社会发展公报[R]. 2005.

[3] 甘肃省水利厅. 2003 年甘肃省水资源公报[R]. 2004.

[4] 程国栋. 虚拟水——中国水资源安全战略的新思路[J]. 中国科学院院刊，2003，17(4).

[5] 甘肃年鉴编委会. 甘肃年鉴(2006)[M]. 北京：中国统计出版社，2006.

[6] 甘肃省农牧厅. 2003 年甘肃农业概况[EB/OL]. 甘肃农业信息网，2004.

[7] 陈庆修. 世界经济的重心转向服务业[N]. 光明日报，2005-03-21.

[8] 甘肃省环境保护局. 2004 年甘肃省环境状况公报[R]. 2005.

[9] 邓翔. 欠发达地区技术进步的优劣势与政策选择[M]//中国工业园区发展. 北京：中国经济出版社，2003.

[10] 张志强，程国栋. 虚拟水、虚拟水贸易与水资源安全新战略[J]. 科技导报，2004(3)：7-10.

[11] 张宝文. 农业科技进步是农业生产发展的根本动力[EB/OL]. 新浪财经，2004-12-25.

[12] 高新才. 树立和落实科学发展观，全面推进甘肃科技体制改革[M]//2003 甘肃科技发展报告蓝皮书. 兰州：甘肃人民出版社，2004.

第六章　甘肃资源型城市循环经济发展战略

循环经济的思想萌芽最早可追溯到 20 世纪 60 年代美国经济学家鲍尔丁(Boulding)提出的"宇宙飞船"经济的概念[1]。作为一种新的发展理念、发展模式和经济形态,循环经济正越来越为国际社会所接受。20 世纪 90 年代末,循环经济引入我国并迅速广为传播。2002 年开始,循环经济的发展得到了中国最高决策层的直接关注。江泽民同志在 2002 年的全球环境基金成员国会议上,发表了关于"只有走以最有效利用资源和保护环境为基础的循环经济之路,可持续发展才能得以实现"的重要讲话。在 2003 年的中央人口资源环境工作座谈会上,胡锦涛总书记明确指出:"要加快转变经济增长方式,将循环经济的发展理念贯穿到区域经济发展、城乡建设和产品生产中,使资源得到有效的利用。最大限度地减少废弃物排放,逐步使生态步入良性循环。"2005 年 10 月,经国务院同意,国家发展和改革委员会、国家环境保护总局等六部门印发了《关于组织开展循环经济试点(第一批)工作的通知》,在重点行业、重点领域、产业园和省市开展了第一批国家循环经济试点[2]。《国民经济和社会发展第十一五个五年规划纲要》中明确提出:"把节约资源作为基本国策,发展循环经济,保护生态环境,加快建设资源节约型、环境友好型社会。"党的十七大报告对循环经济的发展提出了"要形成较大规模"的新要求。

近年来,我国政府经过积极探索研究和专题部署,发展循环经济的各项工作均取得了积极的进展。新修订的《节约能源法》已经实施,《循环经济法》经过多年的制定修订也即将通过实施;国家先后分两批启动的 178 家试点单位,目前已初显成效;发展循环经济的鼓励性政策和评价指标体系正在逐步建立,其理念也正深入人心。通过大力发展循环经济,中国各地的资源利用效率正逐步提高,污染物排放也得到了一定程度的控制。2007 年,中国单位 GDP 能耗下降了 3.27%;二氧化硫和化学需氧量排放总量分别下降了 4.66% 和 3.14%,首次实现双下降[3]。

发展循环经济是当前资源型城市实现可持续发展的必然选择,是延伸资源产业链发展接续产业的有效途径,是实现节能减排、建设资源节约环境友好型社会的重要手段。本章围绕甘肃省资源型城市经济转型这个中心任务,对循环经济的概念、特征和在国内外的发展作简要介绍,然后主要以白银市、金昌市、嘉峪关市为例着重探讨资源型城市循环经济发展的必要性、发展战略和目标、发展重点和主导产业链,最后提出若干对策建议。

第一节　循环经济的概念、特征与发展

一、循环经济的概念、内涵

鲍尔丁指出,地球就像一艘在太空中飞行的宇宙飞船,要靠不断消耗和再生自身有限的资源而生存,如果不合理开发资源,肆意破坏环境,就会走向毁灭,因此在宇宙飞船中生存必须注意资源的节约和循环利用。1983 年,联合国世界环境与发展委员会提交的报告《我们共同的未来》进一步指出,人类应按生态系统的自然规律循环使用自然资源,以解决可持续发展问题。20 世纪 90 年代,循环经济概念已成为推进可持续发展的世界潮流。当前,采用源头预防和全过程治理替代末端治理是各国环境与发展政策的主流,发展循环经济已经成为世界各国发展战略的必然选择。

作为一种新的发展理念、发展模式和经济形态,循环经济以"减量(reduce)、再利用(reuse)、循环(recycle)"(3R 原则)为原则(目前,有些专家已经把 3R 原则发展到 4R、5R 原则),以资源的高效利用和循环利用为基本特征,形成的"资源消费 - 产品 - 再生资源"物质流动经济模式,与传统的"资源消费 - 产品 - 废物排放"的开放式线性物质流动经济模式形成强烈的对比,是对传统工业化"大量开采、大量消费、大量废弃"发展模式的根本变革[4]。因此,循环经济是人类社会发展到一定阶段的产物,特别是当工业社会快速发展对地球上的资源、环境造成了重大影响后,人类开始对自身发展重新审视、认识以及技术发展到一定程度产生的新理念和新发展观。

循环经济基本模式主要在企业、产业和社会三个层次展开,并且彼此之间通过"交叉催化"的耦合作用形成循环网络结构。

(1)企业层次的小循环圈:企业循环经济就是在整个企业工艺流程中实现"自然资源 - 产品 - 再生资源"的循环,企业或者企业集团内部形成高效运行的基本循环圈,有利于实现企业经济增长与环境保护的双重效益,是目前循环经济发展最活跃的基本形式。

(2)产业层次的中循环圈:即产业内或产业间的物资能量循环。中循环圈可以克服单个企业在资金、技术和人才等诸多方面的局限性,通过交叉催化

耦合成为一个相互依赖和相互补充的整体，有利于自然资源的充分利用和环境的有效保护。

(3)社会层次的大循环圈：即循环型社会，指在整个社会中展开“自然资源－产品－再生资源”的循环。循环型社会的建设，小到循环型城市建设，中到循环型省份，大到循环型国家的建设。

二、循环经济的基本特征

循环经济作为一种新的理念、新的经济发展模式，自身具有一些本质的特征。不同的学者从不同的角度给出了对循环经济的理解。

(一)从发展观的角度看

从发展观的角度看，循环经济具有以下几个主要特征[5]：

(1)循环经济是新的系统观：循环是指在一定系统内的运动过程，循环经济系统是由人、自然资源和科学技术等要素构成的大系统。循环经济观要求人在考虑生产和消费时不再置身于这一大系统之外，而是将自己作为这个大系统的一部分来研究符合客观规律的经济原则。

(2)循环经济是新的经济观：在传统工业经济的各要素中，资本在循环，劳动力在循环，而唯独自然资源没有形成循环。循环经济观要求运用生态学规律，不仅要考虑工程承载能力，还要考虑生态承载能力。在生态系统中，经济活动超过资源承载能力的循环是恶性循环，会造成生态系统退化；只有在资源承载能力之内的良性循环，才能使生态系统平衡地发展。

(3)循环经济是新的价值观：循环经济观在考虑自然时，不再像传统工业经济那样将其作为“取料场”和“垃圾场”，也不仅仅视其为可利用的资源，而是将其作为人类赖以生存的基础，是需要维持良性循环的生态系统；在考虑科学技术时，不仅考虑其对自然的开发能力，而且充分考虑到它对生态系统的修复能力，使之成为有益于环境的技术；在考虑人自身的发展时，不仅考虑人对自然的征服能力，而且更重视人与自然和谐相处的能力，促进人的全面发展。

(4)循环经济是新的生产观：传统工业经济的生产观念是最大限度地开发利用自然资源，最大限度地创造社会财富，最大限度地获取利润。而循环经济的生产观念是要充分考虑自然生态系统的承载能力，尽可能地节约自然资源，不断提高自然资源的利用效率，循环使用资源。在生产中还要求尽可能地利用可循环再生的资源替代不可再生资源，如利用太阳能、风能和农家肥等，使生产合理地依托在自然生态循环之上；尽可能地利用高科技，尽可能地以知识投入来替代物质投入，以达到经济、社会与生态的和谐统一。

(5)循环经济是新的消费观:循环经济观要求走出传统工业经济"拼命生产、拼命消费"的误区,提倡物质的适度消费、层次消费,在消费的同时考虑到废弃物的资源化,建立循环生产和消费的观念。

(二)从技术的角度看

从技术的角度看,循环经济具有以下四大技术经济特征[6]:

(1)循环经济是提高资源利用效率,减少生产过程中的资源和能源消耗,提高经济效益的重要基础,也是污染排放减量化的前提。

(2)循环经济是延长和拓宽生产技术链,将污染尽可能地在生产企业内进行处理,减少生产过程的污染排放。

(3)循环经济是对生产和生活用过的废旧产品进行全面回收,对可以重复利用的废弃物通过技术处理进而无限次地循环利用。

(4)循环经济是对生产企业无法处理的废弃物集中回收、处理,扩大环保产业和资源再生产业的规模,促进生态优化和扩大就业。

(三)从社会学的角度看

从社会学的角度出发,循环经济具有以下几个基本特性[7]:

(1)客观性:循环经济的出现是人类社会经济发展进程中必然出现的一种社会生产和再生产方式,是不依人们的意志为转移的社会经济发展的客观现象,是人类社会发展到一定程度之后面对有限资源与环境承载力所作出的必然选择。

(2)科技性:循环经济的出现和发展是以先进的科技作为依托的。只有通过不断的技术进步,才能实现更大范围和更高效率的资源循环利用,同时不断拓展可供人类使用的资源范围,从源和流两个方面解决人类所面临的资源短缺和生态环境保护问题。

(3)系统性:循环经济是一个涉及社会再生产领域各个环节的系统性、整体性经济运作方式,只有通过整个社会再生产体系层面的系统性协调,才能真正实现资源的高效循环利用。

(4)统一性:包括两个层面的含义。第一层含义是指通过循环经济的社会再生产方式,既可以解决人类目前所面临的资源、环境两大危机,又能实现人类社会经济的可持续发展,因此是人类社会经济发展和生态环境保护的统一;第二层含义是指循环经济无论是在社会再生产的宏观层面还是在产业和企业的中微观层面,其核心都统一于资源的循环利用。

(5)能动性:循环经济是人类对自身面临的资源和环境危机的理性反思的产物,是人类能动地对客观世界认识的进一步深化。

三、循环经济的发展与实践

（一）国际发展实践

在国际上，德国、日本和美国最先开展循环经济的实践，在循环经济立法和循环型社会建设方面走在世界前列。德国是世界上最早开展循环经济立法的国家，于1972年制定了《废弃物处理法》。日本是循环经济立法最全面的国家，其立法可分为三类：一是基本法，于2000年制定了《循环型社会建设基本法》；二是综合法，如《废物处理及清扫法》和《促进资源有效利用法》；三是专门法，涉及食品、容器、包装物、建筑材料回收利用和绿色采购，如《促进容器包装的分类收集及再商品化法》、《特定家庭用机器再商品化法》、《建筑工程资材再资源化法》、《促进食品循环资源再生利用法》及《国家推进供应环境产品法》等。通过循环经济立法，政府在循环经济发展中发挥了主导作用；通过法规制度的激励和约束，使循环经济从理念到实践发展迅速，在企业层次、区域层次和社会层次上都取得了积极效果。

美国在企业层面上的发展取得显著效益。如杜邦公司于20世纪80年代末把工厂当做循环经济理念的实验室，创造性地把3R原则发展成为与化学工业实际相结合的3R制造法，以达到实现少排放或零排放的环境保护目标。

在区域层面上，丹麦的卡伦堡生态工业园区以发电厂、炼油厂、制药厂和石膏制板厂四个厂为核心，通过贸易的方式把其他企业的废弃物或副产品作为本企业的生产原料，建立工业横生和代谢生态链关系，最终实现园区的污染物零排放。目前，世界上已经建成不少示范性生态工业园，成为发展循环经济最有效的手段之一。

在社会层面上，以德国和日本发展为最好，如德国的包装物双元回收体系（DSD）是一个专门对包装物废弃物进行回收利用的非政府组织，它接受企业的委托，组织收运者对其包装废弃物进行回收和分类，然后送至相应的资源再利用厂家进行循环利用，能直接回用的包装废弃物则送返制造商，DSD系统的建立大大促进了德国包装废弃物的回收利用。在日本正在形成废弃物综合利用的循环经济型社会体系。

国际上在发展循环经济方面已经形成了一些成功经验[8]：政府主导作用发挥突出；制度体系建设有效驱动；责任主体明确；环保工业产业化和市场化；先进的技术研发保障；资源循环利用切实有效；环保意识教育和环保工作扎实；全社会参与；成功循环经济型企业和成功转型的资源型城市的示范带动作用。这些经验对我国发展循环经济都具有很好的借鉴意义。

(二)国内发展实践

我国在发展循环经济上具有超前的意识,在世界上也是走在前列的几个国家之一。1999 年以来,国家环境保护总局将发展循环经济、建设生态园区作为提高区域环境质量、促进区域可持续发展、实现区域经济和环境双赢的一个重要举措,在舆论宣传、技术研究、理论探索、政策引导和试点推广等方面做了大量的工作[9]。2001 年我国批准建设第一个国家生态工业示范园区——广西贵港生态工业园区,之后生态园区的建设热火朝天,成为我国发展循环经济的重要载体和形式。最早在区域层次上探索循环经济发展模式的是辽宁省和贵阳市。辽宁省在老工业基地的产业结构调整中,全面融入循环经济的理念,通过制定和实施循环经济的法律与经济措施体系,建设一批循环型企业、生态工业园区,以及若干循环型城市和城市再生资源回收及再生产业体系,促进产业结构的调整,把循环经济的发展与老工业基地产业结构调整有机地结合起来,互相促进,共赢发展。贵阳市从 2000 年起就开始探索循环经济的发展。2002 年 3 月,贵阳市政府做出了建设循环经济生态城市的决定。同年 5 月,贵阳市被国家环保总局确认为全国建设循环经济生态城市首家试点城市。2004 年初,贵阳市又被联合国环境规划署确认为全球唯一的循环经济试点城市[10]。

2002 年后,循环经济的发展逐步得到了我国政府高层决策者的关注,使循环经济的发展步入快速发展期。2004 年 9 月,国家发展和改革委员会召开第一次全国循环经济工作会议,提出用循环经济理念指导"十一五"发展规划的编制,从四个方面、采取八项措施加快推进循环经济发展。2005 年 10 月,国家发展和改革委员会、国家环境保护总局等六部门印发了《关于组织开展循环经济试点(第一批)工作的通知》,在重点行业、重点领域、产业园和省市开展了第一批国家循环经济试点;2007 年 11 月在重庆召开的中国循环经济试点工作会议上,又正式发布启动了中国循环经济第二批试点工作,至此共计有 178 家单位进入循环经济试点。国家发展和改革委员会副主任谢振华表示[11],由于近年来中国地方各级政府把发展循环经济作为调整经济结构、转变发展方式和实现节能减排目标的重要措施,已初步探索形成企业、企业间或园区、废物回收及社会四个层面的循环经济发展模式。在高耗能、高排放行业不同工艺流程的企业,在不同类型的产业园区初步形成了各具特色的循环经济发展模式。

中国农工党中央副主席陈宗兴、中国社科院工业经济研究所研究员周民良等专家经过实地调研,认为西部目前已出现 5 种循环经济发展模式:

(1)全省动员型:云南省计划用5年时间,在全省重点企业、行业和区域开展循环经济试点,并以循环经济理念指导和推进10个重点行业、30个工业园区和7个工业基地的发展建设,同时抓好200个村、1万户农户循环经济示范。

(2)重点地区带动型:陕西省在矿产资源开发相对集中的陕北地区发展循环经济,青海省将柴达木盆地建成循环经济试验区。

(3)城市驱动型:贵阳市是全国首个循环经济生态试点城市,内蒙古乌海市围绕建成内蒙古氯碱煤焦化工业基地的目标,积极推进循环经济模式,出现了一批发展循环经济的典型企业。

(4)园区驱动型:在青海省西宁市的甘河工业园区,以西部矿业为主的一批企业从项目的引进、产品开发、生产工艺等各个环节,都推进循环经济模式。

(5)企业驱动型:典型的有广西贵港模式、内蒙古包钢模式、新疆天业模式和四川天原模式。

(三)甘肃省循环经济发展实践

甘肃省是资源型省份,拥有白银、金昌、嘉峪关、玉门等典型的资源型城市,资源的长期大量消耗使甘肃省由原来的资源大省演变为资源结构短缺省份,资源约束矛盾突出,环境污染严重,生态破坏加剧,资源型城市经济转型形势严峻。这些迫使甘肃省各级政府和企业在循环经济的发展上表现出空前高涨的热情,近年来在企业层次、区域层次上的循环经济发展出现快速和高效的势头。在企业层次上,经济实力较强的企业集团如金川集团公司、酒钢集团公司等比较注重资源的循环利用。2002年,酒钢集团公司投资3 000万元建成处理粉煤灰145万t,年产3 400万块粉煤灰蒸压砖和3.75万m^3加气混凝土砌块。金川集团公司的白烟灰综合利用项目,被国家发展和改革委员会列入2007年资源节约和环境保护第三批备选项目,该项目以铜转炉灰为原料,采用全湿法工艺技术,实现了烟灰中铼、铟、铋、铜、锌、铅的全部回收和砷的无害化处理。这个项目不仅解决了公司铜转炉白烟灰的再利用问题,减少约64.9%的危险废料堆存,而且也增加了可观的经济效益。金川集团公司经过4年科技攻关,研制出冶炼烟气网络配置技术,该技术通过管道网络连接,把30多台炉窑浓度不同的二氧化硫烟气混合在一起,从而实现了二氧化硫烟气全部回收。有了这项技术,金川集团公司2007年前十个月比2006年同期多回收了30多万t二氧化硫,加工成硫酸又让公司增加了4亿元的效益[12]。

在区域层次上,武威市凉州区从2003年起全面推进循环经济发展,几年来成效已显端倪。农业上已经形成蔬菜、畜牧、葡萄、种植4大支柱产业,工业上基本形成了以食品工业为主导的生态工业体系，建设了城东、黄羊面粉和皇台酒业3个生态工业园区，在企业间形成了产业共生组合。在区域层次上，对区内主导工业企业进行整合，构建了8大循环经济产业体系：酿酒业循环体系、玉米淀粉产业循环体系、面粉饲料加工业循环体系、畜产品加工工业循环体系、调味品产业循环体系、绿色蔬菜储运加工循环体系、造纸及印刷包装产业循环体系、亚麻纺织产品循环体系。

2005年4月，甘肃省决定嘉峪关市、武威市2市，酒钢集团公司、金川集团公司、白银公司等3家企业开展循环经济试点工作，为实现全省经济社会的健康、协调、可持续发展探索实施经验。之后又增加金昌市、白银市为省级循环经济试点城市，使试点单位达到30家[13]。金昌市于2007编制了《金昌市循环经济发展规划》，于12月19日通过了专家评审。2007年年底，国家发展和改革委员会《关于组织开展循环经济示范试点（第二批）工作的通知》中，将甘肃省列为全国循环经济试点省份，这将极大地加快甘肃省循环经济发展的步伐。

第二节　发展循环经济是甘肃资源型城市可持续发展的必由之路

一、发展循环经济是提升产业层次、促进资源经济转型的重要路径

甘肃省资源型城市是依托有色金属（镍、铜、钴、锌等）、黑色金属（钢铁）和石油、煤炭资源而建立起来的典型资源型城市。城市依托资源的开发，资源产业得到了极大的发展，并带动其他产业发展建立起了现代工业体系，成为支撑城市进一步发展的基础。但是，总体来说，甘肃省资源型城市的工业主要还是围绕原材料的生产而开展的，主要还是以原材料供应为主，而在原材料的深加工方面以及新材料等高新技术产业方面还基本上处于起步阶段，粗放型经济增长方式仍占相当大比重。以金昌为例，2006年全市能耗总量达到268万t标煤，单位GDP耗能1.96 t标煤/万元，高于全国平均水平（1.205 t标煤/万元）。轻重工业之比高达98.8:1.2。主导产业仍以有色金属、无机化工、能源等高耗能产业为主，深加工、新材料等产业发展滞后。2006年高新技术产业化指数为11.02%，低于全国平均水平33个百分点，低于全省平均水平13.4个百分点。在进出口贸易方面，2006年出口额为2.44亿美元，但出

口产品以镍、钴等金属为主，高新技术产品主要是镍铬合金丝，出口额为363万美元，比重仅为1.49%[14]。要改变这种状况，提升产业发展层次，促进资源经济转型，必须大力发展循环经济。

首先，大力发展循环经济有助于资源型城市节约资源，为经济转型争取更多时间。循环经济强调资源的减量化、资源的再使用、资源的再循环（即3R原则），循环经济与资源节约、污染治理、清洁生产既一脉相承，又各有侧重，对处于工业化和城市化加速发展以及资源逐渐枯竭的资源型城市来说，循环经济首先是一种资源节约战略。因此，通过循环经济的发展可有效延长资源型城市矿产资源的开采年限，为城市资源经济转型赢得充足的时间。

其次，大力发展循环经济可延伸资源产业链条，培育和发展以现有矿产资源为依托的接续产业。循环经济强调产业链的构建，通过产业的延伸，使资源的开发利用向更高、更深层次发展，从而可培育和发展下游接续产业。如白银和金昌两城市可利用冶炼产生的硫酸等副产品培育发展精细化工业，利用镍、钴、铜等原材料发展培育新材料产业等；嘉峪关可利用钢铁材料发展培育钢铁制造加工业。

粗铜产值长期占据经济总量80%以上的安徽省铜陵市，针对全市铜矿石资源日益枯竭的严峻局面，立足铜资源优势，在不断延长产业链条和提高产品附加值上做文章。20世纪90年代，铜陵市投资几十亿元兴建重点工程“兴隆工程”，使铜的深加工迈出了关键性的一步。至2003年，铜陵市电解铜的年生产量达到22万t，以电解铜为基础，其铜产业链已延伸为电解铜－铜搭－覆铜板－印制电路、无氧铜杆－铜线－特种漆包线、电解铜－电子铜带－集成电路引线框架、系列铜管四条产业链。由于铜产业链的不断延伸，铜陵的深加工业在本地铜资源面临枯竭的情况下，发展速度反而更快。值得注意的是，在其年产22万t的电解铜生产量中，19万t产能是依靠进口铜矿石和回收废铜加工形成的。

因此，通过大力发展循环经济，可有效实现资源型城市资源节约，延长资源枯竭年限，为资源型城市经济转型赢得充裕时间，同时通过循环经济的发展培育和发展接续产业，促进资源型城市资源经济的顺利转型。

二、发展循环经济有利于推进资源型城市的新型工业化发展进程

在我国进入工业化发展中期的关键时刻，党的十六大明确提出，要“坚持以信息化带动工业化，以工业化促进信息化，走出一条科技含量高、经济效益

好、资源消耗低、环境污染少、人力资源优势得到充分发挥的新型工业化路子”。这条新型工业化道路是总结和吸取各国工业化发展中的经验教训，充分利用现代科学技术，实现工业现代化和经济社会可持续发展的一条正确道路。它不同于西方发达国家和第二次世界大战后一些新兴工业化国家已经走过的以消耗资源和污染环境为代价的传统工业化道路，而是要站在知识和技术的制高点上，以先进的信息技术为武器，以科技进步为动力，充分运用高新技术和掌握知识的人力资源，改造传统产业，发展新兴产业，达到人与自然环境的相协调、经济与社会的和谐发展，全面提高劳动生产效率，实现我国工业的跨越式发展。

当前，甘肃省资源型城市正处在工业化快速发展期。如白银、金昌、嘉峪关三城市 2007 年国民生产总值分别达到 207.52 亿元、213.2 亿元、120.18 亿元，其中工业增加值分别为 115.32 亿元、170.98 亿元、98.05 亿元，工业化程度分别为 54.25%、82.4%、81.59%。但是，随着经济的高速增长带来的“高投入、高消耗、高污染、低利用”的状况并未得到根本转变，产业结构和就业结构仍停留在工业化发展的低度化阶段，仍然停留在资源的初加工水平上，经济增长方式仍然在依靠高投入带动而非知识和技术带动。除金川集团公司、酒钢集团公司等少数现代化企业外，大多数企业的技术水平和信息化程度还非常落后。因此，以上三城市要达到新型工业化发展的要求，仍然需要加大产业结构调整力度，在努力解决制度、体制、机制等问题的同时，提高工业发展中的科学技术含量和信息化水平，积极转变经济发展方式，通过新型工业化的发展，最终达到提高生产效率和居民生活质量，全面实现经济社会可持续发展的目标。

事实上，循环经济模式正是新型工业化道路的最高形式。循环经济的四大技术特征要求大力发展废旧物质的回收与处理适用技术；要求大力发展高附加值、少污染排放的高新技术产业，要求高新技术向污染处理和资源再生产业扩散。新型工业化要求用新的思路去调整旧的产业结构，要求用新的体制激励企业和社会追求可持续发展的新模式。循环经济作为一种新的技术范式，以信息化带动工业化，发展高新技术产业，用高新技术改造传统制造业，全面提高资源的利用效率，这些都是新型工业化的重要内涵。循环经济要求在这一切的基础上，通过制度创新进行技术范式的革命，是新型工业化的高级形式[4]。

三、发展循环经济可以从根本上解决资源型城市严重的环境问题

线性经济发展模式直接导致了两大问题，一是有限资源的浪费和枯竭；二是严重的环境污染与破坏，直接威胁人类生存自然支持系统的可持续性。当生态环境已经成为经济增长的制约因素时，人们才看到了"增长的极限"。因此，恢复生态环境、减少污染排放、保护公共资源等就成为人类生存和社会发展的必要条件。

（一）甘肃资源型城市严重的生态与环境问题

1. 自然生态环境恶劣

甘肃省的资源型城市均处在内陆和黄土高原区，降水稀少，植被覆盖度低，水资源短缺，风大沙多，自然环境恶劣。如地处河西地区的玉门、嘉峪关、金昌等城市，1950 年以来共发生 6 次特大沙尘暴，强和特强沙尘暴达 20 多次，近 10 年来每年都遭受 10～15 次强度不等的沙尘暴袭击。

以金昌市为例，金昌市北部地处腾格里沙漠和巴丹吉林沙漠边缘，年平均降水量在113 mm以下，属严重干旱区，植被稀少，风大沙多，更由于乱开荒地，地表裸露形成干土，一遇刮风，极易形成扬沙和沙尘暴。在南部的祁连山林木草甸区，由于气候变暖，雪线上升，加上乱砍滥伐，使林区涵养水源功能下降，大量泉眼干涸，发源于此的东西两大河河水来量逐年减少，20 世纪 90 年代比 50 年代减少了 26.1%，现全市人均水资源总量仅 867 m^3，大大低于全省（1 111.8 m^3）和全国（2 400 m^3）平均水平，造成金昌市水资源的严重短缺。2003 年跨世纪工程——引硫济金通水，每年可为金昌供水 4 000 万 m^3，但缺水的局面依然是严峻的。

2. 资源产业带来严重环境污染

甘肃资源型城市虽然在工业污染的控制和防治方面做了许多工作，取得了不小的成绩，但是由于以重化工为主的产业结构并未发生根本性改变，一些工业企业的环保工作旧账未还，又欠新账，加之社会经济的持续高速增长，环境污染严重的局面并未根本扭转。如金昌、白银等城市的大气污染，特别是 SO_2 和光化学污染都达到较为严重的程度。金昌市工业"三废"的排放和污染更是全国闻名，2004 年全国十大污染城市，金昌榜上有名。每年矿山开采产生大量的尾矿固体废物堆积，工业"三废"排放量居高不下，尤其是 SO_2 至今尚未达标排放，污染严重。城市环境污染问题已经成为制约甘肃资源型城市经济社会可持续发展的严重和突出问题。

(二)效法自然生态循环法则,从源头和生产过程解决污染问题

只有效法自然生态系统循环法则,建立循环经济模式,发展生态农业、生态工业和生态消费体系,以"效率效益"和"环境质量"双重指标重新审视现在的工农业生产技术与过程并加以改造,自然资源才能得到合理有效的利用,污染物排放才能大大减少,自然生态系统才能可持续维持。

通过循环经济的发展,把资源型城市工业生产产生的污染物控制在生产过程之中,由对污染物的被动防治转向主动预防,甚至变害为利,实现环境管理方式的根本转变,达到发展与环境生态效益的共赢。

燃料结构和工业结构是造成资源型城市严重环境问题的主要原因,而根本原因是粗放型的经济增长方式。循环经济首先推行的是企业内的清洁生产,循环经济的技术经济特征之一是延长和拓宽生产技术链,将污染尽可能地在生产企业内进行处理,减少生产过程中的污染排放——从源头治理污染,从生产的全过程治理污染。这就一改过去的污染末端治理而带来的种种弊端,可以根本地解决企业生产过程中的环境问题。

通过在农业区实施循环经济,如生态富民家园工程即是循环经济的具体体现,可大大减少对植被的破坏,有助于恢复植被,保护生态环境。

四、发展循环经济可有效解决资源型城市就业问题

就业问题是资源型城市发展过程中的一个普遍问题,特别是资源枯竭型城市在资源枯竭后才开始开展经济转型之初最难解决的问题。德国鲁尔区从20世纪60年代开始实施经济转型,传统工业改造造成的失业至今还是该区面临的大问题。从20世纪60年代到21世纪初,在鲁尔区因冶金、采矿业转型失去了48万个工作岗位,目前的职工只是当初的1/6,与煤炭、钢铁相关的产业,如配件和加工行业也几乎有同样多的失业人数。白银市20世纪90年代末在赖以生存发展的铜、铅、锌矿资源日益枯竭时才开始大规模地开展经济转型工作,从20世纪80年代末开始,以矿产资源开发利用为主导的第二产业的从业人员就开始下降。1985～2001年,白银市社会从业人员增加了25.92万人,而第二产业的就业人口比重下降幅度较大,资源枯竭、资源型企业效益下滑造成了大量人员下岗失业,造成新的就业压力。

循环经济发展的一个重要内容之一是对生产企业无法处理的废弃物和垃圾集中回收、处理,在处理废弃物中扩大了环保产业和资源再生产业的规模,扩大了就业。目前,环保产业正在日益成为一个充满朝气的新产业,成为资源型城市可以大力发展的接续产业。因此,如果能在资源开发鼎盛时期,就着手

发展资源的再利用、深加工产业，形成强大的环保产业，就能够有效减缓甚至避免资源型企业的效益下滑趋势，解决失业这一资源型城市经济转型期间面临的重大问题。

五、发展循环经济可促进资源型城市节约型社会的形成和小康社会目标的实现

党的十六大提出了全面建设小康社会的宏伟目标，随后又提出建设节约型社会、环境友好型社会、创新型国家等。党的十七大报告又明确提出了小康社会新的奋斗目标，即在2000年的基础上，到2020年人均国内生产总值翻两番。

在小康社会的指标体系中，涉及经济、社会、环境和制度四个方面的16项指标。国家“十一五”国民经济和社会发展规划纲要中，明确提出了有关指标性要求，即5年中要使万元国民生产总能耗降低20%，工业固体废弃物综合利用率达到60%，工业污染物排放量减少10%等约束性指标。随着近年来资源型城市经济的快速增长，其他行业也得到了较快的发展，社会逐步呈现出繁荣的景象，但距离小康社会的目标以及节约型社会、环境友好型社会的目标还有较大距离。不论是小康社会指标体系还是“十一五”的约束性指标，对甘肃资源型城市来说都是一个严峻的挑战，如果说经济指标如人均GDP 3 000美元相对较容易实现外，那么其他的指标如环境指标等则较难实现。大力发展循环经济，有利于建设节约型社会、环境友好型社会，有利于建设区域创新体系。全国人大常委会副委员长程思危指出，当前国家最大的浪费是来源于工业结构不合理的粗放型生产方式。循环经济通过先进技术的使用，可以达到提高资源利用效率、减少废物（包括废气、废液、废渣）的排放，可以促进观念革新、技术革新，最终实现创新型区域的创建，进一步地促进经济的持续发展。

第三节　发展循环经济的指导思想、基本原则和目标

一、指导思想

以全面、协调和可持续的科学发展观为指导，围绕资源型城市经济转型核心任务和资源节约型、环境友好型和谐社会的建设，围绕节能减排和小康社会目标的实现，坚持以科学技术进步促进循环经济的深入发展，促进单一资源经

济向多元化经济发展的转变，促进高消耗、高排放、低产出的经济发展方式向低消耗、低排放、高产出的经济方式转变；通过"制度驱动、产业主动、技术带动、社会联动"，最终建设循环经济型城市。

甘肃省资源型城市发展循环经济的基本思路是：从冶金、能源、化工、建材、特色农产品深加工等重点行业入手，以循环经济示范企业、各种生态经济园区为示范基地，解决其发展循环经济的关键科技支撑体系问题，逐步建设完整的循环经济发展战略、政策、投资机制和管理体系；以科学技术进步推动资源型城市循环经济的发展，推动完善循环经济产业链，以循环经济的发展促进科技发展、促进城市创新体系建设；全面落实以人为本的全面、协调和可持续的科学发展观，统领资源利用和经济发展，分阶段逐步建成循环经济型城市，实现人与自然的和谐发展。

二、基本原则

（一）坚持兼顾全面和重点的原则

所谓全面即是针对资源型城市的发展，全面建设循环型经济社会（城市），包括经济社会发展的方方面面、涉及企事业单位和千家万户；所谓重点即是以工业为重点，以主导产业为重点，以经济发展园区为重点，构筑企业内部、产业内部及企业间、产业间的循环产业链。

（二）坚持兼顾高标准和循序渐进的原则

所谓高标准即以循环经济的理念，从清洁生产、循环链条补链的角度引进项目、引进企业，坚持技术至上；同时，又要根据资源型城市的实际情况，以发展为第一要务，循序渐进地有序推进城市循环经济的发展。

（三）坚持政府主导和市场驱动并重的原则

发展循环经济，特别是从产业链的发展和产品的延伸的角度，必须利用市场这个经济杠杆去驱动，发挥企业在循环经济发展中的核心作用，而新项目和新企业的引进也必须遵循市场规律。但是，对于甘肃资源型城市来说，市场的发育还很不健全，必须充分发挥政府在宏观调控中的作用，引导各行各业朝着循环经济的方向发展，使政府主导作用和企业核心作用同时发挥效力。

（四）坚持制度和技术共同推动的原则

循环经济是一种新的理念，其发展需要全社会的广泛认知和参与，而最重要的是需要一些制度推动和约束。同时，循环经济是科学技术发展到一定阶段的产物，其发展依赖于科学技术的发展，没有科学技术的进步，就没有循环经济的深入发展。甘肃资源型城市发展循环经济，一方面要遵循完善的循环经济发展法规和制度，以制度的力量驱动城市循环经济的发展；另一方面，也更为迫切的是要引进和创新科学技术，构建循环经济产业链条的技术体系，促进产业向深层次发展。

三、发展目标

甘肃省资源型城市在甘肃省经济社会发展中具有重要的地位，是甘肃省建设循环经济省份的重要构成部分，是甘肃省循环经济发展中发挥示范和龙头作用的城市。因此，其循环经济的发展应是“高目标驱动，高技术带动，高效率示范”的发展路径。

远景目标（至2050年）：初步建成人与自然社会和谐统一、资源节约、环境友好的循环经济型城市。从微观、中观和宏观三个层次，构筑城市循环经济发展体系，完善循环经济产业链，发展循环经济技术体系和管理体系。

在微观层次上，要求企业推行清洁生产，纵向延长生产链条，从生产产品到废旧产品回收处理和再生产形成企业内的循环发展。

在中观层次上，以经济开发区（工业园）循环经济发展为示范基地，发展企业间、产业间的外循环，建立生态工业园。

在宏观层次上，要求城市社会技术体系实现网络化，使资源实现跨产业循环利用，对废弃物综合进行产业化无害处理，逐步建设成为工业生态体系、农业生态体系和社会生态体系有机结合起来的生态城市。同时，在资源型城市之间，由于城市产业间的高度相似性和相关性，需要建立资源型城市间的资源循环利用和产业延伸。

（一）近期目标（2015年）

建立较为完备的地方性循环经济法规条例体系，出台发展循环经济的相关优惠政策措施，完善循环经济发展的评估指标体系和企业、政府考评体系，循环经济发展理念得到广泛应用，大多数企业引进循环经济理念，在探索循环经济发展模式上取得较好成效，资源型企业在循环经济发展方面成效显著。

在国家和省级循环经济试点企业的示范带动下，带动建设15家左右的循环经济典型企业；初步建成特色生态工业园区3～5个：如镍钴生态工业园区、白银高技术产业园、嘉峪关不锈钢产业园；建成10个生态农业示范村；循环经济试点城市（嘉峪关、金昌、白银）建设初具成效。

（二）中期目标（2020年）

建成较为完备的地方性循环法律法规条例、政策和管理体系，循环经济理念深入人心，循环经济在各行各业得到了深入实践和广泛应用，循环经济型社会初具雏形;通过循环经济的发展,资源型城市在多元产业和原材料深加工方面实现质的飞跃,城市基本实现从资源依赖型经济向知识和科技依赖型的转型。

建成一大批(50家左右)循环经济典型企业;建成若干(6~8个)典型生态工业园区;建成一批(20个左右)生态农业示范村。循环经济试点城市(嘉峪关、金昌、白银)建设初具雏形。

第四节　资源型城市循环经济发展的战略重点和主导产业链

发展循环经济是一个系统工程,涉及第一、二、三产业及静脉产业,必须有重点、逐步地在各个产业以及社会发展的各个行业稳步推进。

一、循环经济发展的战略重点

甘肃省资源型城市循环经济发展的重点首先在于城市发展所依托的主导资源的循环利用和深度开发,如有色金属资源、钢铁资源、石油和煤炭资源的循环利用和深加工,围绕工业主导产业发展循环经济型的工业,以工业循环经济发展为重点带动其他产业循环经济的发展;其次,根据甘肃省资源型城市发展的实际,农业是资源型城市重要的支柱产业,积极发展循环型农业,带动新农村建设;再次,推进第三产业和全社会循环经济的发展;最后,从开展循环经济发展的载体看,应以循环经济工业园区的建设为重点,有效推进循环经济型城市的发展。

(一)以工业循环经济发展为重点,以循环经济推进工业产业结构的调整、升级和优化

甘肃省提出了"工业强省"战略,各个资源型城市也提出了"工业强市"战略。改变资源型城市资源产业比重过大、资源产业以原材料粗加工为主的局面,推进资源型城市工业产业结构的调整和升级优化,发展循环经济是必然的战略选择。围绕资源型城市目前初步形成的冶金、化工、能源、建材、装备制造、食品加工等产业领域,构建企业内、企业间、产业内、产业间的循环经济产业链是未来甘肃资源型城市循环经济发展的重中之重。通过高新技术的引进和发展以及制度的设计,使城市中产业的发展循环起来,使城市间的产业循环起来,从而带动资源型城市工业化进程和区域经济的发展。

（二）以循环型农业的发展带动农业产业化发展和新农村建设

甘肃是个缺水的省份，农业用水占据水利用的绝大部分。资源型城市工业用水与农业用水形成一对矛盾，如何有效地利用水资源，发展节水农业和循环型农业是关键。充分发挥甘肃省种植业和养殖业的优势，以循环经济的发展理念进一步推进资源型城市农业产业化发展，围绕特色农业发展，构建农产品产业链，发展农产品深加工，推行太阳能、风能、沼气等新能源，推进城乡一体化发展和新农村建设。

（三）以生态经济理论为指导，推进第三产业和全社会循环经济的发展

第三产业循环经济的发展潜力无限，从资源节约和循环利用的角度重新审视第三产业的发展，大力培育循环经济型服务业企业，重点在餐饮、宾馆、物流、商贸和旅游等领域开展循环经济企业试点。建立和完善城市污水处理系统、垃圾回收和利用系统以及废旧物质回收系统，推动全社会各个行业循环利用资源的循环经济发展。

（四）以循环型生态工业园区建设为重点，推进园区的跨越发展

“发展循环经济，建设生态工业园”是国家环保部大力倡导的环境保护新模式。近年来，甘肃省资源型城市相继建设了中国科学院白银高技术产业园、金昌经济技术开发区、甘肃嘉峪关工业园区等若干经济开发区和工业园区，这些工业园区在推动城市经济快速发展的同时，也把循环经济发展作为园区的重要职能之一，成为循环经济发展的示范基地。工业园区各种企业、产业的汇聚，使上下游企业间、产业间的关系连接更为紧密，容易形成资源的循环利用和互补。实践证明，工业园区是发展循环经济效率最高的载体形式，通过循环经济的发展，推动产业园区的产业层次提高和园区经济的跨越发展。

二、构建重点工业产业循环链

（一）冶金

围绕镍、铜、钴、铅、锌、钢铁冶炼技术的提高，发展多种技术和工艺，构建和完善基于原材料深加工的产业链，使资源产业向高端延伸发展。

发展镍精矿蒸汽干燥工艺，镍闪速炉数值仿真与操作优化、降低闪速炉清渣含镍技术，优化闪速炉控制，提高镍回收率；研究铜自热炉低压富氧吹炼技术、高纯阴极铜含氧量控制技术等，提高富氧吹炼效率和安全性，降低杂质和生产成本；对钴溶液进行深度净化，降低钴溶液中的钙、镁、锰、铵等杂质含量，提高电积钴产品质量。

开发有色金属合金系列产品，主要是镍基、铜基、铅基、锌基、铝基等多元合金材料;开发有色金属粉体材料,主要是纳米镍粉、超细镍粉、超细钴粉、电子级氧化亚镍、四氧化三钴、颗粒银、超细氧化锌粉、四针状氧化锌晶须、无汞锌粉、超细锌粉、高纯镉等。

围绕稀土磁性材料、稀土能源材料、稀土发光材料、稀土研磨材料和稀土环保材料,构建如下产业链:氧化铷-金属铷-铷铁硼-应用器件-永磁电机产业链;稀土金属-储氢合金粉-镍氢电池产业链;超高纯单一稀土氧化物-高性能稀土发光材料、荧光材料-发光器材产业链;铈类稀土化合物-各种抛光粉-液晶抛光粉-液晶显示器专用刻蚀剂产业链;以及镧铈稀土化合物-催化、净化-汽车尾气净化器产业链。

(二)能源

通过循环经济的推进,达到能源的高效、清洁、综合利用的目的。

发展煤-电-耗电产品(铝)产业链,充分利用中煤、煤矸石发电,节约资源,促进电力的发展,保证城市经济发展的电力需求;全过程控制煤炭发电过程中的"三废"污染,对"三废"进行无害处理和综合利用;火力发电采用我国自行研制开发的同步脱硫脱硝先进技术;大力发展水电、太阳能、风能、沼气能等新能源。

新型电池产业链:以工业级碳酸锂为原料,进行高纯碳酸锂、电池级碳酸锂、钴酸锂、六氟磷酸锂、溴化锂、金属锂等上游产品的研发、生产,加速资源由初级向精、深、细的层面转化,培育、壮大和延伸由锂材料市场到相关产品的绿色能源产业链条。另外,利用储氢合金粉、铜箔和锌金属等上游材料以及焦化、氯碱、冶金行业的富余氢气净化提纯后获得的氢,发展锌空气电池、铅酸电池、镍氢电池、氢燃料电池等新能源产业,从而形成以锂离子电池为代表的动力电池产业。

(三)化工

把化工产业放在经济转型主导接续产业的首位,通过循环经济的推进,延伸化工产业链,大力发展精细化工产业。

煤化工产业链:依托靖远煤矿、华亭煤矿丰富的煤炭资源,延伸煤化工产业链,发展煤化工。其产业链如图6-1所示。

耗酸、耗氯产业链:完善冶炼烟气-硫酸-磷二氨、冶炼烟气(烧碱)-亚硫酸钠-钠的产业链。

以TDI为核心的产业链:依托白银银光公司、聚银公司在硝化、氢化、光化等方面的优势,以TDI为核心,向两边延伸,发展氯碱、聚碳酸酯、MDI、PVC、DNT,形成精细化工产业链。

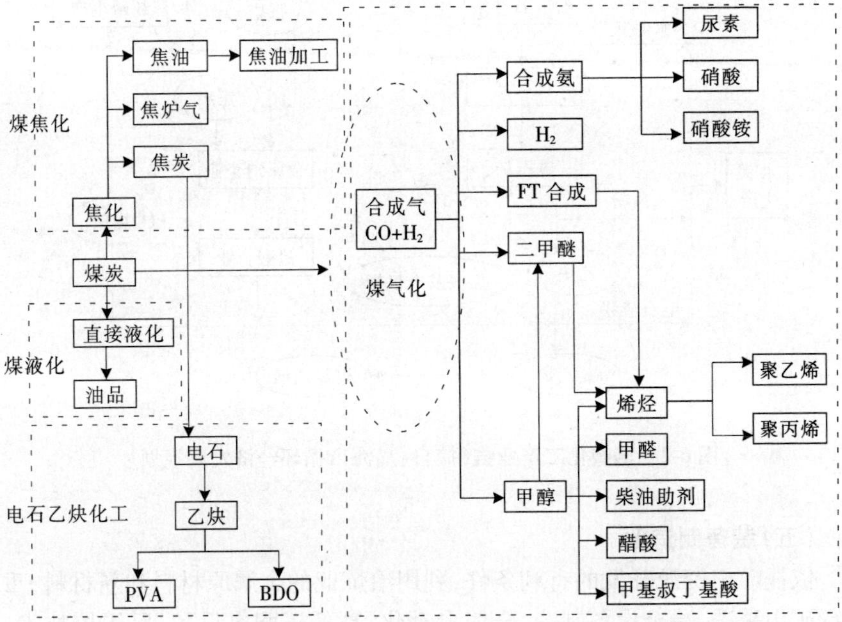

图 6-1 煤化工产业链(摘自《甘肃白银高新技术产业园产业发展规划》)

氟化工产业链:发展氟化铝、氟化氢、氟橡胶、氟塑料、高纯氢氟酸。

铬盐产业链:重点进行无钙焙烧、液相氧化法等技术研究,开发吡啶甲酸铬、氟化铬、二氧化铬及超细铬盐等新产品,同时对铬渣进行无害化处理。

甲醇下游产品:包括醋酸、甲酸等有机酸类,醚、酯类各种含氧化合物,乙烯、丙烯等烯烃类合成汽油,二甲醚等燃料类产品的研制和开发技术,提出装备工艺路线及运输、储存、燃烧等配套方法。

氯碱化工产业链:如图 6-2 所示为一个典型的氯碱化工产业链。

(四)建材

利用有色金属冶炼、电力和冶炼等产业产生的大量粉煤灰及废渣,发展建材业是大型企业集团或区域工业发展循环经济的重要环节。可逐步构建和发展煤矸石－水泥、粉煤灰－氧化铝和新型建材、硅石开采－玻璃等建材产业链,壮大建材产业,为资源型经济转型培育接续主导产业。同时,利用化工产业、冶金产业丰富的原材料(有色金属、钢铁、铝、各种合金),延伸产业链,发展高附加值的深加工建材产品。

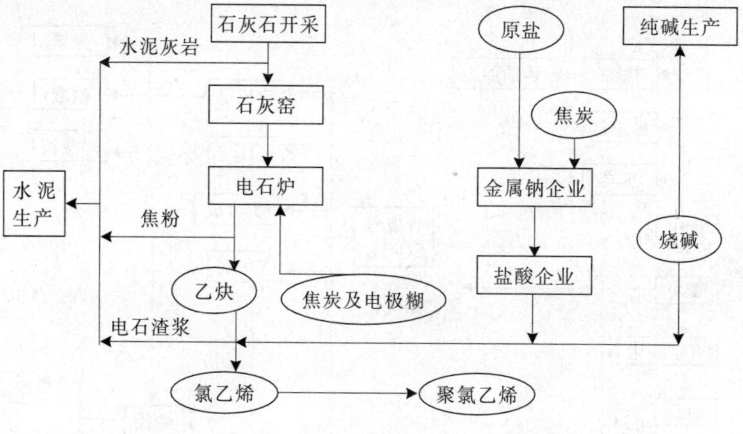

图6-2　氯碱化工产业链（摘自《乌海市循环经济发展规划》

（五）装备制造业

依托矿山资源开发的有利条件，利用冶炼业的金属原材料和新材料，重点进行矿山采选、冶金设备制造、全线自动化、高低压配电设备、民用核技术、中小型挖掘机、汽车配件以及风机等装备制造业领域的技术研发，积极发展资源深加工型、技术密集型产品，推进装备产品成套化，大力培育新兴装备产业。

三、生态农业循环系统

围绕社会主义新农村建设和小康目标，以调整农业产业结构、扩大生态农业规模、增加新品种、提高农民收入为出发点，重点实施传统农业向高附加值的高效生态农业转化。

主要建设内容包括：一是围绕已经形成规模的无公害蔬菜和啤酒大麦基地的建设，推行阳光高水效生态农业；二是实施农产品及其副产品的增值化和深加工，如发展胡萝卜－胡萝卜饮料等产业链、洋葱产业链、马铃薯产业链；三是大力发展养殖业，发展乳品业、肉制品加工业；四是推广利用太阳能、风能以及利用养殖业的废弃物和秸秆生产沼气，建立农村清洁能源供应与保障体系。

四、再生资源利用系统

对工业有机物、农作物秸秆、人畜粪便、生活垃圾进行回收，通过气化、液化和固化，形成再生资源利用系统。

白银公司、金川集团公司、酒钢集团公司等堆存大量选矿尾砂、冶炼渣、剥离石等，含可回收元素几十种；平川区堆存大量煤矸石和粉煤灰等。利用新技术、新方法、新设备、新工艺，开展尾砂、冶炼渣、粉煤灰、煤矸石和废水的资源化和再利用，提取有价值金属，开发生产井下填充材料、公路路面材料、铁轨路基材料、建筑材料、农用肥料。

广泛开展有色金属、黑色金属“废、杂、旧”物料回收和综合利用，建设西部有色金属资源回收和再生产业基地。

第五节　甘肃资源型城市循环经济发展的对策建议

一、营造强大社会氛围，转变发展消费观念

循环经济是一种新的发展理念、新的发展观，是科学发展观的具体体现，需要全社会的共同参与。利用各种媒介，广泛开展发展循环经济的宣传教育，全面提升公众的认知能力、参与意识和参与能力，逐步构建发展循环经济的强大社会氛围，使循环经济的理念贯穿在各行各业、社区、企事业单位以及千家万户。

发展循环经济，重中之重的是要求资源型城市各级政府切实改变单纯追求 GDP 的政策目标，彻底转变发展和消费观念，把循环经济的发展理念通过各级政府的决策变为实践，推进城市全面发展、协调发展和可持续发展。

二、发挥政府主导作用，建立长效发展机制

作为西部地区的资源型城市，发展循环经济，无论是技术还是资金都存在较多的障碍，因此发挥政府在循环经济发展中的主导作用就尤为重要。重中之重的是要求市政府和各级决策阶层切实改变单纯追求 GDP 的政策目标，在制定规划时，把发展循环经济，推进全面发展、协调发展和可持续发展作为重要宗旨；贯彻落实《甘肃省循环经济发展规划纲要》，成立循环经济发展领导小组，制定切实可行的年度规划和保障措施，探索建立资源型城市发展循环经济的长效机制。同时，要充分利用和结合国家及甘肃省对资源型城市经济转型的优惠政策与扶持，由政府主导加强对循环经济项目的策划，并将其纳入到产业结构调整和经济转型的发展轨道之中，通过建立循环经济发展的长效机制，有力地推动资源型城市循环经济的发展，进而推进资源型城市经济的全面转型。

三、加强创新城市建设，构建绿色技术体系

国家中长期科技发展规划确定了“自主创新、重点跨越、引领未来、支撑发展”的16字方针，并把建设创新型国家作为2020年的发展目标。循环经济的发展不仅是观念的创新，最重要的还是技术发展的结果，没有技术的进步，就没有循环经济的深入发展。白银、金昌和嘉峪关三个资源型城市都在其科学和技术发展的中长期规划中提出了建设创新型城市的发展目标，这为发展循环经济、实施技术带动战略提供了持续的技术保障。积极开发引进环境工程技术和废品废物资源化技术，建立绿色技术支撑体系，把循环经济技术发展体系纳入创新型城市建设技术创新体系之中，将使创新型城市建设和循环经济发展实现双赢。具体需要从以下几点做起：

(1)确定各个产业发展循环经济的关键技术“瓶颈”和需求。

(2)针对关键产业加大先进技术的引进力度，通过引进、消化吸收再创新而获取关键技术。

(3)加强与国内高校和科研单位的研发合作，鼓励企校共建实验室和研发中心，通过政、产、研结合，解决企业在循环经济发展中的关键科学技术问题。

(4)加强创新人才的培养和引进，以推进循环经济的跨越发展。

四、鼓励企业清洁生产，促进形成示范企业

企业是发展循环经济的主力军和核心，加强环保部门在工业生产中的指导作用，充分发挥环保部门在企业清洁生产方面的监督权威，突出环保部门在循环经济试点工作中的推动功能，强化环保部门在信息提供、咨询方面的服务功能。以清洁发展和安全发展为目标，推进企业向循环经济型企业的发展和转变。着力发展和扶持资源型循环经济试点企业(如金川集团公司、酒钢集团公司、白银有色金属公司、甘肃稀土集团有限责任公司、甘肃银光化学工业集团有限公司、金化集团公司、华煤集团、靖远煤业公司、庆阳油田等)，并积极申报国家、甘肃省的循环经济试点企业，寻求有关优惠政策的倾斜，通过大批试点企业的示范发展，推进循环经济向纵深发展。

五、建设生态示范园区，带动城市全面发展

在经济开发区，按照企业间的共生关系，以循环经济理论和生态经济理论发展区域小循环。已建设的生态工业园区，如中国科学院白银高技术产业园、

镍钴生态园区、嘉峪关不锈钢制造园区等，积极争取国家、甘肃省的循环经济发展试点园区，发挥示范带动作用，推动整个城市循环经济的发展。对一些规模小、污染严重、技术落后、处于停顿半停顿状态的企业进行整合，纳入园区产业链中，通过循环经济的发展促进这些企业的再生。

六、提升引进项目质量，规划产业发展链条

项目是循环经济发展的载体和有效途径，要广泛利用国内外两种资源、两个市场，规划上下游产业发展，通过项目、资金、技术和人才的引进推动资源型城市循环经济的快速发展。例如，可利用国际清洁发展机制（CDM），选择已规划和正在建设的项目，通过碳排放贸易寻求发达国家的项目、资金和技术援助，这对甘肃资源型城市发展循环经济是一个重要的额外发展机遇，要及时抓住契机，争取 CDM 项目。同时，要充分利用国家和甘肃省的有利优惠政策，按照循环经济的发展要求，加强项目的引进力度。在积极主动地引进东南部的资金和项目的同时，要慎重考察所引项目的技术含量，按照产业发展的上下游链条引进项目和技术。

参考文献

[1] 冯之浚. 论循环经济[M]//中国循环经济高端论坛. 北京：人民出版社，2005.

[2] 国家发改委五项举措推进循环经济发展[EB/OL]. 中国闲置物资网. http://www.idlewww.com/news/newsshow.jsp? wr_id = 17296. 2008-03-21.

[3] 国家发改委. 中国已初步形成一套循环经济模式[EB/OL]. 中新网，http://www.gdsme.com.cn/web/Article/zhengwu/gaocengluntan/200804/20080417105756.htm. 2008-04-17.

[4] 周宏春. 对我国发展循环经济的思考与建议[M]//冯之浚. 中国循环经济高端论坛. 北京：人民出版社，2005.

[5] http://www.china - eam.cn/eam/jnjsff/20060824068240938225140677 9.html [EB/OL]. 中国资产管理网. 2006-08-24.

[6] 解振华. 关于循环经济理论与政策的几点思考[M]//国家环境保护总局科技标准司. 循环经济和生态工业规划汇编. 北京：化学工业出版社，2004.

[7] 陈德敏. 循环经济的核心内涵是资源循环利用[M]//中国循环经济高端论坛. 北京：人民出版社，2005.

[8] 张天理. 甘肃省中长期科学和技术发展规划战略研究[M]. 兰州：甘肃科学技术出版社，2007.

[9] 国家环境保护总局科技标准司. 循环经济和生态工业规划汇编[M]. 北京：化学工业

出版社,2004.

[10] 贵阳市发展循环经济的实践与思考[EB/OL]. http://www. lrn. cn/stratage/resmanagement/200612/t20061228_16876. htm.

[11] 解振华. 中国循环经济模式初步形成[R]. 国家发改委.

[12] 镍都金昌:循环经济带来新跨越[N]. 光明日报,2008-03-04.

[13] 甘肃省经济委员会关于组织上报循环经济试点工作实施方案的通知. 甘经资[2008]75 号.

[14] 金昌年鉴编辑部. 金昌年鉴(2007)[M]. 北京:中国统计出版社,2007.

后 记

《资源型城市科学发展实证研究》即将付梓之前,有许多情况需要在此一一说明。首先,本书是我们基于以往多个相关研究项目成果的理论提升和总结,是研究团队集体劳动和智慧的结晶;其次,在本书成稿过程中,得到了许多专家和学者的指导与帮助,没有他们的鼓励和支持,也就没有本书的出版;最后,本书的出版得到了中国科学院2002年“西部之光”项目、甘肃省自然科学基金暨中青年科技基金项目、中国科学院兰州分院院地科技合作项目以及地方合作项目等众多项目经费的资助。

从开展中国科学院2002年“西部之光”项目、甘肃省自然科学基金暨中青年科技基金项目“甘肃省资源型城市经济转型与可持续发展策略研究”开始,近年来,我们先后开展了一系列有关资源型城市经济转型与科学发展的项目研究,包括:“白银市经济转型与可持续发展对策研究”、“金昌市经济转型与可持续发展战略研究”、“金昌市中长期科学技术发展战略研究”、“嘉峪关市中长期科学和技术发展规划纲要”、“内蒙古乌海市乌达区中长期工业发展战略研究”、“创新型白银发展战略研究”、“西部中小城市科学发展的模式和路径研究”等。参加以上项目研究的人员尚有兰州大学的范育新博士,中国科学院国家科学图书馆兰州分馆的孙成权研究员、曲建升副研究员、郑军卫副研究员、熊永兰助理研究员,在此对他们的辛勤劳动一并致谢。在项目研究过程中得到了白银市科技局冯彦明局长、吴文乐科长,金昌市科技局李海成局长、李桂兰科长,嘉峪关市科技局韩思礼局长、荔瑾科长、胡仕宦科员,以及嘉峪关市政府研究室王尊副主任,乌达区发展和改革局张保林局长、经济局李爱通局长等的帮助,在此也表示深深的感谢。在本书研究过程中得到了中国科学院兰州分院王学定副院长、杨生荣副院长、姬贵林院长助理,中国科学院国家科学图书馆兰州分馆张志强馆长,甘肃省政府研究室潘锋副主任,兰州大学经济学院高新才教授,甘肃省委党校李含琳研究员等的指导,深表谢意。

在此需要特别说明的是,在本书的各个章节中,由于报告完成的时间不同,因此采用的数据资料年代也有所差别,但针对不同的问题我们的观点不会因为数据资料的不同而受到影响,因此也请读者了解并谅解。

本书的出版得到了黄河水利出版社副总编余甫坤老师的大力支持,在选题、设计、编校等各环节都给予了指导和建议，黄河水利出版社的编辑校对人员做了大量的具体工作，在此表示感谢。

由于本书研究者的学识所限，有关认识、观点和对策建议还很粗浅，错误和不当之处在所难免，敬请读者提出宝贵意见与建议。

作　者

2009 年 1 月 22 日